제2차 一大幹 九正脈 단독종주기 · 제3권

금남정맥, 낙남정맥, 금강기맥 편

제2차 一大幹 九正脈 단독종주기 • 제3권
금남정맥, 낙남정맥, 금강기맥 편

초판1쇄 발행 2023년 9월 15일

지은이 진상귀
펴낸이 이길안
펴낸곳 세종출판사

주소 부산광역시 중구 흑교로 71번길 12 (보수동2가)
전화 463-5898, 253-2213~5
팩스 248-4880
전자우편 sjpl5898@daum.net
출판등록 제02-01-96

ISBN 979-11-5979-620-3 03980

정가 20,000원

이 책은 저작권법에 따라 보호받는 저작물이므로 무단전재와
무단복제를 금지하며, 이 책 내용의 전부 또는 일부 내용을 재사용하려면
사전에 저작권자와 세종출판사의 동의를 받아야 합니다.
* 잘못된 책은 교환해 드립니다.

제2차 一大幹 九正脈 단독종주기 · 제3권

금남정맥, 낙남정맥, 금강기맥 편

부산 山사람 진상귀

세종출판사

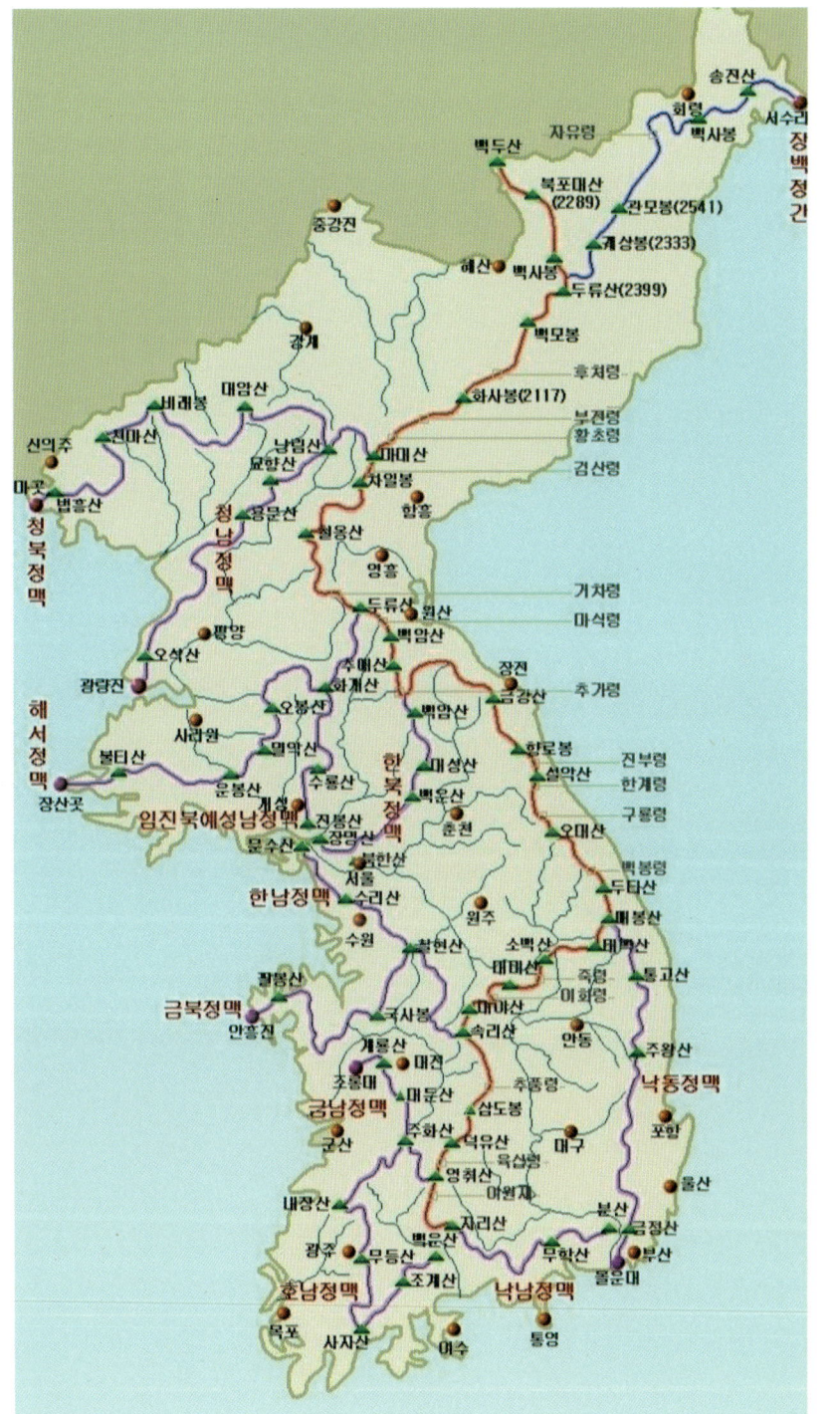

| 저자의 말 |

산경표(山經表)란, 산의 흐름을 뜻한다.

산경표는 우리나라의 산이 어디서 시작하여 어디로 흐르다가 어디에서 끝나는가를 나타낸 것이다. 산경표(山經表)는 우리가 배운 태백산맥, 소백산맥, 노령산맥과 전혀 다른 백두대간, 장백정간, 낙남정맥, 호남정맥과 같은 산줄기의 이름을 사용하고 있다. 백두산(白頭山)으로부터 지리산에 이르는 기둥줄기를 白頭大幹이라하고 이 기둥줄기로부터 뻗어나간 곁줄기를 正幹 正脈 으로 분유하고 이름을 붙여 우리나라 산줄기를 1대간 1정간 13정맥으로 체계화 하였다. 이 줄기를 이루는 산 이름과 여기서 갈려나간 크고 작은 산들을 만든 것이다.

이번 종주는 제2차 백두대간 출간에 이어 정맥출간으로 금호남정맥, 호남정맥에 이어 금남정맥 낙남정맥 단독 완주를 책으로 남긴다. 우리나라(남한) 9정맥 중 제2차 금남정맥편, 낙남정맥편 종주기를 출간한다.

금남정맥

이 산줄기는 금강의 남서쪽을 지나므로 금남정맥이라 한것이다. 금강 상류 유역과 만경강유역을 구분 짓는 산줄기로 동사면을 따라 흐르는 물은 금강 상류를 이루며, 서쪽사면을 따라 흐르는 물은 만경강을 이루고 일부는 금강 하류로 흘러든다. 연결되는 주요 산은 연석산 운장산 인대산·배티[梨峙]·대둔산·황령(黃嶺)·개태산(開泰山) 혹은 천호봉(天護峰, 360m)·계룡산·널티[板峙]·망월산(望月山)·부소산 등으로 그 길이는 약 118km이다.

낙남정맥

낙남정맥은 백두대간 지리산 영신봉에서 시작 낙동강과 섬진강을 가르며 삼신봉 옥산 천왕봉을 지나면서 북동쪽은 진주남강을 지나 낙동강으로 합류하고 남쪽은 남해안으로 가르며 남동진 또는 동진으로 태봉산 실봉산 무선산 봉대산 양정산 대곡산 무량산 깃대봉 여항산 서북산 대부산 광려산 대곡산 무학산 천주산 정병산 대암산 용주봉 황새봉 금음산 신우산 장척산 동신우산 고암나루에서 끝을 맞는다.

제2차 백두대간에서 기록된 삼경표를 찾아서 제2차 백두대간에 이어 제2차금호남정맥 제2차 금남정맥 제2차 호남정맥 제2차 낙남정맥 등을 확인하고자 2012년 10월 5일, 10월 6일, 10월 7일 3일간 금호남정맥 단독종주를 마친다.

금남정맥은 2012년 10월 28일 시작 10월 29일, 11월 8일, 11월 9일, 11월 10일, 12월 1일, 12월 2일 7일간 단독종주를 마친다. 호남정맥을 2013년 9월 28일 시작 10월 5일, 10월 6일, 10월 19일, 10월 20일, 11월 2일, 11월 3일, 11월 16일, 11월 17일, 2014년 3월 1일, 3월 2일, 3월 16일, 3월 17일, 3월 30일, 3월 31일, 4월 13일, 4월 14일, 4월 19일, 4월 20일, 5월 2일, 5월 3일, 5월 17일, 5월 18일까지 23일간 단독으로 완주, 낙남정맥을 2015년 5월 5일 시작하여 5월 17일 5월 24일 6월 7일 6월 14일 6월 21일 6월 28일 6월 29일 7월 5일 7월 19일 8월 2일 8월 7일 12구간 단독완주, 이로서 금호남정맥 금남정맥 호남정맥 낙남정맥을 단독으로 완주하고 기록으로 남기고자 제2차 백두대간 단독종주에 이어 제2편으로 금호남정맥, 호남정맥, 제3편으로 금남정맥, 낙남정맥, 금강기맥을 출판함으로 정맥 종주자들의 도움이 되기를 기대하며 부록으로 금강기맥 7구간 단독종주도 기록한다.

| 차례 |

저자의 말 · 7

01　제2차 금남정맥 · 13

제2차 금남정맥 단독종주 1구간　　　　　　19
제2차 금남정맥 단독종주 2구간　　　　　　29
제2차 금남정맥 단독종주 3구간　　　　　　43
제2차 금남정맥 단독종주 4구간　　　　　　57
제2차 금남정맥 단독종주 5구간　　　　　　76
제2차 금남정맥 단독종주 6구간　　　　　　93
제2차 금남정맥 단독종주 7구간　　　　　104

02　제2차 낙남정맥 · 125

제2차 낙남정맥 단독종주 1구간　　　　　131
제2차 낙남정맥 단독종주 2구간　　　　　145
제2차 낙남정맥 단독종주 3구간　　　　　157
제2차 낙남정맥 단독종주 4구간　　　　　171
제2차 낙남정맥 단독종주 5구간　　　　　191
제2차 낙남정맥 단독종주 6구간　　　　　203

제2차 낙남정맥 단독종주 7구간	216
제2차 낙남정맥 단독종주 8구간	230
제2차 낙남정맥 단독종주 9구간	247
제2차 낙남정맥 단독종주 10구간	263
제2차 낙남정맥 단독종주 11구간	282
제2차 낙남정맥 단독종주 12구간	294

제2차 낙남정맥을 마치고 • 308

03 금강기맥(신 금남정맥) • 313

금강기맥(新 錦南正脈) 1구간	317
금강기맥(新 錦南正脈) 2구간	326
금강기맥(新 錦南正脈) 3구간	336
금강기맥(新 錦南正脈) 4구간	358
금강기맥(新 錦南正脈) 5구간	372
금강기맥(新 錦南正脈) 6구간	384

금강기맥을 마치며 • 392
금남정맥 낙남정맥을 마치며 • 393

01

제2차 금남정맥

금남정맥(錦南正脈)은 한반도 13정맥의 하나로 백두대간 영취산에서 금호남정맥으로 갈라져 주화산(珠華山, 600m)에서 호남정맥은 남으로 금남정맥은 북으로 운장산 금만봉 인대산 대둔산을 지나 계룡산으로 이어지고 부여의 부소산에서 끝나는 산줄기의 옛 이름이다. 금강의 남서쪽을 지나므로 금남정맥이라 하였다.

주요 산 [편집]

　금남정맥은 조선시대 조상들이 인식하던 한반도의 산줄기 체계는 하나의 대간(大幹)과 하나의 정간(正幹), 정맥으로 이루어진 것으로 산과 물이 조화를 이루어야 한다는 사상에서 비롯된 이들 맥은 10대강의 유역을 가름하는 분수산맥을 기본으로 삼고 있어 대부분의 산맥 이름이 강 이름과 밀접한 관련을 가진다.

　금남정맥은 금강 상류유역과 만경강 유역을 구분 짓는 산줄기이다. 동사면을 따라 흐르는 물은 금강 상류를 이루며, 서쪽 사면을 따라 흐르는 물은 만경강을 이루고 일부는 금강 하류로 흘러든다. 이 산줄기가 시작되는 주화산에서 남쪽으로 연결되는 호남정맥과 함께 전라북도의 동쪽 산간지방과 서쪽 해안의 호남평야를 경계 짓고 있다.

　연결되는 산은 주화산・연석산・운장산・금만봉・인대산・배티[梨峙]・대둔산・황령(黃嶺)・개태산(開泰山 혹은 천호봉, 360m)・계룡산・널티[板峙]・망월산(望月山)・부소산 등으로 그 길이는 약 118km이다.

　금남정맥에 기록되어 있는 산이름은 다음과 같다.

입봉(637m) - 보룡고개 - 연석산(928m) - 만항재 -
운장산(서봉1120m) - 피암목재 - 장군봉(738m) - 싸리재 -
성재봉(824m) - 신선봉(790m) - 계목재 - 백암산(육백고지
654m) - 백령고개 - 인대산(661.8m) - 배티고개(梨峙) -
대둔산(870m) - 무수재 - 바랑산(556m) - 물한리고개 -
황령(黃嶺) - 개태산(開泰山 360m) 천호봉, 천호산(311m) -
양정고개 - 계룡산(845m) - 관음봉(766m) - 삼불봉(777m) -
금잔디고개 - 수정봉(662m) - 만학골재 - 팔재산(364m) -
널티재(板峙) - 성황산(237m) - 토골고개 - 망덕봉(210m) -
질고개 - 청마산(233m) - 청마고개 - 금성산(121m) -
부소산(105m) - 낙화암 - 구드래조각공원

금남정맥 1구간	주화산	565m	전라북도 진안군 부귀면 봉암리
금남정맥 1구간	입봉	637m	전라북도 진안군 부귀면 봉암리
금남정맥 1구간	보룡고개	26국도	전라북도 진안군 부귀면 봉암리
금남정맥 1구간	황새목재		전라북도 진안군 부귀면 신월리
금남정맥 1구간	연석산	928 m	전라북도 완주군 동상면 신월리
금남정맥 1구간	만항재		전라북도 완주군 동상면 신월리
금남정맥 1구간	운장산	1120m	전라북도 완주군 동상면 신월리
금남정맥 1구간	피암목재	55지방도	전라북도 완주군 동상면 싱월리
금남정맥 2구간	장군봉	752m	전라북도 완주군 동상면 신월리
금남정맥 2구간	금만봉(싸리봉)	750m	전라북도 진안군 주천면 대불리
금남정맥 2구간	싸리재		전라북도 진안군 주천면 대불리
금남정맥 2구간	신선봉	790m	전라북도 진안군 주천면 무릉리
금남정맥 2구간	묵계재		전라북도 진안군 주천면 무릉리
금남정맥 2구간	육백고지	654m	충청남도 금산군 남이면 역평리
금남정맥 2구간	백령고개	635지방도	충청남도 금산군 남이면 역평리
금남정맥 3구간	바람골산	622.7m	충청남도 금산군 남이면 상금리
금남정맥 3구간	인대산	666m	충청남도 금산군 진산면 삼가리
금남정맥 3구간	오항리고개	639지방도	충청남도 금산군 진산면 석막리
금남정맥 3구간	베티재	17번국도	충청남도 완주군 운주면 산북리
금남정맥 3구간	낙조대		충청남도 금산군 진산면 행정리
금남정맥 3구간	대둔산	878m	전라북도 완주군 운주면 산북리
금남정맥 3구간	서각봉	826m	전라북도 완주군 운주면 완창리
금남정맥 3구간	깔딱고개		전라북도 완주군 운주면 완창리
금남정맥 3구간	무수재		충청남도 논산시 벌곡면 수락리
금남정맥 4구간	월성봉	650.9m	충청남도 논산시 벌곡면 수락리
금남정맥 4구간	바랑산	556.2m	충청남도 논산시 벌곡면 덕곡리

금남정맥 4구간	물한리제	터널	충청남도 논산시 벌곡면 덕곡리
금남정맥 4구간	덕목재	호남고속도로	충청남도 논산시 양촌면 산직리
금남정맥 4구간	깃대봉	393.6m	충청남도 논산시 양촌면 산직리
금남정맥 4구간	함박봉	404.4m	충청남도 논산시 연산면 신양리
금남정맥 4구간	황령재	2차선도로	충청남도 논산시 연산면 신양리
금남정맥 4구간	천호산	371.6m	충청남도 논산시 연산면 송정리
금남정맥 4구간	천마산	287.2m	충청남도 계룡시 엄사면 유동리
금남정맥 4구간	양정고개		충청남도 계룡시 엄사면 엄사리
금남정맥 4구간	엄사 초교		충청남도 계룡시 엄사면 엄사리
금남정맥 5구간	민재		충청남도 계룡시 신도안면 남부리
금남정맥 5구간	국사봉	449m	충청남도 계룡시 신도안면 남부리
금남정맥 5구간	서문다리		충청남도 계룡시 신도안면 남부리
금남정맥 5구간	머리봉	735.6m	충청남도 계룡시 신도안면 남부리
금남정맥 5구간	계룡산	845m	충청남도 계룡시 신도안면 남부리
금남정맥 5구간	쌀계봉	830m	충청남도 공주시 계룡면 양화리
금남정맥 5구간	관음봉	765.8m	충청남도 공주시 반포면 학봉리
금남정맥 5구간	삼불봉	777.1m	충청남도 공주시 반포면 상신리
금남정맥 5구간	금잔디고개	등산로	충청남도 공주시 반포면 상신리
금남정맥 5구간	수정봉	675m	충청남도 공주시 반포면 상신리
금남정맥 5구간	만학골재	2차선도로	충청남도 공주시 계룡면 구왕리
금남정맥 5구간	윗장고개	2차선 도로	충청남도 공주시 계룡면 중장리
금남정맥 5구간	팔재산	364.3m	충청남도 공주시 계룡면 가산리
금남정맥 5구간	널티고개	23번국도	충청남도 공주시 계룡면 가산리
금남정맥 6구간	안골산	321.8m	충청남도 공주시 이인면 양발리
금남정맥 6구간	양발고개	2차선도로	충청남도 공주시 이인면 반송리
금남정맥 6구간	성황산	237.1m	충청남도 공주시 이인면 용성리

금남정맥 6구간	구수리재	포장소로	충청남도 공주시 이인면 복용리
금남정맥 6구간	망덕봉	215m	충청남도 공주시 탄천면 삼각리
금남정맥 6구간	진고개	799지방로	충청남도 공주시 탄천면 삼각리
금남정맥 6구간	기대봉	161.4m	충청남도 공주시 탄천면 삼각리
금남정맥 6구간	망덕재	포장소로	충청남도 공주시 탄천면 남산리
금남정맥 6구간	감토봉	262m	충청남도 공주시 탄천면 남산리
금남정맥 6구간	가지티고개	2차선지방도로	충청남도 공주시 탄천면 남산리
금남정맥 6구간	됨봉	160.4m	충청남도 공주시 탄천면 가척리
금남정맥 6구간	신앙고개	등산로	충청남도 부여군 초촌면 세탑리
금남정맥 7구간	조석산	184.9m	충청남도 부여군 부여읍 능산리
금남정맥 7구간	청마산	182.9m	충청남도 부여군 부여읍 능산리
금남정맥 7구간	오산고개	산판길	충청남도 부여군 부여읍 용정리
금남정맥 7구간	40번 국도	4차선 도로	충청남도 부여군 부여읍 가탑리
금남정맥 7구간	금정산	124.4m	충청남도 부여군 부여읍 쌍복리
금남정맥 7구간	부소산	96.4m	충청남도 부여군 부여읍 쌍복리
금남정맥 7구간	부소산성	팔각정	충청남도 부여군 부여읍 쌍복리
금남정맥 7구간	낙화암	팔각정	충청남도 부여군 부여읍 쌍복리
금남정맥 7구간	구드래나루	나루터	충청남도 부여군 부여읍 구교리

제2차 금남정맥 단독종주 1구간

진안 주화산~피암목재

> **주화산 :** 전라북도 진안군 부귀면 봉암리 주화산
> **피암목재 :** 전라북도 완주군 동상면 신원리 피암목재
> **도상거리 :** 주 화 산 14.6 km 피암목재
> **소요시간 :** 주 화 산 8시간33분(총 8시간53분) 피암목재
> 모래재 6시57분 주화산 7시17분, 출발 7시27분, 입봉 8시25분,
> 보룡고개 8시56분, 675.4봉 9시36분, 황새목재 10시17분,
> 864봉 12시20분, 전망바위 12시48분, 연석산 1시9분,
> 만항재 1시31분, 운장산 서봉 2시52분, 피암목재 3시55분

2012년 10월 28일 맑음

지난10월 5~7일까지 3일간 제2차 금·호남정맥을 마치고 오늘은 제2차 금남정맥 종주에 들어간다. 10월 26일 오후 3시42분 진안행 버스로 부산을 출발해 진안에 도착하니 7시40분이다. 시장안 은하식당에서 저녁밥을(소머리국밥)먹고 진안장모텔에서 자고 27일 일어나보니 비가 온다. 일기예보에 전국에 많은 비가 내린다고 한다. 우중산행에 이골이 있지만 오늘은 아침부터 많은 비가 내려 진안에서 하루를 지내고 28일

(일요일) 아침 일찍 일어나 진안 뚝배기집(063-433-5384)에서 콩나물해장국으로 아침식사를 하고 진안콜택시(이성택 011-674-××××)로 모래재에 도착하니 6시 52분이다. 산행준비를 하고 6시 57분 산행에 들어간다. 터널입구  에서 오른쪽 능선으로 올라가 호남정맥길로 들어서 오르막을 한동안 올라 주화산 정상에 올라서니 7시17분이다. 이곳 주화산은 지난 7일 금·호남정맥 종주때 저녁때 왔다가고 21일 만에 오늘은 아침 일찍 올라오니 주위는 안개(운무)가 가득차 멀리는 보이지 않고 근거리만 보인다.

《경위도 N 35° 50' 06.3" E 127° 18' 40.4"》

오늘도 단독산행이라 사진 몇장 찍고 7시28분 금남정맥 종주에 들어간다. 이곳에서 호남정맥은 남쪽으로 금·호남정맥은 동쪽으로 금남정맥은 북쪽으로 이어진다. 주화산을 출발해 내리막을 18분 내려가 안부에서 다시 오르막을 올라 능선을 가는데 검은 염소두마리가 능선에 올라와있다. 아래 농장에서 올라왔는지 방목하는 염소인지 아침 일찍 이곳까지 올라와 있으며 능선오르막을 오르는데 염소가 앞에 올라가 568봉에 올라가더니 왼쪽으로 비켜선다.(7시56분) 염소는 더 이상 따라오지 않고 마

　루금은 내리막을 10여분 내려가 다시 오르막을 한동안 올라 헬기장이 있고 삼각점이 있는 입봉에 올라서니 8시25분이다.

《경위도 N 35" 50" 50.8"　E 127" 19" 16.9"》

　이곳 입봉에 올라서 직진하면 원봉암쪽으로 내려가고 마루금은 왼쪽으로 내려간다. 가파른 내리막을 14분 내려와 다시 오르막을 6분 올라 무명봉을 넘어 가파른 내리막 능선을 10분 내려와 철탑을 왼쪽에 두고 보룡고개에 내려서니 8시56분이다.

《경위도 N 35" 51" 25.2"　E 127" 19" 24.8"》

　보룡고개는 전라북도 완주군에서 진안군을 넘는 고개로 26번 국도 4차선 도로다. 이 도로는 금·호남정맥때 감정골재 가죽재

(오룡고개)를 넘고 이번 보룡고개가 두 번째 넘는다. 보룡고개는 완주군과 진안군 경계로 양쪽옆에 사자상이 있고 진안군 홍삼을 알리는 아취가 설치되어있다 차가달리는 틈을 타 중앙분리대를 넘어 마루금은 임도 포장도로를 따라 오르다 오른쪽으로 절개지를 따라가다 능선으로 들어서 오르막을 한동안 올라 오른쪽에 진안군 에서 임업산업 표고버섯 제배지역을 따라 오르다 가파른 오르막을 숨이 가쁘게 헐레벌떡 거리며 힘들여 올라 9시25분 숨을 돌리며 능선에 올라 능선분기점에 올라서니 9시36분이다. 이곳에 황새골봉 695m 라 코팅지가 걸려있고 마루금은 오른쪽으로 이어진다. 능선길을 가며 산죽길을 지나고

삼각점이 있는 675.4봉에 올라서니 9시46분이다.

《경위도 N 35" 52" 05.4" E 127" 19" 15.0"》

마루금은 오른쪽으로 내리막을 내리며 산죽길을 따라가다 오르막을 올라 10분후 무명봉에 올라서 다시 가파른 내리막을 한동안 내려 황새목재에 내려서니 10시17분이다.

《경위도 N 35" 52" 20.8" E 127" 19" 44.3"》

황새목재는 오른쪽아래 농가가 몇채 있고 마루금은 오른쪽 배나무 과수원 철망을 따라 물탱크 뒤로 가파른 오르막을 20여분 올라 작은봉에서 왼쪽으로 다시 내리막을 내리며 산죽밭을 지나며 능선길에 곳곳 산죽능선을 좌우로 오르내리며 가다 가파른 오르막을 한동안 숨을 몰아쉬며 올라 664봉에 올라서니 11시29분이다. 다시 내리막을 10여분 내려 다시오르막을 오르는데 대구 마루금산악회 정맥대원들이 올라온다. 가파른 오르막을 오르며 암능구간을 12시8분 지나며 오르막을 올라서니 대구산악회 대원들이 점심을 먹고 있다. 대구 마루금 대원들과 같이 점심을 먹고 같이 사진 몇판 찍고 5분후 전망바위에 올라서 운장산을 배경으로 사진 몇판 찍어 둔다.(12시48분)

전망바위는 말 그대로 전망

이 좋아 궁항리 일대와 궁항 저수지가 내려다보이고 건너편 운장산 능선단풍이 멋있게 보인다. 대구 마루금대원들 선두는 연석산 능선을 오르며 일행들 빨리 올라오라며 부르는 소리가 들린다. 능선에 단풍이 떨어져 올라가

연석산 정상에서

는데 사방을 볼 수가 있고 가파른 오르막을 올라 연동마을 삼거리를 지나 5분후 연석산 정상에 올라서니 1시9분이다.

《경위도 N 35" 54" 26.1" E 127" 19" 54.3"》

연석산 정상에는 옛날에 있던 빛바랜 스텐래스표지판이 있고 이정표에 왼쪽(서쪽)으로 연동마을 4.26km 오른쪽(동쪽)으로 만항재 0.67km 남쪽으로 주차장 3.7km이다. 정상에서 사진 몇판 찍고 마루금을 따라 오른쪽으로 내려간

다. 오늘은 일요일이고 대구마루금 대원들과 같이 산행을 하니 심심치 않다.

마루금은 내리막을 내리며 산죽길을 지나 암능을 내려가며 운장산을 올려다보니 가당찮다. 만항재를 1시31분 지나며 오르막능선을 한동안가다 암능을 지나고 가파른 오르막을 오르며 때로는 밧줄을 잡고 오르고 서봉 오르는 데 보통 힘든게 아니다. 오늘은 시간 여유가 있어 내일 일을 생각해서 쉬엄쉬엄 올라가 운장산서봉에 올라서니 2시52분이다. 서봉은 암봉으로 표지석에 칠성대 해발1120m라 되어있다.

《경위도 N 35" 54" 47.9" E 127" 21" 09.2"》

오늘은 일요일이라 등산객이 많이 올라와 사진 찍는데도 줄을 선다. 정상에서 사진 몇판 찍고 잠시 벤치에 안자 숨을 돌리고 조금 내려가 이정표에서 마루금은 왼쪽(북쪽)으로 내려간다. 이 정표에 운장대 0.6km 운장산 휴양림 2.5km 구봉산 8.8km 동상 휴게소 2.2km 독자동 2.2km 내처사동 4.0km 정수암 3.0km 이다. 운장산정상은 600m인데 평소에 여러번 오른 산이라 바로 마루금을 따라 가파른 내리막을 내려가는데 길은 잘나있으나 급경사라 미끄러지듯 내려가 활목재에 내려서니 3시32분이다.

《경위도 N 35" 55" 06.0" E 127" 21" 01.6"》

이정표에 칠성대 0.4Km 구봉산 9.2km 운장대 1.0km 독자동 1.8km 동상휴게소 1.8km 연석산 2.4km이며 서봉은 오르지 않고 오는 지름길이다. 마루금은 능선 내리막을 11분 내려오니 독자동 갈림길이다. 이곳에서 오른쪽으로 내려가면 독자동 운장산 유스호스텔과 진보산장이 있다. 이정표에 칠성대 0.6km 운장대 1.2km 구봉산 9.4km 독자동 1.6km 동상휴게소 1.6km이다. 지난번 1차때는 이정표에 피암목재라 쓰여 있었는데 정상에서부터 피암목재는 없고 동상휴게소로 되어있다. 독자동 삼거리를 지나 암능구간을 지나고 내리막을 내리다 오른쪽 능선으로 내려 왼쪽 급경사 내리막을 내려오니 동상휴게소 주차장이다. 주차장위 건물이 있는데 빈 건물이며 간판에 느린마을 양조장이라 되어있다.(3시55분)

《경위도 좌표 N 35" 55" 48.2" E 127" 20" 53.4"》

피암목재에 내려오니 대구 마루금산악회 선두대원들 내려와 하산주를 먹으며 막걸리 한잔을 주어서 먹으니 속이 풀린다. 피암목재 55번 지방도로 옆에 컨테이너로 만든 휴게소에서 진보산장에 전화를 걸어 길을 물으니 주차장 위에 도로를 따라오라고 하는데 휴게소 주인 길이 없으니 55번 지방도로를 따라 내려가면 진보산장 내려가는 길이 있으니 그길로 내려가라 한다. 내일 아침 일찍 올라가야 하기에 산행 기점을 찾으니 동상면쪽으로 내려가다 오른쪽으로 진입로를 확인하고 도로를 따라 내려

오다 진보산장 가는 길이 없어 하는 수 없이 잡풀을 헤치며 내려가 개울을 건너니 진보산장 2층 건물이 있다.

처음에는 운장산 유스호스텔 건물인가 했는데 바로 진보산장이다. 알고 보니 휴게소 매점 주인이 자기집 앞으로 못 가게 엉뚱한 데로 길을 일러주어 길이 없는데로 내려와 고생을 하고 진보산장 주인이 도로로 오면 약 3km쯤 내려가야 올라오는 길이 있다고 한다. 진보산장은 여름철에 계곡이 있어 사람들이 많이 오는데 요즘은 사람이 없다며 미리 전화를 해놓아 올라와 있다고 한다.(집은 전주 덕진동이며 이름은 박종수씨 58세) 우선 샤워를 하고 주인과 같이 저녁을 먹고 운동장 같은 방에서 주인은 2층 나는 아래층에 들어와 집으로 무사히 마쳤다고 전화를 하고 일찍 잠자리에 들어간다.

제2차 금남정맥 단독종주 2구간

피암목재~백령고개

피암목재 : 전라북도 완주군 동상면 신월리 피암목재
백령고개 : 충청남도 금산군 남이면 건천리 백령고개
도상거리 : 피암목재 18.5km 백령고개
소요시간 : 피암목재 10시간20분 (총 10시간40분) 백령고개
진보산장 출발 6시18분, 피암목재 출발 6시38분, 675.5봉 7시3분,
방목리 갈림길 7시32분, 787봉 (성봉) 8시2분, 장군봉정상 8시49분,
사자바위봉 9시28분, 724.5m장군봉 9시39분, 큰싸리재 10시40분,
이만봉 11시10분, 작은싸리재 11시27분, 봉수대 11시58분,
무릉리갈림길 12시29분, 786봉 12시58분 점심 1시17분 출발,
신선봉 2시38분, 계목재 2시46분, 선야봉 분기점 3시16분,
입석사거리 3시42분, 백암 갈림길 4시19분, 백암산육백고지 4시39분,
도수리봉 4시58분, 백령성터 5시43분, 백령성지탑 5시47분,
백령고개 5시50분

2012년 10월 29일 맑음

  아침에 일어나니 4시30분이다. 일어나서 사워를 하고 대충 산행준비를 하고 주인을 깨어 아침밥을 먹고 6시20분 집을 나서 오늘은 산장주인 안내로 임도로 올라가니 빨리 올라간다. 피암목재 주차장에 도착하니 6시35분이다. 어제 찾아놓은 진입로에 내려가 6시38분 산행에 들어간다. 초입은 동상면방면 절개지를 따라가다 능선으로 들어서 오르막을 한동안 올라 작은봉을 넘어 암능을 오르는데 전망이 좋으며 진보산장 일대와 운장산이 건너다보인다. 오르막 능선을 오르며 산죽길을 따르다 옛

날에 통나무로 길을 막아 놓았던 게 쓰러져 있는 곳을 지나고 오르막을 한동안 올라 675.5봉에 올라서니 7시1분이다.

《경위도 N 35" 56" 12.2" E 127" 20" 57.9"》

날이 밝아지며 운장산 오른쪽은 연석산능선 왼쪽은 구봉산능선이 건너다보이고 북으로 성봉 장군봉이 능선으로 이어진다. 마루금은 왼쪽으로 급경사 가파른 내리막을 30여분 내려 능선길을 가면서 산죽밭길을 가는데 길가운데에 훈련병들이 침랑속에 줄지어 자고 있고 몇명은 취사당번인지 항구에 밥을 짓고 있다. 곳곳에 산죽길을 헤치며지나 외처사동 사거리에 내려서니 7시32분이다. 안부사거리 오른쪽은 외처사동이고 왼쪽은 밤목리 전기 없는 마을이다. 사거리를 지나 오르막을 20여분 오르면

널다란 바위능선을 지나 가파른 오르막을 오르며 7분후 무너진 성터에 올라서 성봉(787m)정상에 올라서니 8시2분이다.

《경위도 N 35" 56" 58.0" E 127" 21" 04.0"》

성봉(787m)은 넓은 헬기장에 왼쪽으로 무너진 성이 있어 성봉이라 불리는 모양이다. 지도에는 성봉이란 이름이 없으나 정상표지판에 성봉 787m 전기 없는 마을 밤목리라고 쓰여 있다. 건너편에 장군봉 암봉이 건너다보이며 내리막을 내려가는데 숲풀이 많아 아침 이슬에 신발과 바짓가랑이가 흠뻑 젖어 진다. 내리막을 내려 안부를 지나고 다시 가파른 오르막이 시작된다. 숨을 몰아쉬며 가파른 암능길을 올라 밤목리 갈림길에 올라서니 8시28분이다. 왼쪽길로 내려가면 전기 없는 마을 밤목리마을이다. 능선 오르막을 암능을 이리저리 올라 장군봉(727m)정상에 올라서니 8시49분이다. 장군봉은 암봉으로 사방이 전망이 좋으며 남으로 지나온 운장산 능선이 멀어져 가고 724.5m 장군봉 멀리 이만봉 태평 봉수대가 멀리 보인다. 마루금은 오른쪽으로 암능길을 내려간다. 암능 내려가는데 밧줄과 쇠줄로 여러 가닥이 있으며 물기가 있어 여간 미끄러운게 아니다. 그래도 바위에 발 밟을 곳은 만들어놓아 급경사 능선이지만 조심해서 내려가니 바위에 위험 표시가 있다.

　계속 암능을 내려 다시 암능을 오르고 암봉에서 장군봉 암벽을 카메라에 담아본다. 장군봉 북쪽면은 절벽으로 이루어져 있으며 그래도 지금 내려온 곳은 위험하기는 하지만 길을 잘 만들어놓아 주위만하면 별지장없이 다닐 수 있다. 장군봉은 산이 좋아 많은 등산객들이 선호하는 산이다. 다시 암능을 내리는데 이 바위구간은 밧줄과 쇠줄을 잡고 오르내리게 만들어놓아 조심해서 내려와 다시 가파른 오르막을 한동안 올라 사자바위에 올라서니 9시28분이다. 사자바위보다 물소바위라 하면 좋을 것 같다. 능선 오르막을 10여분 오르니 헬기장이 있는 장군봉이다. 지도에는 724.5m 인데 이정표에 725m 이다. 마루금은 헬기장을 지나서 3분쯤 가다보면 삼각점이 있고 이곳이 지도에 있는 장군봉 724.5m 이다.

《경위도 N 35" 58" 07.5" E 127" 20" 42.8"》

정상에는 헬기장이 있고 이 정표가 있는 곳이 0.5m가 높아 장군봉이라 한 모양이다. 삼각점에서 왼쪽으로 내리막을 3분 내려가면 능선 분기점 삼거리 이정표가 있다. 이곳에서 왼쪽은 마당목 마을쪽이고 마루금은 오른쪽 길이다.

멀리 건너편에 금만봉과 태평봉수대 824봉 정상이 보인다. 능선을 가다 3분후 오른쪽으로 경사진 내리막을 내려 산죽밭길을 지나며 능선길을 가는데 곳곳에 산죽길이 많다. 능선길을 좌우로 오르내리며 가다 가파른 오르막을 올라 654봉에 올라 건너편에 금만봉을 올려다보며 왼쪽으로 가파른 내리막을 한동안 내려 큰싸리재에 내려서니 10시40분이다.

《경위도 N 35" 59" 08.0" E 127" 21" 08.9"》

큰싸리재는 옛날길이며 지금은 사람이 다니지 않고 아무 표시도 없다. 큰싸리재를 지나며 급경사 오르막을 숨을 몰아쉬며 금만봉 오르는데 보통 힘든게 아니다. 급경사 오르막을 올라 금만봉 정상에 올라서니 11시2분이다.

《경위도 N 35" 59" 20.6" E 127" 21" 11.1"》

금만봉은 2004년 11월7일 금남정맥 1차때와 2010년 4월24일 금만봉을 출발해 금남기맥 군산 장계산까지 종주하며 지난지 2년 7개월만에 다시 제2차 금남정맥 종주차 이곳을 지나간다. 금남기맥(신금남정맥)분기점인 정상은 산죽이 많으며 이곳부터는 금남기맥(신금남정맥)은 좌우로 금강물을 가르며 간다. 예날 삼경표에는 바다물이 부여 귀암까지 들락거리며 강경에 항구가 있어 논산들로 강경으로 내려가 부여 부소산이 금남정맥 끝이었는데 지금은 군산하굿둑에서 바다물이 들어오지 못해

군산 장계산을 신금남정맥으로 이미 2004년 박성태(朴成泰)씨가 쓰고 조선일보사에서 발행한 신산경표가 나와 있다.

　신산경표에는 백두대간 끝자락 낙남정맥 끝자락 호남정맥 끝자락 금남정맥 정리 금북정맥 정리등 많이 변동이 되어있다. (위 삼경표참조) 오늘은 삼경표에 있는 금남정맥 종주로 대둔산 계룡산을 거처 부소산으로 이어지는 금남정맥 종주다. 잠시 배낭을 내려놓고 갈증을 면하고 사진한판 찍고 11시10분 출발하여 급경사 내리막을 내려가며 왼쪽에 운주에서 올라오는 세면도로를 내려다보며 작은 싸리재에 내려서니 11시27분이다. 작은 싸리재는 진안군 주천면 진동에서 완주군 운주면 고당리를 넘는고개로 운주면 쪽은 포장이 되어있으나 주천면쪽은 아직도 비포장도로다. 도로 옆에 통신탑이 있고 마루금은 임도를 건너 가파른 오르막을 올라간다.

　태평봉수대는 824m로 금만봉보다 74m가 더높다. 가파른 오르막을 올라 봉수대 갈림길에 올라서니 11시58분이다. 지금도 백령고개까지 약 10km남아있다. 시간이 빠득해 824m 봉수대는 올라가지 안고, 왼쪽으로 내려간다. 갈림길 이정표에 봉수대 0.17km 무릉리 2.75km 이며 마루금은 왼쪽 능선을 내리며 5분후 나무의자 두개 있는 곳에 내려서 잠시 쉬며 지나온 능선(장군봉~금만봉)과 건너편에 왕사봉 칠백고지 가야할 신선봉오르는 능선을 보며 사진 한판 찍고 가파른 내리막을 내리며 안부에 내려서니 큰 나무들이 태풍에 쓰러져 길을 막아놓아 이리저리 비껴가며 무릉리 삼거리에 내려서니 12시29분이다. 이정표에 무릉리 2.00km 봉수대 0.90km이다. 마루금은 가파른 오르막으로 암능도 지나고 능선에 올라서 산죽 능선을 올라 786.6봉에 올라서니 12시53분이다. 시장기가 들어 바위 위에서 자리를 잡고 밥을 먹고 1시17분 출발한다. 오른쪽으로 내리막을 내리며 곳곳에 산죽터널길을 지나며 오르막을 올라 720봉에 올라서니 1시40분이다. 지금도 신선봉이 멀리 보인다. 능선을 좌우로 오르내리며 무명봉에 올라서 건너편 능선 오른쪽 신선봉을 바라보며 내리막을 내려 다시 오르막을 오르며 능선에 올라 마루금은 오른쪽으로 능선 오르막을 오르며 산죽 터널길을 한동안 올라 신선봉 정상에 올라서니 2시38분이다.

《경위도 N 36" 01" 12.7" E 127" 22" 25.5"》

신선봉은 옛날에 있던 나무판자가 그대로 있고 코팅지에 신선봉 790.0m 라고 써서 걸어 놓은 게 있다. 지금도 남은 거리가 5.5km 3시간가량 가야한다. 여름같으면 시간이 충분하지만 지금은 5시반이 넘으면 어두워진다. 쉴 여유도 없이 사진 한판 찍고 바로 출발한다. 동남으로 오던 마루금은 왼쪽(동북쪽)으로 가파른 내리막을 내려 8분후 계목재를 지나며 가파른 오르막을 올라 성치기맥 분기점인 730.7m 삼군봉에 올라서니 2시54분이다. 멀리 백암산이 우둑 솟아있고 선야봉이 건너다보인다. 이곳부터

오른쪽은 진안군을 벗어나 금산군이고 왼쪽은 완주군이다. 마루금은 왼쪽(북쪽)선야봉을 바라보며 내리막을 내려가 다시 오르막을 올라 선야봉 분기점에 올라서니 3시16분이다. 713.5봉인 선야봉 분기점에는 삼각점이 있으며 마루금은 왼쪽 완주군을 벗어나 왼쪽 오른쪽 모두 금산군 남이면 땅을 밟으며 오른쪽 (북동쪽)으로 내려가고 왼쪽은 선야봉으로 가는 길이다.

《 경위도 N 36" 01" 49.2" E 127" 22" 45.1" 》

마르금은 오른쪽 (동북쪽)으로 내리막을 내려 능선길을 가다 8분후 넓은 바위를 지나고 내리막을 내려 입석 갈림길에 내려서니 3시42분이다. 사거리에서 왼쪽은 건천리 남이휴양림 가는 길이고 오른쪽은 입석마을 가는 길이다. 마루금은 가파른 오르막을 한동안 올라 3시50분 무명봉을 넘고 4시3분 다시 무명봉을 넘어 오르막을 올라 4시12분 무명봉을 넘어 내리막을 내려가 백암갈림길 사거리에 4시18분 내려선다. 사거리에서 오른쪽은 백암 가는 길이고 왼쪽은 건천리 남이휴양림 가는 길이다. 지금도 백암산을 올려다보니 한참을 가야한다. 빨리 백암봉을 넘어야 밝아서 백령고개에 내려갈 텐데 마음은 바쁘고 발길은 느려진다. 구 헬기장을 지나고 오르막을 오르고 내리고 또 오르다 가파른 오르막을 오르며 암능도 오르고 힘들여 백암산(육백고지)정상에 올라서니 4시39분이다.

《경위도 N 36" 02" 54.5" E 127" 23" 33.4"》

백암산(육백고지654m)정상에는 코팅지에 백암산 육백고지라 써 걸어놓고 리봉만 주렁주렁 달려있다. 백암봉(육백고지)과 독수리봉등 이 일대를 6.25 전쟁직후 이곳을 사수하기 위해 5년간 공비토벌작전으로 민·경·군의 호국 전사들이 피를 흘리며 작전을 벌인 이곳 육백고지 기슬로서 아군 276명이 사망 하고 적군을 무려 2287명이나 사살 하였으며 적군 생포도 1025명이나 된다고 하니 옛날에 이곳이 얼마나 오지이며 깊은 산골짝이었는지 상상을 해본다. 지금은 산군들이 더러 오르내리며 금남정맥 종주자들이 많이 다닌다.

마루금은 왼쪽으로 내려가 8분후 헬기장에 내려서 능선길을 오르내리며 독수리봉에 올라서니 4시58분이다. 마루금은 독수리봉을 지나 직진으로 능선길로 이어지며 오른쪽 아래 백령고개를 내려다보며 가다 5시12분 능선 분기점에서 마루금은 오

른쪽(북동쪽)으로 가파른 내리막이 시작된다. 가파른 내리막을 미끄러지듯 조심조심 내려와 임도 포장도로에 내려오니 5시37분이다. 2004년도 1차때는 임도였었는데 지금은 포장이 되어있다. 지도에도 없는 도로다. 세면도로를 건너 계단 오르막을 3분 오르면 헬기장이 나오고 왼쪽 사면길로 가다 무너진 성터에 올라서니 5시43분이다. 성터를 넘어 2분 내려서면 백령성지(栢嶺城址) 비석이 있다. 비석을 지나 육백고지 전승탑에 내려서니 5시48분이다. 이곳 전적비의 모형은 난공불락의 요새인 산을 상징하는 양쪽 구조물을 웅장하게 세우고 중앙에는 영원히 펄럭이는 승리의 깃발을 당당하게 배치하여 두개의 산과 한 개의 깃발 탑신은 하나로 커다란 조화를 이루어 민·경·군이 삼위일체가 되어 역사적 위업을 이루었다는 뜻을 전체적 조형물로 표현 하였으며 세개의 탑신을 통한 통일감과 중앙탑신의 세차래 굴곡은 변화와 고도의 긴장감을 형성화 하였다고 한다. 다행이 날이 밝아 사진을 몇판 찍고 내려가 백령고개 635번 지방도로에 내려서니 5시50분이다.

　백령고개는 금산군 남이면 소제지에서 오항리를 넘는 고개로 진천면으로 이어지는 지방도로다. 백령고개에는 소(小)주차장이 있고 정자가 있으며 간이매점이 있으나 지금은 사용을 안하고 있다. 금세 날이 어두워지는데 차는 한대도 지나가지 않는다. 30여분 지나도록 지나가는 차가없다. 이로서 연속 2일간 금남정맥 두번째 구간을 마치고 다음 이곳에서 이어가기로 하고 혼자 서서 기다리기도 그렇고 하는 수 없이 남이면 쪽으로 내려가다 보면 지나가는 차가 오겠지 하고 한참을 (200m가량) 내려가는데 차가 한대와 손을 들으니 태워줘 고맙게도 금산까지와 목욕탕 앞에 내려준다. 이름과 전화번호를 물어보니 가르쳐주지 않아 고맙다는 인사만하고 보내니 아쉽다. 목욕탕에서 샤워만 간단히 하고 나와 버스터미널에 가니 대전가는 버스가 있어 대전에서 8시39

분 ktx로 부산에 와 집에 오니 11시다. 집사람 잠도 안자고 기다리고 있다. 금남정맥 1-2구간은 마무리 했는데 3구간은 거리가 22.5km로 해가 짧아 걱정이 된다.

제2차 금남정맥 단독종주 3구간

백령고개~무수고개

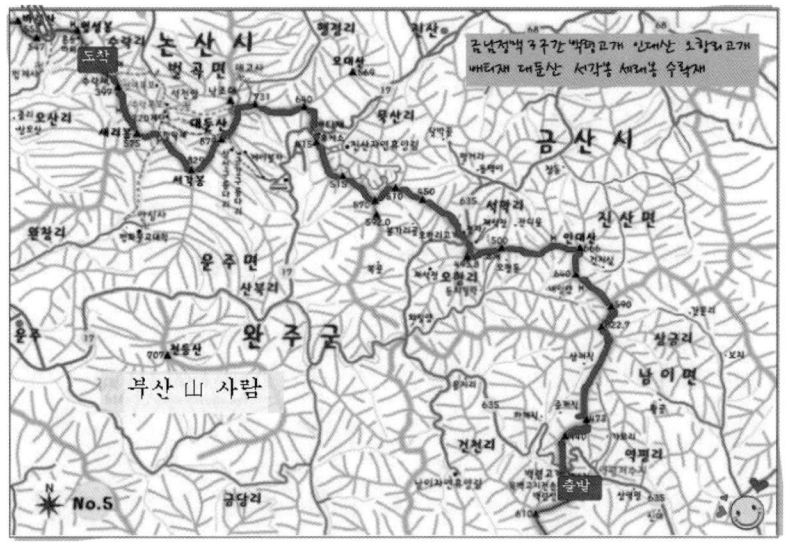

백령고개 : 충청남도 금산군 남이면 건천리 백령고개
무수재 : 충청남도 논산시 벌곡면 수락리 무수고개
도상거리 : 백령고개 17.5km 무수고개 +2.6km 수락리
소요시간 : 백령고개 10시간34분 무수고개 +35분 수락리
백령고개출발 6시26분, 바람골산 8시2분, 식장지맥분기점 8시12분,
인대산 8시54분, 헬기장 9시13분, 오항리임도 9시46분,
639번지방도 10시18분, 국기봉 분기점 11시15분, 베티재 12시7분,
낙조대 1시57분, 마천대 2시51분, 826봉 3시38분, 깔닥고개 4시19분,
헬기장 4시39분, 무수재 5시, 수락리 5시40분

2012년 11월 8일 맑음

　2012년 11월7일 ktx편으로 대전역으로 대전에서 버스로 금산에 가서 버스터미널부근 새천년모텔에 숙소를 정해놓고 금산시장안 소머리 국밥집에서 저녁을 먹고 일찍 잠자리에 들어가 11월 8일 아침 일찍 일어나 사워를 하고 전주 해장국집에서 콩나물국밥 한그릇 먹고 버스터미널 앞에서 택시(기사. 길우기氏 011-435-××××)로 백령고개에 도착하니 6시 20분이다. 아직도 날이 새지않아 주위는 깜깜하다.

　기사에게 부탁하여 사진한판 찍어놓고 택시기사는 내려가고 산행준비를 하고 6시 26분 산행에 들어간다. 10월 29일 이곳에 내려와 날이 어두워 혼자 30여분 기다려도 차가없어 200여미터 내려가다 지나가던 차를 타고 금산으로 내려갔는데 오늘도 어두워 밤에 내리고 밤에 올라간다. 마루금은 도로가 남이진산 화살표 간판 뒤로 올라간다. 백령고개에는 육백고지 전승탑과 금산백령성(錦山栢嶺城)이 있다.

육백고지 전승탑

위치 : 금산군 남이면 건천리 산 1번지 역평리 산 16-2번지

건립년월일 : 1991년 3월25일 건립지 금산군

『모형』난공불락의 요새인 산을 상징하는 양쪽 구조물을 웅장

하게 세우고 중앙에 영원히 펄럭이는 승리의 깃발을 당당하게 배치하여 두 산과 한개의 깃발. 탑신은 하나로 커다란 조화를 이루어 민·경·군이 삼위일체가 되어 역사적 위업을 이루었다는 뜻을 전체적 조형물로 표현하였으며 세개의 탑신을 통한 통일감과 중앙 탑신의 세차례 굴곡은 변화와 고도의 긴장감을 형상화 하였음.

『건립개요』 6.25 직후 5년간 공비토벌 작전으로 민·경·군의 호국용사들이 피흘리며 격전을 벌린 육백고지 기슭에 장렬히 전사한 276명에 대한 영령을 추모하고 이 전투에 참여하여 고귀한 승리의 위업을 이룩한 군민의 향토 방위정신 고취와 반공정신의 산 교육장으로 삼고자 전승탑과 충혼비 및 공적비를 건립하다.

전과 : 적 사살 2.287명, 생포 1.025명으로 금산 치안확보
피해 : 아군 전사자 276명(민간인 72명 경찰 184명 군인 20명)

금산 백령성(錦山栢嶺城)

지적별 : 기념물 제 83호
위치 : 금산군 남이면 건천리 산1 외1필

　남이면 건천리와 역평리 선야봉의 동쪽에 있으며 둘래가 약 270m에 이르는 백제의 테뫼식 산성(山城)이다. 이곳은 금산군 제원면과 추부면을 통하여 영동, 옥천에 이르는 전략상요충지이다. 김정호(金正浩)의 청구도(靑邱圖)에는 백자령(栢子嶺), 대동여지도(大東輿地圖)에는 탄현(炭峴)으로 알려져 있다. 성곽시설로는 남·북 2개의 문지를 비롯해 구틀시설이 있는 건물지, 저수용목곽고, 수혈유구 등이 확인되었으며 유물로는 백제시대 토기. 편과 글씨가 새겨진 명문와(銘文瓦) 다수 그리고 목제그릇 등이 출토되었다. 성벽은 돌로 축조되었는데 잘 남아있는 성벽의 규모는 외벽은 7m 내벽은 3m 정도이고 성벽의 상부 너비는 4m 정도다. 남문은 백제시대 산성에서 처음으로 확인된 다락문식(현문식)구조를 하고 있다. 조사결과 이산성은 백제시대 말기에 축조되어 이용되다가 백제의 멸망과 함께 그 용도가 폐기된 것으로 밝혀졌는데 백제 말기 신라 방어 및 진출에 전초기지의 역할을 하였던 것으로 추정 된다.

옮긴글

　초입마루금은 능선 오르막을 올라 통신탑을 지나며 계속 오르막을 한동안 올라 6시44분 무명봉에 올라서 북으로 오던 마루금은 오른쪽(동쪽)으로 내리막을 내려가며 7분후 안부를 지나 다시 오르막을 15분 올라 다시 왼쪽(북쪽)으로 능선을 오르내리며 잘자란 참나무 숲길 능선을 오르내리며 가다 잘자란 낙엽송 숲길을 가며 왼쪽아래 상개마을 오르는 도로를 내려다보며 가다 작은봉을 넘어 내려가며 왼쪽에 잘자란 잣나무 숲을 지나고 상개직 마을을 숲 사이로 내려다보며 오르막을 한동안 올라 7시45분 무명봉에 올라서 왼쪽으로 방향을 틀어 능선을 가다 가파른 오르막을 힘들어 올라 삼각점이 있는 바람골산(622.7m)정상에 올라서니 8시2분이다.

《경위도 N 36" 05" 26.2" E 127" 24" 07.2"》

지도에는 바람골산 이라는 이름은 표기되어 있지 않아 올라와보니 걸어놓은 코팅지에 바람골산(622.7m)이라 되어있다. 정상에서 왼쪽(서쪽)으로 596봉이 우뚝 솟아있고 건너편에 인대산이 건너다보이며 마루금은 오른쪽(동북쪽) 능선으로 이어지며 내리막을 내려 능선을 가다 오르막을 올라 식장지맥 분기점에 올라서니 8시12분이다. 식장지맥은 월명봉 월명재 금성산 성재 민재를 지나 추부면 서대산 904.1봉으로 솟구쳐 601봉 닭이치 홍산 충청북도 옥천군 군서면 사정리 시루봉까지 이어진다. 동북으로 오던 마루금은 오른쪽 식장지맥을 버리고 왼쪽(서북쪽)으로 이어지며 내리막을 한동안 내려 능선을 오르내리며 헬기장을 8시31분 지나 능선을 가다 가파른 오르막을 숨을 몰아쉬며 올라 능선분기점에 올라서면 오른쪽으로 50여미터 위에 인대산 정상이 있다. 인대산 정상에 올라서니 8시54분이다. 정상에 올라 사진 한판 찍고 마루금은 오던 길로 50여미터 내려가 서쪽 능선으로 내리막을 내려가 널따란 헬기장을 9시13분 지나 왼쪽으로 가파른 내리막을 한동안 내려 능선을 내려가며 오른쪽 아래 광성화학 채석장에서 들리는 기계소리를 들으며 나무사이로 채석장을 내려다보며 한동안 내려 오항리고개 포장 임도에 내려서니 9시46분이다.

이 도로는 오항리에서 서낭당 고개로 연결된다. 마루금은 도로를 건너 오르막을 오르며 5분후 삼각점을 지나간다. 삼각점은 산 정상에 있는 게 아니고 능선 마루에 있고 오르막 능선을 5분쯤 올라 능선 분기점에서 서쪽으로 가던 마루금은 오른쪽(북쪽)으로 가파른 내리막을 내려 줄묘 오른쪽으로 내려 조금전 지나온 포장 임도에 내려서니 10시3분이다. 도로를 따라 20-30미터가면 채석장 삼거리가 나오며 삼거리에서 능선으로 올라섰다 다시 내려와야 하나 짧은 거리이기에 포장도로를 따라가도 무방하다. 도로를 따라오다 절개지를 내려서 백령고개로 연결되는 635 지방도로인 서낭당재에 내려서니 10시18분이다.

《경위도 N 36" 06" 18.8" E 127" 22" 52.0"》

서낭당재(635번 지방도로)에는 쉬어갈 수 있는 정자가 있고 오항1리(춘경동) 산 벚꽃마을 표지석이 있으며 청정지역 충청남도 산림유전자원 보호림 지정구역 안내판이 있고 오른쪽은

　진산면 외항리 왼쪽은 진산면 삼가리이다. 오늘도 종주팀이 있는지 청송 관광버스가 있고 공사차량이 있어 공사차량 기사에게 부탁하여 산진 한판 찍어 둔다.

　10시18분 출발해 산벚꽃 마을 표지석 뒤로 서북쪽 능선 오르막을 오르며 무명봉을 10시39분 넘으며 능선 오르막을 오르내리며 참나무에 노란비닐로 나무를 보호하기 위해서인가 많은 나무를 감아 놓은 능선을 지나며 한동안가다 왼쪽(서남쪽)으로 오르막을 오르며 국기봉 1920m 지점 팻말을 11시7분 지나고 오르막을 올라 국기봉 분기점에 올라서니 11시15분이다. 서남으로 오르던 마루금은 오른쪽(서북쪽)으로 全羅北道完州郡 雲

州面과 忠靑南道 錦山郡 振山面을 경계로 이어지며 가파른 내리막을 내리며 왼쪽 국기봉 능선을 바라보며 건너편 대둔산 능선이 펼쳐져 있고 왼쪽 아래로 대둔산 관광단지를 내려다보며 내리막을 내려와 작은 봉을 두개 넘고 내려와 오른쪽에 임도를 따라 능선길을 가다 넓은 공터에 놀이터 비슷한 곳을 지나 파란 물통으로 올라가는데 개 두마리가 울 안에서 요란하게 짖어 댄다. 마루금은 개집을 지나 왼쪽으로 송신 철탑 아래를 지나 가파른 오르막을 8분 올라서니 아래로 베티고개 도로가 보이고 휴게소에서 음악 소리가 들린다. 가파른 내리막을 내려 휴게소 뒤 절계지 왼쪽으로 내려서 무민공 황진장군 이현 대첩비(武愍公黃進將軍梨峴大捷碑)뒤로 내려서니 12시7분이다.

《경위도 N 36" 07" 32.3" E 127" 20" 25.3"》

【이곳 배티재는 임진왜란때 전라도 도절제사 권율(權慄)이 전주로 향하던 왜적의 침공을 격퇴시킨 적전지이다. 임진년 7월8일 적은 막강한 전력으로 공격해오자 미리 산상에 진을 치고 있던 아군도 수백의 오색군기를 흔들며 지축(地軸)을 흔들듯한 함성(喊聲)과 함께 응전하였다. 당시 동복현감(同福縣監) 황진(黃進)은 명궁(名弓)이었는데 그의 진영 앞으로는 적이 진격하지 못하였다. 하루 종일 계속된 싸움으로 왜병의 시체가 들에 가득하고 피가 흘러서 내를 이루었다고 한다. 권율(權慄)은 이 전투에서 전주로 진군 하려던 왜적을 궤멸(潰滅)시켰다. 이에

그대의 높은 보람업을 기리기 위해 여기에 유허비(遺墟碑)를 세운다.】

베티재(梨峙)는 全羅北道 完州郡 雲州面과 忠靑南道 錦山郡 振山面을 넘는 17번 國道가 지나며 넓은 주차장 휴게소가 있고 마루금은 진산방면 쪽으로 조금 내려가 등산 안내도가 있고 금산군 진산면에서 새운 대둔산 등산로 문을지나 나무 계단으로 이어진다. 12시12분 등산로 문을 지나 나무계단을 힘들어 올라가 능선에 올라서니 12시34분이다. 마루금은 오른쪽으로 가파른 능선을 오르며 다시 나무계단 끝에서 조금 오르다 시장기가 들어 아무래도 더는 못갈 것 같아 자리를 펴고 점심을 먹는다. 점심을 먹고 1시6분 출발하여 가파른 오르막을 오르며 6분후 철계단을 올라 오대산 갈림길에 올라서니 1시14분이다. 이곳에서 오른쪽 능선은 오대산이고 마루금은 왼쪽으로 이어진다. 이 정표에 오대산 0.96km 베티재 0.57km 생애봉바위 0.97km이며 전망대가 있다. 마루금은 왼쪽 전망대쪽으로 이어진다. 마루금은 왼쪽(서쪽)으로 내리막을 한동안 내려와 쉼터를 1시25분 지나고 장군약수 갈림길을 1시33분 지나간다.

이곳은 장군약수 유래간판이 있으며 이정표에 오른쪽으로 장군약수 0.5km 이며 오대산 2.1km 낙조대 1.4km이다. 오르막을 오르며 8분후 다시 이정표에 오른쪽 장군 약수 0.2km 오대산 1.87km 낙조대 0.73km로 되어있다. 이정표 거리 표시가 제각각이다. 마루금은 앞에 암능을 오르지 않고 왼쪽 사면길(비탈길)로 이어지며 오른쪽 암봉을 바라보며 한동안 올라 능선에 올라서니 오른쪽 암봉에서 산악인 들이 내려온다. 이분들도 50대 후반부터 60대중반으로 산을 즐기는 사람들이다. 광장 삼거리를 지나고 오르막을 오르며 산죽길을 지나고 이

번에는 오른쪽 사면길로 가다 철계단을 올라 돌계단 오름길을 오르다 이정표와 안내간판 있는 곳에서 같이 오던 사람들 쉬어 가잔다.

　나는 갈길이 멀어 먼저 올라가 돌계단을 오르다 철계단을 올라서 낙조대 삼거리에 올라서니 2시13분이다. 낙조대 삼거리 이정표에 마천대 0.9km 관리사무소 3.4km이다. 마루금은 왼쪽 남쪽으로 이어지며 능선 오른쪽(서쪽) 사면길(비탈길)로 오르내리며 10분후 용문굴 삼거리에 올라선다. 이정표에 용문굴 400m 태고사(낙조대)400m 마천대 600m 안심사 옥계천 4km이며 이곳부터 오른쪽은 금산군 진산면을 벗어나 충청남도 논산시 벌곡면과 전라북도 완주군 운주면을 경계로 이어진다. 오늘은 날씨가 좋은데도 길이 질퍽거려 조심조심 올라간다. 더러는 산죽길 암릉길을 오르내리며 철계단을 올라서 암능 사면길에 파이프를 설치해 파이프를 잡고 조심해 건너가 오르막을 올라 매점이 있는 삼거리에 올라서니 2시40분이다. 매점 평상에 배낭을 내려놓고 잠시 쉬며 막걸리 한잔에 이천원을 주고 사서마시니 갈증이 면해진다. 이곳은 대둔산 관광지 주차장에서 올라오는 길로 구름다리에서 올라오는 등산객이 주말이 아닌데도 많이 오르내리며 마천대 정상에도 사람들이 많이 웅성대고 있다. 이정표에 금강 구름다리 500m 케이불카 500m 마천대정상 150m 용문굴 삼거리 450m 이다. 잠시 쉬고 출발해 암능길을 올라 마천대(대둔산정상)에 올라서니 2시51분이다.

  대둔산 정상 마천대에는 개척탑(開拓塔)이 높이 솟아있고 남쪽 아래에 케이블카 구름다리가 내려다보이고 대둔산 관광단지가 보이며 동남으로 지나온 인대산 남으로 천등산과 가야할 826봉 서북으로 월명산이 보인다. 마루금은 개척탑에서 다시 내려와 서쪽으로 이어진다. 정상에서 사진 몇판 찍고 2시54분 내려와 사면길로 한동안 가며 산죽길도 가다 왼쪽 능선으로 올라가 오른쪽 내리막을 한동안 내려와 다시 오르막을 한동안 올라 안심사 갈림길에 올라서니 3시37분이다. 이정표에 830m 안심사 2.3km 마천대 1.15km 충남 수락(계곡) 으로 되어있다.

《경위도 N 36" 07" 06.7"　E 127" 18" 52.2"》

  전망바위에서 잠시쉬면서 갈증을 면하고 있으니 젊은이들이 7-8명 올라온다. 오늘 산행 계획은 물한리재까지 인데 대둔산 올라오며 시간이 많이 걸려 무수재(수락재)에서 수락리 쪽으로 내려가기로 마음 먹고 5분간 쉬고 3시 42 출발한다. 남으로 오던 마루금은 오른쪽(북쪽)으로 이어지며 내리막길은 암능과 산죽길을 번가르며 가파른 내리막을 내려와 깔딱재에 내려서니 4시19분이다.

《경위도 N 36" 07" 29.2"　E 127" 19" 13.5"》

  이정표에 마천대 2.5km 구름다리 1.20km 수락주차장 3.19km 이고 마루금은 오르막을 올라간다. 오르막을 한동안 올라 잘나있는 능선을 오르내리며 헬기장에 올라서니 4시39분이다. 넓은 공터에 헬기장 위에 풍량기가 펄럭이고 있고 마루금은 왼쪽 능선으로 내려가며 능선길을 좌우로 오르내리며 가다 정맥 종주자를 만난다. (이분이 저녁에 주락리에서 만난 광양사는(淸風江山)님이다) 마루금은 잘나있는 능선길을 오르내리며 양촌면 법계사 삼거리를 4시45분 지나간다. 해는 저물어가고 앞에 월성봉이 가로막고 앞산을 보며 오르내

리다 무수재(수락재)에 내려서니 5시다.

여름 같으면 물한리재를 무사히 가지만 요즈음은 5시40분이면 어두워진다. 내일 월성봉을 오르기로 하고 오늘 정맥은 여기서 마무리하고 수락 주차장쪽으로 내려간다. 오른쪽으로 한동안 내려 계곡을 따라 내려가 등산로 입구에 내려서니 6시22분이다. 등산로 입구 왼쪽에 산책로가 공원화 되어 쉼터가 여러군데 있다. 도로를 따라 내려가 주차장을 지나고 수락마을 입구를

지나가는데 무수재 내려오다 헬기장 부근에서 만난 젊은이가 승용차를 타고 내려오며 차를 세우고 아는체를 한다. 이 사람이 청풍강산(淸風江山)님이다. 고맙게도 아래마을 수락 모텔앞까지 태워주고 내일 같이 양정까지 가자며 약속을 하고 내려가고 나는 수락 모텔에서 숙박을 정해놓고 다시 수락 마을까지 가서 금강식당에서 동태찌개로 저녁을 먹고 내일 아침 밥과 도시락을 싸가지고 올라와 샤워를 하고나니 몸이 좀 풀린다. 오늘 무사히 대둔산을 넘어와 식당에서 저녁을 먹고 숙소에 왔다고 집으로 전화를 걸고 오늘은 피로도 하고 내일 일을 생각해서 일찍 잠자리에 들어간다.

제2차 금남정맥 단독종주 4구간

무수고개~양정고개

> 무수재 : 충청남도 논산시 벌곡면 수락리 무수고개
> 양정고개 : 충청남도 계룡시 엄광면 엄광리 양정고개
> 도상거리 : 무수고개 21.5km 양정고개 + 2.3km 수양리
> 소요시간 : 무수고개 11시간 31분, 양정고개 + 40분 수양리
> 무수재 6시17분, 전망대 6시26분, 흔들바위 6시57분,
> 월성봉 7시2분, 방랑산 7시47분, 영주사 갈림길 8시4분,
> 426봉 8시45분, 물한리재 9시4분, 363.9봉 9시24분,
> 곰치재 10시33분, 덕목재 11시18분, 무량사입구 11시22분,
> 깃대봉 11시57분, 임도 12시26분, 함박봉 12시49분 도착
> 점심 후 출발 1시39분, 황령재 1시52분, 팔각정 2시22분,
> 천호산 3시23분, 304.8봉 3시52분, 윗대실고개 폐가 4시26분,
> 두리봉 4시50분, 천마산 5시12분, 팔각정 5시18분,
> 양정고개 5시40분, 엄사초등학교 5시53분, 등산로 입구 6시

2012년 11월 9일 맑음

 이번구간은 어제 무수재(수락재)에서 내려와 보니 거리가 멀어 아침 일찍 일어나 샤워를 하고 어제 준비한 동태찌게로 아침을 먹고 있으니 광양 사는 청풍강산(淸風江山)님에게서 전화가 온다. 부랴부랴 준비를 하고 나가니 기다리고 있다. 어제 약속을 하였으나 설마하고 있었는데 약속을 지키고 아침에 일찍 왔다. 청풍강산님도(이름을 몰라 청풍강산이라 씀) 7일 양정고개에서 만항재까지 종주를 마치고 오늘 무수재-양정고개까지 간다며 아침 일찍 왔다. 오늘은 아침 일찍이라도 일행이 있어 다

행이다. 승용차 편으로 수락주차장 까지 올라가 산행 준비를 하고, 5시40분 산행에 들어간다. 포장도로를 따라 10분후 산행 초입에 들어서 사진 찍고 출발한다. 진입로는 승전교(勝戰橋)오른쪽 길로 들어서 계곡길로 들어서간다. 계곡길을 따라 오르다 갈림길에서 오른쪽 길로 들어서 한동안 가다 능선으로 올라서며 가파른 오르막을 갈지자로 올라 무수재(수락재)에 올라서니 6시17분이다. 잠시 숨을 고르고 본격적으로 정맥길로 들어서간다. 초입부터 계단길이다. 가파른 오르막을 계단을 한동안 올라 전망대가 있는 봉에 올라서니 6시25분이다.

　날이 밝으면 전망이 좋아 대둔산 전경이 좋을텐데 날씨도 운

　무가 끼고 어두워 사진만 한판씩 찍고 능선을 오르다 오른쪽 사면길로 내려서 다시 오르막을 올라 대둔 05-16번 팻말을 6시54분 지나고 3분후 괴 소나무를 카메라에 담고 암능을 올라 흔들바위에 올라서니, 6시58분이다. 흔들바위 표지석에서 인증샷을 하고 사진 한판씩 찍고 흔들바위에 올라서 한번씩 흔들어 본다. 운무가 가득차 주위는 깜깜하고 아무것도 안보여 능선길을 오르니 바로위에 월성봉정상이다. 월성봉 정상에 올라서니 7시2분이다. 정상에는 산불 감시카메라 철탑이 있고 자그마한 표지석이 있다. 월성봉은 대둔산 월성봉 전적지로 1950년 6월25일 새벽 북한군의 남침으로 일어난 6.25 전쟁 중 유엔군의 인천상

육작전으로 38선이 차단되어 미처 월북하지 못한 북한군이 전북 덕유산을 거쳐 이곳 대둔산에 북한군 6개 대대 1200 여명과 좌익계 1000 여명이 이 지방 각 곳에 은거하면서 지역민의 인명과 재산을 약탈하는 만행을 저지르는 도중 이곳 양촌지역민이 혼연일체가 되어 전투대를 조직하여 공비와 대 작전을 시작하였고 양촌 면민은 이곳 월성고지를 구축하고 공비와의 처절한 전투를 벌린 장소이라고 한다. 마루금은 북쪽으로 헬기장을 지나고 삼거리에서 오른쪽(동쪽)은 수락계곡 주차장 가는 길이고 마루금은 왼쪽(서남쪽)으로 사면길(비탈길)을 내려간다. 삼거리에는 이지역 산행 안내도가 있으며 이정표에 바랑산 1.46km 흔들바위 0.18km 마천대 5.90km 수락계곡 1.36km이다. 비탈길을 잠시가다 능선에 들어서 서쪽으로 가파른 내리막을 내려가 능선을 가다 7시21분 법계사삼거리를 지나간다.

이곳 이정표에 바랑산1.2km 월성봉 1.26km 법계사 0.8km 이다. 이정표가 잘못된 것 같다. 월성봉이 0.8km 법계사가 1.26km이고 월성봉에서 바랑산까지 1.5km 이기에 잘못 되어있다. 삼거리를 지나면서 오르막 능선으로 이어지며 왼쪽은 절벽으로 양촌 일대가 잘 내려다 보일텐데 운무가 가득차 주위는 아무것도 보이지 않고 능선을 가며 7시33분 2007년 11월8일 강 건너 덕배님의 추모비를 지나고 오른쪽으로 오르막을 오르며 암능을 지나고 가파른 오르막을 오르며 바랑산(555.4m)정상에 올라서니 7시 46분이다. 정상에는 삼각점이 있고 나무판자에 바랑산이라 나뭇가지에 걸려있고 준희가 걸어놓은 금남정맥 바랑산 555.4m가 있고 표지석은 없다. 청풍강산님과 사진 한판씩 찍어 둔다. 북으로 오던 마루금은 내리막을 내리면서 왼쪽으로 내려가다 다시 오른쪽으로 능선을 오르며 능선길을 오르락 내리락 421봉을 8시3분 지나며 이정표(월성봉1.46km 영주사 1.5km) 영주사 방향으로 오른쪽으로 내리다 왼쪽 비탈길을 따라가며 통 밧줄을 잡아가며 내리막을 내려가 안부를 지나며 작은 물한재는 확인을 못하고 오르막을 오르며 암능을 밧줄을 잡고 오르는데 오늘은 청풍강산님과 같이 가기에 운무가 온산을 덮었지만 암능을 오르는데도 어려움 없이 안심하고 올라간다. 암능을

여러번 지나고 가파른 오르막을 숨을 몰아쉬며 올라 426봉에 올라서니 8시45분이다. 마루금은 왼쪽 능선을 내려가며 주위는 온통 운무가 끼어 아무것도 볼 수 없고 능선 내리막을 10여분 내려오니 갈림길이다. 갈림길에서 오른쪽 길로 절계지로 내려가다 절계지에서 수로를 따라 내려가 파란망을잡고 조심조심 내려가 도로변 철망 뒤로 터널입구까지 가다 도로에 내려서 터널입구에서 벌곡쪽으로 50여미터가다 왼쪽으로 갓길로 올라서면 넓은 공터가 나온다. 9시3분.

《경위도 N 36" 09" 39.5" E 127" 16" 25.7"》

터널 입구에서 사진 한판 찍고 공터에 올라서 왼쪽으로 절계지 뒤로 올라가 마루금을 따라 능선으로 올라가는데 보통이 아니다. 가파른 오르막을 숨을 몰아쉬며 10여분 올라가 능선길을 오르며 363.9봉에 올라서니 9시24분이다.

《경위도 N 36" 09" 51.1" E 127" 16" 12..”》

정상에는 물한산 363.9m 라고 코팅지에 쓰여 걸려 있어 사진 한판 찍고 출발한다. 마루금은 약간 내리막을 내려 능선길로 들어서며 작은봉을 여러개 넘으며 능선길로 오르락 내리락 왼쪽에 호남고속도로를 나무사이로 간간이 내려다보며 차가는 소리가 들리며 능선을 오르내리며 곰치재에 내려서니 10시 33분이다.

《경위도 N 36" 10" 30.1"   E 127" 15" 14.4"》

　　곰치재는 임도 산판길로 오른쪽에서 올라와 왼쪽은 산길로 넘고 산판길은 왼쪽(북쪽) 능선으로 이어지며 마루금은 산판길을 따르지 않고 바로 능선으로 올라서 가파른 오르막을 한동안 올라 무명봉에 올라서니 10시54분이다. 아래로 호남 고속도로가 보이고 건너편에 깃대봉이 보인다. 잠시 쉬며 청풍강산님에 감을 같이 나누어먹고 잠시 숨을 돌리고 출발해 급경사 내리막을 내려 농장 과수원능선을 지나면서 고속도로를 건너가지 못해 11시12분 오른쪽 길를 따라 내리다 잘자란 조림나무 사이로 한동안 가다 마루금은 고속도로지하통로 하수로를 통과 한다. (11시18분)

《경위도 N 36" 11" 20.0"　E 127" 15" 10.0"》

지하통로는 물이 차있어 돌길을 이리저리 밟으며 지나가 63번 지방도로에 올라서 도로를 따르다 무량사 표지석이 있고 버스정류장을 11시22분 지나고 마을 입구에서 능선으로 올라야 하는데 포클레인이 언덕을 파내어 공사가 한창이라 건물 앞 도로를 따르다 공사장을 지나 올라가면 폐 건물 앞에서 능선으로 올라선다. 11시29분 폐건물 오른쪽 능선으로 올라가 4분후 묘를 지나고 가파른 오르막을 한동안 오르다 청풍강산님 먼저 가라고 하고 조금 휴식을 취하고 오르막을 올라 능선 마루에서 오른쪽으로 올라 무너진 돌무덤을 올라서가다 깃대봉 정상에 올라서니 12시3분이다. 394.1m 깃대봉은 삼각점이 있고 전망이 좋아 사방이 잘 보인다.

《경위도 N 36" 11" 20.9" E 127" 14" 24.9"》

마루금은 깃대봉을 지나며 서쪽으로 오르던 마루금은 북쪽으

로 이어지며 내리막을 내리며 통 밧줄을 잡고 내려 능선을 한동안가다 12시18분 삼거리 이정표를 지나간다. 이정표에 깃대봉 0.7km 함박봉 1.3km 벌곡면사무소 2.9km 이다. 능선길을 오르내리며 고압철탑을 12시21분 지나고 5분후 임도산판길을 지나고 오르막을 올라 398봉을 넘고 잠시 내려가다 다시 가파른 오르막을 오르며 밧줄을 잡고 한동안 올라 함박봉 정상에 올라서니 12시49분이다.

《경위도 N 36" 11" 20.9"　E 127" 14" 127.7"》

　함박봉 정상에는 산불감시초소가 있고 감시카메라를 설치한 철탑이 있으며 정상은 나무가 없고 전망이 좋으며 연산면소재지가 내려다보이고 논산들까지 보인다. 시장기가 들어 함박봉 정상에서 자리를 펴고 점심을 먹는다. 점심을 먹고 나니 피로가 온다. 어제에 이어 오늘이 이틀째고 내일도 계룡산을 넘어야 한다. 포근히 쉬고 1시39분 출발한다. 언듯 보기에 철탑아래 철망에 리봉이 많이 달려 그곳으로 가는듯 한데 마루금은 왼쪽 잘나있는 길을 따라야한다. 가파른 내리막을 내리며 계단길로 계속 이어지며 공동묘지를 지나고 내리막을 내려 벤취가 있는 쉼터를 지나고 삼천리교육원 뒤로 능선을 내려가 가파른 내리막을 나무계단을 따라 내려가 황령재 지방도로에 내려서니 1시52분이다.

《경위도 N 36" 12" 29.2"　E 127" 14" 13.4"》

넓은 공터에 과일장사가 있어 청풍강산님 어디쯤 갔나 물어보니 자기는 조금전에 올라와 못보았다고 한다. 황령재에는 황산벌 전적지 안내간판과 논산시 관광 안내간판이 있으며 논산시 벌곡면 양산리에서 연산면 신암리를 넘는 고개로 2차선 포장도로가 지나며 마르금은 오른쪽 벌곡면쪽으로 지방도로를 따라 한동안 가다 왼쪽 능선으로 올라간다. 등산로 입구 이정표에 천호산 등산로 입구 천호산 4.5km 계태사 4.9km이다. 등산로 입구에서 오른쪽으로 절계지를 따르다 능선에 올라서 오르막을 오르다 벤취 쉼터가 있는 삼거리에 올라서니 2시5분이다. 이정표에 황령재 0.4km 천호산 3.5km 오른쪽은 벌곡 방향이다. 오르막을 오르며 밧줄을 잡고 오르며 다시 벤취 쉼터를 지나고 창원정씨 응칠 추계추씨 묘를 지나고 오르막을 오르며 밧줄을 잡고 올라서 팔각정이 있는 322봉에 올라서니 2시21분이다.

이정표에 왼쪽은 농공단지 오른쪽은 벌곡 마루금은 북쪽 계태사 방향이다. 굵은 밧줄을 잡아가며 내리막을 내려 능선을 가며 왼쪽아래교육장에서 총소리가 들리며 내리막 능선을 내려가 사거리에 내려서니 2시27분이다. 이정표에 왼쪽으로 사격장 0.6km 오른쪽 대목리 0.6km 황령재 1.4km 천호산 2.1km 이다. 능선 오르막을 오르며 굴근 밧줄을 잡고 오르고 잘나있는 능선 길을 따라가다 다시 밧줄을 잡아가며 올라 무명봉에 올라서니 2시44분이다. 소나무아래에 작은 돌에다 감마로드 353.0m 산이

슬이라 쓰여 있다. 오른쪽 건너편에 399.7봉을 보며 능선길을 오르내리며 오른쪽 아래에 고압철탑을 지나며 잘나있는 길을 오르락내리락 가며 삼거리 이정표 황룡재 2.3km 천호산 1.2km 양지서당 입구 1.0km를 2시58분 지나고 능선을 오르내리며 다시 삼거리 이정표에 화악리입구 1.0km 천호산 0.5km 황룡재 3.0km를 3시10분 지나간다. 오른쪽에 능선 분기점을 지나면서 이곳까지 벌곡면 땅을 밟으며 왔는데 이제부터 벌곡면을 벗어나 계룡시 두마면 땅을 밟고 왼쪽은 충청남도 논산시 연산면 땅을 밟고 간다. 오르막을 밧줄을 잡고 오르며 4분후 능선에 나무의자 쉼터를 지나 4분후 무명봉에 올라서 능선을 따라 약간 올라 천호산 정상에 올라서니 3시23분이다.

《 경위도 N 36" 14" 07.7" E 127" 14" 23.6"》

　천호산 정상에는 쉼터가 있고 이정표에 신계룡변전소 4.30km 수복동 0.89km 천마산 4.0km 벌곡방향과 계태사방향 화살표가 있다. 잠시 쉬면서 사진한판 찍고 출발해 내리막을 내리며 2분후 이정표 천마산 3.88km 천호봉 0.12km 수복동 0.94km 계태사 방향 화살표)를 지나고 3분후 이정표(계태사 1.1km 천호산 0.3km 천마산 방향 화살표)와 쉼터를 지나며 능선길을 가며 계속해서 5분후 이정표(수복동 0.80km 천호봉 0.32km 천마산 3.08km 이정표)를 지나가며 갈림길마다 이정표가 있다. 갈림길을 지나며 왼쪽으로 내리막을 내려 안부사거리에 내려서니 3시

42분이다. 안부사거리이정표에 천호봉 0.90km 천마산 3.10km 회음동 0.80km 부복동 0.75km 이며 오르막을 올라 304,8m봉에 올라서니 3시52분이다.

《경위도 N 36" 14" 47.2' E 127" 14" 15.6"》

304.8봉은 전망이 좋으며 삼각점이 있고 쉼터밴취가 있다. 사진 한판 찍고 출발 할여다 카메라(디카)를 땅에 떨어트려 작동이 안된다. 할 수 없이 비상 디카를 꺼내 찍는다. 마루금은 천마산을 향해 내리막을 내리며 12분후 안부를 지나고 오르막을 올라 능선을 오르내리며 3분후 현위치 천호산 02번 팻말을 지나고 7분후 현위치 천호산 01번 팻말을 지나며 능선을 가며 고압

철탑을 4시17분 지나며 내리막을 내리며 다시 현위치 천마산 08번 팻말을 지나간다. 이곳에서부터는 팻말에 천호산을 벗어나 천마산 챗말이다. 내리막을 내려 4시23분 과수원 농장에 내려서 과수원 갓길를 따라 내려가 폐가 앞 임도에 내려서니 4시 26분이다. 이정표에 천호봉 2.80km 천마산1.20km이며 2005년 1월5일 1차때 있던 폐가가 지금도 있다. 마루금은 폐가 뒤로 오르며 잣나무 길을 지나 작은봉을 넘어 임도에 내려서니 4시38분이다. 왼쪽에서 포클레인이 밭을 고루고 있고 길도 파헤쳐 있으며 마루금은 파헤친 길을 건너 언덕을 올라서 능선을 오르며 벤취가 있는 쉼터를 지나고 밧줄을 잡으며 오르막을 올라 묘를 지나고 두리봉에 올라서니 4시50분이다.

앞으로 건너편에 천마산이 건너다보이고 계룡시가지가 보인다. 잘나있는 능선길을 오르내리며 쉼터를 지나고 오르막을 올라 천마산에 올라서니 5시2분이다. 천마산정상에는 돌무덤이 있고 금남정맥 안내판이 있다.

《경위도 36" 15" 56.2" ㄷ 127" 14" 34.9" 》

금남정맥(錦南正脈)이란

현제 우리가 배우고 있는 산맥 체계는 1903년 일본의 지질학자 고토분지로가 제안한 지질학을 그대로 옮긴 것이며 우리 산줄기의 본 이름은 조선후기 여암 신경준이 지어 옮겼다고 추정되는 산경표에 의하면 산줄기를 물의 흐름에서 찾은 산자분수령(山自分水嶺)에 의하여 한반도를 1대간(백두대간)1정간(함백정간)13정맥으로 명명 하였다. 그중 13정맥중의 하나가 금남정맥(錦南正脈)이다 금남정맥은 전북무주의 주화산에서 북서로 뻗어 계룡산에 이르고 계룡산에서 다시 서쪽으로 뻗어 부여의 부소산(扶蘇山) 조룡대(釣龍臺)까지 118km에 이른다. 전북 장안산(長安山)에서 시작된 금호남정맥이 끝나는 주화산에서 왕사봉(王師峯) 배티(梨峙) 대둔산(大屯山) 개태산(開泰山)또는 천호산(天護山) 계룡산 널티(柄峙) 망월산으로 이어져 부소산의 조룡대에 이른다. 이 산줄기의 동사면(東斜面)을 따라 흐르는 물은 금강의상류를 이루고 서사면(西斜面)을 따라 흐르는 물은 만경강(萬頃江)을 이루며 일부는 금강 하류로 흘러든다. 따라서 우리시의 금남정맥(錦南正脈)구

간은 향적산의 민재에서 이곳 천마산을 경유 논산의 천호산 안부까지다. (계룡시 옮긴글)

천마산 올라오며 동금암 아파트에 사는 김승배(010-8524-××××)씨를 만나 이야기도 하며 이 지방 지리에 대해 설명도 듣고 같이 산행을 한다. 천마산을 지나 팔각정 정자에 내려서니 5시18분이다. 김승배씨 설명을 듣고 내려서니 금바위다. 금바위는 넓은 바위로 아래와 같은 전설이 있다.

금바위의 유래

연산 개태사 주변에 도술이 비상한 도인이 살고 있었다. 그는 도술로 좋은 일을 하기는 커녕 시도때도없이 나타나 선량한 마을 사람들을 괴롭혔다. 마을 사람들은 도술로 어찌나 괴롭혔는지 도저히 마음 놓고 편히 살아갈 수 없었고 항의라도 할라치면 도술로서 해를 끼쳤기 때문에 하는 수 없이 조정에 항소를 올리기 시작했다. 조정에서는 그를 잡아들이기로 하고 군사를 풀었으나 군사들이 개태사 주위에 오자 그 도인은 도술을 부려 군사들의 눈앞을 구름과 안개로 한치 앞도 못보게 하였다. 군사들을 이끌고 온 장군은 과연 듣던 대로 도술이 비상 하구나 하면서 더 이상 가지 못하고 물러갔다. 장군은 치욕감 마저 느꼈으나 그 도인의 도술 때문에 쉽사리 쳐들어 갈수도 없었다. 다 늙어빠진 도인 하나 때문에 이 많은 군사들이 이런 곤욕을 치르다니, 장군은 안절부절하면서 깊은 생각에 잠겨 있다가 다시 전략을 세워 기어코 그 도인을 잡고야 말리라, 하면서 군사들을 이끌고 언덕위에 오르자 또 구름과 안개가 앞을 가려 도저히 나갈 수가 없었다. 그렇다고 또다시 군사들을 이끌고 되돌아 갈수는 없는 일이었다. 장군은 "에잇" 하며 장검을 빼어들고 안개속을 내리쳤다. 그런데 이상하게도 안개가 거두어지고 앞이 훤하게 트인 것이 아닌가. 자세히 앞을 바라보니 눈 앞에는 큰 바위가 두동강이 나 있었다. 장군은 개태사를 점령하고 그 도인을 잡아 중벌을 내려 다스렸다. 그때 동강난 바위를 '암소바위' 라고 한다. 또한 암소바위 뒤 탕건바위 궁에는 河씨들이 피난처였다고 하며 용이 바위를 통과한 용의 흔적도 있고 사람의 시신처럼 보인다 하여 '송장바위' 라 부르는 바위도 있다. 이와같이 여러 가지 바위가 있다하여 '金岩' 또는 금바위 (금이간 바위) 라고도 한다. (계룡시)

금바위를 지나고 5분후 체육시설이 있는 곳을 지나고 6분후 삼각점이 있고 돌무덤을 지나 내리막 능선을 내려와 나무 계단을 내려서니 4번국도 양정고개 논산경찰서 계룡지구대 앞이다. (5시48분)

《 N 36" 16' 55.9" E 127" 14' 34.4"》

마루금은 계룡 지구대 앞에서 왼쪽으로 도로를 따라 30여미터 남쪽으로 내려가 건널목을 지나 논산계룡농협 계룡지점 앞을 지나 도로를 따라가다 신도약국을 지나고 굴다리를 지나 사거리에서 오른쪽으로 철길 위 육교를 지나고 엄사18길 아파트를 지나며 엄사초등학교 정문앞을 지나 사거리에서 왼쪽길로 초등학교 옆으로 엄지도서관을 지나 북쪽으로 직진하여 계속 가다보면 사거리에서 직진으로 가면 서현주택을 지나고 마지막 길끝 삼거리에서 왼쪽으로 보면 계룡시에서 세운 금남정맥 안내간판이 나오며 등산로 입구 계단길이다.(6시5분)

　양정고개 지구대에서 호남선 철도가 있고 도심지라 정상적인 맥이 아니고 철로를 건너 도심지를 지나기에 이곳까지 가장 빠른 길이다. 내일 갈 초입을 확인하고 이곳에서 10분거리에 1차때 샤워를 하고 저녁을 먹은 참숯가마 찜질방에 가서 샤워를 하고 황토식당에서 미역국밥으로 저녁식사를 하고 주인에게 부탁하여 내일 점심도시락을 싸고 찜질방에 돌아와서 집으로 무사

히 도착해 저녁 먹고 잠자려고 24시 찜질방에 왔다고 전화를 하고 막 잠자려고 하는데 오륙십대 남녀가 패거리로 들어와 시끄러 잠을 못자고 왔다갔다 하다 12시가 넘어서야 잠자리에 들어간다.

제2차 금남정맥 단독종주 5구간

양정고개~널티고개

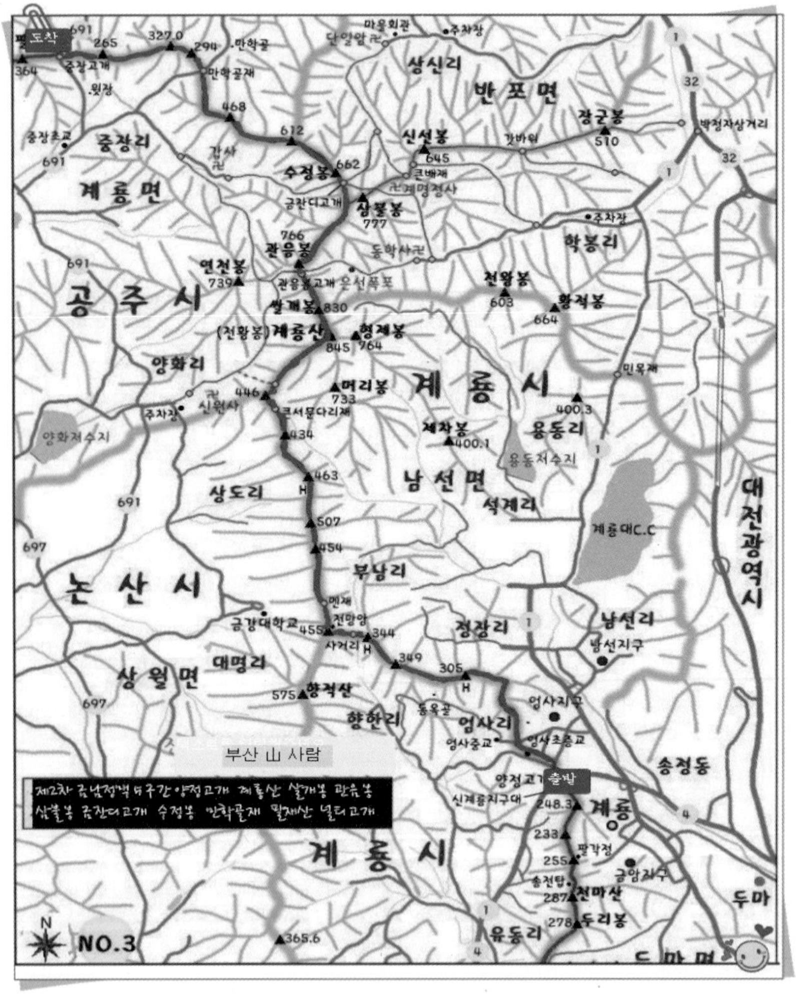

> 양정고개 : 충청남도 계룡시 엄사면 엄사리 등산입구
> 널티고개 : 충청남도 공주군 계룡면 봉명리 널티고개
> 도상거리 : 엄사리 등산입구 19.2km 널티고개
> 소요시간 : 엄사리 등산입구 11시간30분, 널티고개
> 엄사리 등산로입구 6시11분, 만운사갈림길 6시47분,
> 체육단련장 7시13분, 향적봉갈림능선 7시31분, 민재 7시38분,
> 헬기장 8시19분, 서문다리 8시49분, 계룡산천황봉갈림길 10시17분,
> 관음봉 11시27분도착 11시45분출발, 삼불갈림길 12시51분,
> 금잔디고개 12시59분, 수정봉 1시13분, 만학골재 3시,
> 377봉 3시28분, 265봉 4시11분, 윗장고개 4시28분,
> 팔재산 4시56분, 널티 23번 국도 5시40분

2012년 11월 10일 맑음

 11월8일 백령고개-무수재 11월9일 무수재-양정고개를 지나 엄사리 등산로입구에서 마치고 오늘이 3일째 엄사리등산로입구에서 널티까지 모두 58.2km 실지거리 약63km를 가기위해 아침 5시에 일어나 간단히 식당에서 아침을 먹고 산행 준비를 하고 계룡 웰빙클럽 찜질방&사우나를 출발하여 6시11분 엄사리 등산로입구 진입로에 들어간다. 초입은 나무계단을 올라 오르막 능선을 오르며 10분후 작은봉을 넘고 4분후 삼거리를 지나고 3분후 고압철탑을 지나며 이정표(국사봉3.98km 엄사리<청송약수터>1.02km 엄사중학교1.62km 제2정문 0.44km)를 6시

29분 지나간다. 마루금은 왼쪽으로 잘나있는 능선길을 오르내리며 망운사삼거리를 6시47분 지나고 6시55분 헬기장을 지나 내리막 능선을 내려 다시 오르막을 오르는데 등산객 한사람이 내려온다. 무상사에서 올라온다고 한다. 잠시 오르막을 올라 작은봉을 넘어 무상사 사거리에 7시13분 내려선다. 체육시설이 있는 이 고개는 오른쪽은 군부대이고 왼쪽은 무상사 길이다.

이정표에 무상사 1.13km 엄사리<청송약수터>3,44km 국사봉 1.56km 군부대 <출입제한> 0.40km 이며 마루금은 오르막을 오르며 나무계단으로 이어진다. 가파른 계단오르막을 숨을 몰아쉬며 올라 7시19분 향적봉 삼거리에서 왼쪽방향은 향적봉이고 마루금은 513 능선으로 가파른 오르막을 계속해서 오르는데 벌써 내려오는 부부를 만난다. 가파른 오르막을 숨을 가르며 힘들여 올라가 향적봉 갈림길 능선 분기점에 올라서니 7시31분이다.

《경위도 N 36" 18" 06.3" E 127" 12" 19.5" 》

마루금은 북쪽으로 이어지며 향적봉은 남쪽으로 이어진다. 잠시 허리쉼을 하며 계룡산을 배경으로 사진한판 찍고 능선길을 간다. 능선 오른쪽은 육군 해군 공군 삼군본부가 있는 계룡대가 있고 왼쪽은 논산시 상월면 논산들이 내려다보인다. 이곳부터는 능선길이라 그리 오르내림이 심하지 않고 능선길을 간다. 능선 오르막을 오르락내리락 가다 오르막을 한동안 올라 암

능을 지나고 능선을 가다 8시6분, 신원사 갈림길이 나온다. 이 봉은 전망이 좋아 사방이 잘보이며 계룡산정상이 가까이보이고 가야할 능선이 앞에 보인다. 이정표에 왼쪽은 신원사 3.2km 65분 오른쪽은 3정문 출입제한 안내판이 있다. 정상부근 방공호를 지나고 가파른 내리막을 내려 안부를 지나고 능선을 오르내리며 8시19분 헬기장을 지나고 다시 오르내리며 능선을 가다 내리막을 내려서 서문다리재에 내려서니 8시49분이다.

《경위도 N 36" 19" 57.2" E 127" 11" 49.4"》

서문다리재에는 묘가 있고 바위가 있다. 마루금은 오르막을 오르며(孺人靑松沈氏之墓)를 지나 가파른 오르막을 한동안 올라 잘자란 소나무 능선을 가다 왼쪽 사면길로 오르막을 올라 능선 분기점에 올라서니 9시10분이다. 마루금은 오른쪽 능선을 오르며 계속해서 가파른 오르막이 시작된다. 가파른 오르막을 숨을 몰아쉬며 올라 암능을 지나고 능선 오르막을 올라 천왕봉 아래 암능에 올라서니 9시58분이다. 앞 능선은 암벽으로 오를 수가 없고 암벽사이로 왼쪽으로 능선 비탈길(사면길)로 이어진다. 능선 사면길을 한동안 가면 천왕산 갈림길이다.

《경위도 N 36" 20" 307" E 127" 12" 16.8"》

 일차때에는 이곳을 지나는데 눈이 만이 왔었는데 오늘은 날씨가 좋아 별어려움없이 올라오니 10시17분이다. 오른쪽 (남쪽)으로 계룡산 천왕봉이고 마루금은 북쪽 쌀개봉으로 이어진다. 계룡산 천왕봉은 군부대가 있고 통신 철탑이 있으며 통제구역이다. 군 방공호를 지나 내리막을 내려 다시 오르막을 올라 쌀개봉에 올라서니 10시23분이다. 살개봉에 올라서 오른쪽으로 잠시 내리며 너덜길을 지나 삼거리에서 왼쪽으로 올라가 암능 능선길을 오르내리며 30여분가다 암능 내리막을 밧줄을 잡고 10여미터를 조심조심 내려가 10시54분 왼쪽으로 내려가 사면길(비탈길)로 마루금은 이어진다. 능선길은 암능으로 길이 없으며 왼쪽으로 급경사 내리막을 조심조심 내려와 사면길로 가다 11시12분 능선을 넘어 돌길을 이리저리 한동안 가며 오른쪽 능선으로 올라 마루금을 따라 관음봉 고개에 도착하니 11시19

 분이다. 정맥길은 길을 막아 놓았으며 통나무 막이를 넘어야한 다. 관음봉고개는 오른쪽은 은선폭포로 동학사로 내려가고 왼쪽은 연천봉 고개에서 오른쪽(북쪽)길은 갑사로 내려가고 왼쪽(남쪽)은 신원사로 내려가며 연천봉은 0.2km 앞봉이다. 이정표에 오른쪽(동쪽)에 은선폭포 0.8km 동학사 1.6km 왼쪽에 연천봉고개 0.7km 연천봉 0.9km 갑사 2.4km 신원사 2.7km 이고 앞으로 가야할 관음봉은 0.2km 삼불봉 1.6km 이다. 관음고개는 양쪽에서 올라오는 등산객들이 많다.

 동학사는 대한불교조계종 제6교구 본사인 공주 마곡사의 말사이며 724년(성덕왕24) 상원(上願)이 암자를 지었던 곳에 회의(懷義)가 절을 창건하여 청량사(淸凉寺)라 하였고 920년(태조3) 도선(道詵)이 중창한 뒤 태조의 원당(願堂)이 되었다. 936년 신라가망하자 대승관(大丞官) 유거달(柳車達)이 절에 와서 신라의 시조와 충신 박제상(朴提上)의 초혼제(招魂祭)를 지내기 위해 동학사(東鶴寺)를 지었다. 그리고 사찰을 확장한 뒤 절이름도 동학사(東鶴寺)로 바뀌었다.

이 절의 동쪽에 학 모양의 바위가 있으므로 東鶴寺라 하였다는 설과, 고려의 충신이자 동방이학(東方理學) 조종(祖宗)인 정몽주(鄭夢周)를 이 절에 제향 하였으므로 東鶴寺라 하였다는 설이 함께 전해진다. 1394년 고려의 유신(遺臣) 길재(吉再)가 동학사의 승려 운선(雲禪)과 함께 단(壇)을 쌓아서 고려 태조를 비롯한 충정왕. 공민왕의 초혼제와 정몽주의 제사를 지냈다. 1399년(정종1)고려유신 유방택이 이 절에 와서 정몽주, 이색(李穡) 길재 등의 초혼제를 지냈으며 다음해 이정한(李貞翰)이 공주 목사로와서 단의 이름을 삼은단(三隱壇)이라 하고 또 전각을 지어 삼은각(三隱閣)이라 하였다.

1457(세조3) 김시습(金時習)

이 조상치(曺尙治), 이축(李蓄), 조려(趙旅)등과 더불어 상은단 옆에 단을 쌓아 사육신의 초혼제를 지내고 이어서 단종의 제단을 증설 하였다. 다음해에 세조가 동학사에 와서 제단을 살핀 뒤 단종을 비롯하여 정순황후(定順王后), 안평대군(安平大君), 금성대군(錦城大君), 김종서(金宗瑞), 황보인(皇甫仁), 정분(鄭奔)등과 사육신 그리고 세조 찬위(簒位: 임금의 자리를 빼앗음)로 원통하게 죽은 280여 명의 성명을 비단에 써서 주며 초혼제를 지내게 한뒤 초혼각(招魂閣)을 짓게 하였다. 인신(印信도장)과 토지 등을 하사하였으며 동학사라고 사액하고 승려와 유생이 함께 제사를 받들도록 하였다. 1729년(영조4) 신천영(申天永)의 난으로 이 절과 초혼각이 불타 없어졌고, 1785(정조9) 정후겸(鄭厚謙)이 위토(位土: 묘에서 지내는 제사의 비용을 마련하기 위하여 경작하던 논과 밭)를 팔아버려 제사가 중단되기도 하였다. 1814년(순조14) 월인(月印)이 예조에 상소하여 10여 칸의 사옥과 혼록봉장각(魂錄奉藏閣)을 세웠다. 1827년 홍희익(洪羲翼)이 인신을 봉안하는 집을 따로 지었으며, 충청좌도어사 유석(柳奭)이 300냥을 내고 정하영(鄭何永)이 제답(祭畓)을 시주하여 다시 제사를 베풀었다. 1864년(고종1) 봄에 금강산에 있던 만화 보선(普善)이 이 절에 와서 옛 건물을 모두 헐고 건물 40칸과 초혼각 2칸을 지었는데 초혼각은 1904년 숙모전(肅慕殿)으로 이름을 바꿨었다.

그 뒤 만화에게서 불교경론을 배운 경허(鏡虛, 1849~1912)가 9년간의 수학을 마치고 1871년(고종 8) 동학사에서 강의를 열었고 1879년 에는 이곳에서 큰 깨달음을 얻어 한국의 선풍을 드날렸다.

내용 : 625 전쟁때 옛건물이 모두 불타 없어졌다가 1960년 이후 서서히 중건되었다. 현존하는 당우로는 대웅전, 삼성각, 동림당, 조사전, 숙모전, 육화당, 염화실, 강설전, 화경헌, 범종각, 실상선원, 동학강원: 등이 있다. 이중 동학강원은 운문사의 강원과 함께 우리나라의 대표적인 비구니 강원으로 손꼽히고 있다. 산내암자로는 관음암, 길상암, 문수암, 미타암, 귀명암, 상원암 등이 있다. 이 절에 소유하고 있는 중요문화재로는 삼성각(충청남도 문화재 자료 제57호)과 삼층석탑(충청남도 문화재 자료58호)이 있다. (옮긴글)

관음고개에서 잠시관망하고 사진 한판 찍고 관음봉을 향해 출발해 돌계단길을 올라 관음봉 정자에 올라서니 11시25분이다. 정자에는 많은 등산객이 우왕좌왕 하고 있다. 우선 배낭을 내려놓고 표지석이 있는 암봉에 올라가니 등산객들이 사진 찍느라 줄을 지어 기다리고 있다.

《 경위도 N 36° 27" 07.2" E 127° 12" 01.3" 》

관음봉 정상에 올라 등산객한테 부탁하여 사진 한판 찍고 내려와 정자에서 갈증을 면하고 출발해 가파른 철계단을 한동안 내려와 능선을 오르내리며 곳곳에 철계단을 오르며 가파른 오르막을 올라 삼불봉 갈림길에 올라서니 12시51분이다. 오늘은 토요일이라 그런지 많은 등산객들이 오르내리고 있다. 1차때는 삼불봉을 올라 남매탑 갈림길로 내려가 금잔디 고개로 갔는데 오늘은 삼불봉 갈림길에서 왼쪽으로 바로 내려간다. 가파른 내리막을 내려가 금잔디 고개에 내려서니 1시2분이다.

《경위도 N 36" 21" 49.5"　E 127" 17" 26.3"》

금잔디고개는 동학사에서 오뉘탑으로 삼불고개로 올라와 갑사로 내려가는 길이며 정맥 마루금은 삼불봉에서 수정봉으로 이어진다. 오늘은 주말이라 그런지 수십명이 단체산행에 이곳에서 점심을 먹고 있다. 인심은 천심이라고 젊은이들이 시장 할

텐데 술과 고기를 먹으라고 권한다. 이분들한테 맥주 두컵과 고기를 얻어먹으니 점심생각이 없다. 마루금은 직진으로 오르막을 올라간다. 오르막을 올라 수정봉 정상에 올라가는데 뒤에서 산불 감시원이 올라오며 저지를 한다. 금남정맥 종주하는 것을 알고 미안하다며 내려간다. 물론 산을 해치러 올라오는 산꾼도 있다. 그러나 정맥종주하는 사람은 누구든지 산을 보호하고 산을 사랑한다. 수정봉을 넘어 가파른 내리막을 한동안 내려 능선을 가며 능선 분기점을 지나고 계속해서 내리막을 내리다 오르막을 올라 무명봉에 올라서니 왼쪽 아래로 갑사가 보이고 갑사 입구 관광지가 내려다보인다. 수정봉을 지나면서는 길이 희미하여 잘보며 가야할 곳이 여러군데 있다. 잠시 쉬며 갑사(甲寺)를 내려다보며 사진 몇판 찍어둔다.

갑사(甲寺)는 통일신라시대에는 오악(五嶽)중 서악(西嶽), 고려시대엔 묘향산(妙香山) 상악(上嶽). 지리산 하악(下嶽). 더불어 삼악중(三嶽中) 중악(中嶽)으로 일컬어지는 명산 계룡산(鷄龍山)의 서편 기슭인 충청남도 공주시 계룡면 중장리에 위치한 석가모니 부처님이 입적하고 400년 지나 인도를 통일한 아쇼카왕이 부처님의 법을 널리 펼치고자 큰 서원을 세우고 사리 보탑에 있던 부처님의 사리를 동서남북을 관장하는 사천왕들로 하여금 마흔여덟 방향에 봉안케하였다. 이때 북쪽을 관장하던 다문천왕(비사문천왕)이 동방남섬부주 가운데서

도 명산인 계룡산의 자연석벽에 봉안한 것이 지금의 천진보탑이다. 그후 고구려 승려 아도화상(阿道和尙)이 신라최초 사찰인 선산 도리사(桃李寺)를 창건(創建)하시고 고구려로 돌아가기 위해 백제땅 계룡산을 지나가게 되었는데 이때 산중에서 상서로운 빛이 하늘까지 뻗쳐오르는 것을 보고 찾아가보니 천진보탑이 있었다. 이로서 탑아래에 배대(拜臺)에서 예배하고 갑사를 창건하였는데 이때가 420년(백제구이신왕원년)이다. 556년(위덕왕 3)혜명대사가 천불전(天佛殿)과 보광명전(寶光明殿) 대광명전(大光明殿)을 중건하고 통일신라시대 의상대사가 천여칸의 당우를 중수하고 화엄대학지소를 창건하여 화엄도량의 법맥으로 전국의 화엄 10대 사찰의 하나가 되어 국중대찰(國中大刹)로 크게 번창되었다. 887년(진흥왕 원년)무염대사가 중창한 것이 고려시대까지 이어졌으며 임진왜란와중에도 융성하였으나 1597년 정유재란(성조30)으로 많은 전각들이 소실된 것을 1604년(선조37)사승(寺僧)인호. 경순. 성안. 보윤. 등이 대웅전과 진해당을 중건했고 1654년(효종 5년)에는 사승(寺僧)사정. 신징. 경환일행. 정화. 균행 등이 종주하였으며 이후에도 부분적인 개축과 중수를 거쳐 1875년(고종12년)에 대웅전과 진해당이 중수되고 1899년 적묵당이 신축되어 오늘에 전해지고 있고 조선후기에 들어 새롭게 조성된 불상과 탱화 경판이 남아있다. 또한 갑사는 임진왜란때 승병장 영규대사를 배출한 호국불교 도량으로도 유명한 유서깊은 고찰로서 그의 활약상은 범우고 등에 잘 나타나있다. 범우고 등에 따르면 영규대사는 갑사에서 출가하여 서산대사가 휴정의 제자가 되어 항상 이 절에서 주석하고 있었는데 1592년 선조25년 임진왜란이 일어나 그해 여름에 왜구가 청주지방까지 이르러 청주가 점거 당하자 이에 영규대사는 승려700명을 엄격히 선발하여 승군을 일으켰으며 청주지방의 승려300명도 참여한 1000명의 승군으로 홀로 싸웠다. 8월에 영규대사의 승군이 청주를 쳐들어가자 이 소식을 듣고 급히 달려온 의병장 조헌과 합세하여 왜병과 싸워 청주를 되찾았다. 한편 금산에 있던 초토사 고경명 군대가 왜군에게 패전하여 왜적이 다시 창궐하고 전라도 지방으로 진격하려 하자 영규대사는 조헌과 함께 진격하여 곧바로 금산의 외곽에 진영을 갖추고 있을때 왜병이 쳐들어와 조헌이 먼저 전사하였다. 사기가 떨어진 병사와 의병들이 진의를 잃고는 의병장 조헌이 이미 죽고 적은 더욱 기승을 부리니 물러섬만 같지 못하다고 퇴각하자는 간청이 있었으나 오히려 영규대사는 그들에게 조금도 굽히지 않고 죽게되면 죽는 것이거늘 어찌 홀로 살겠다고 하겠는가라고 크게 호통을 치고는 흐트러진 전력을 다시 가다듬어 사력을 다해 종일토록 싸웠으나 그 또한 전사하였다. 이로서 최승병을 일으킨 것은 영규대사가 처음으로 그뒤 전국 곳곳에서 승병이 일어나는 계기가 되었다. 그후 그의 충의를 포상하여 복국우세기허당일합대선사를 추증하고 당시의 뜻을 기리도록 갑사에 표충원을 세워 휴정과 유정 영규대사의 영정을 모셨다. (공주시 계룡면 유평리에 묘가 있다.) 그리고 갑사는 사대부중의 원력으로 부처님의 정법을 수호하고 수행도량으로써의 면모를 갖추고자 사천왕문 복원불사를 하였고 법당 바로앞에 위치한 강당을 충청남도와 공주시의 협조로 현 위치로 이전 불사함과 동시에 사물각(범종루)을 불사하였다. 백제 위덕왕 때 해명대사에 의해 중건되었다 소실된 천불전을 최근 다시 건립하여 관음천불을 모셨으며 다선일미(茶禪一味)를 음미하여 심신안정을 취할 수 있는 불교용품점을 건립하였다. 국보인 삼신불괘불탱 보호전각 건립 등 크고 작은 많은 보수 신축을 함으로서 갑사의 면모를 일신하였다. 또한 승병장 영규대사의 정신을 계승 발전시키고자 영규대사 추모관 건립 추진을 하였고, 갑사는 岬寺. 岬土寺. 鷄龍甲寺 등으로 불리어 지다가 으뜸 또는 첫째란 뜻의 지금의 명칭은 18세기말 산이름을 따서 鷄龍甲寺로 불리어지고 있고 1911년 제정된 사찰령에 따라 마곡사의 首말사가 되었고 경내에는 15동의 불전과 승당 부속 전각들이 있으며 주변 산골짝 여러곳에 산내 암자를 두고 있다. (옮긴글)

마루금은 오른쪽으로 내리막을 내려가 다시 오르막을 올라 무명봉을 지나고 능선을 오르내리며 오른쪽으로 능선 내리막을 내리며 다시 왼쪽으로 가파른 내리막을 한동안 내려 만학골재에 내려서니 오후3시다.

《경위도　N 36" 22" 48.5"　E 127" 11" 09.9"》

만학골재는 만학골에서 갑사를 넘는 고개로 2차선 포장도로다. 금잔디 고개에서 부터 만학곡재까지 출입금지구역이다. 마루금은 도로를 따라 왼쪽 갑사쪽으로 가다 능선 오르막을 올라

간다. 묘를 지나며 가파른 오르막을 숨을 몰아쉬며 올라 삼각점이 있는 327봉에 올라서니 3시28분이다.

《경위도 N 36" 22" 56.6" E 127" 10" 54.0"》

327봉은 넓은 묘지로 아래로 계룡 저수지가 내려다보이고 계룡산이 줄지어 보인다. 잠시 쉬며 시장기가 들어 자리를 펴고 밥을 먹고 사진 한판 찍고 3시43분 출발한다. 마루금은 왼쪽 묘 끝에서 내리막을 내려간다. 가파른 내리막을 한동안 내려 3시57분 안부를 지나고 잘자란 소나무 능선을 오르며 265봉에 올라서니 4시11분이다.

《경위도 N 36" 22" 52.6" E 127" 10" 15.5"》

마루금은 왼쪽으로 내리막을 내리며 밤나무 단지를 지나고 능선 내리막을 내려 윗장고개에 내려서니 4시28분이다.

《경위도 36" 22" 52.9" E 127" 09" 53.1"》

윗장고개는 691번 지방도로가 지나고 2차선 포장도로이며 마루금은 옹벽을 오른다. 시간이 촉박하다 지금도 널재 (23번국도)까지는 2km이며 한시간 이상 가야한다. 마루금은 가파른 오르막이 시작되며 오르막능선을 한동안 숨을 몰아쉬며 오르니 성터인가 너덜지대가 나온다. (4시48분) 돌길을 지나고 오르막을 10여분 올라 팔재산 정상에 올라서니 4시57분이다.

《경위도 N 36" 22" 50.2" E 127" 09" 31.4"》

팔재산 정상에는 삼각점이 있으며 나뭇가지에 팔재산이라 쓰인 코팅지가 걸려 있고 전망이 좋은 편이다. 마루금은 가파른 내리막을 내리다 능선길을 가며 23번 국도를 멀리보며 오른쪽 벌목지대 능선을 가며 내리막을 내려 밤나무 단지를 지나고 왼쪽 묵은 철망을 따라가며 능선을 가다 묘를 지나고 능선을 내려서 널재 구도로에 내려서니 5시40분이다.

《경위도 N 36° 22" 28.1" E 127" 06" 42.9" 》

날이 어두이지기 시작한다. 마루금은 23번 국도를 건너야하나 중앙분리대가 설치되어 있고 차량이 많이 달려 구도로를 따라가다 굴다리를 건너 삼거리 폐차장 앞 삼거리에서 오른쪽으로 조금가면 진입로가 있다. 다음에 이어갈 초입을 찾아놓고 있는데 마침 지나가는 차가있어 손을 들고 부탁해 차를 얻어 타고 계룡면 소재지까지 가서 공주 가는 시외버스로 공주터미널에 가서 터미널 옆 목욕탕에서 샤워를 하고 간단히 저녁을 먹고 대전가는 버스로 대전에서 KTX로 부산에 오니 자정이 넘었다. 이로서 금남정맥 5구간도 마무리하고 집에 오니 집사람 자정이 넘었는데도 기다리고 있다. 항상 산에 가면 마음이 안 놓인다고 걱정해주는 집사람 고마운 사람이다.

제2차 금남정맥 단독종주 6구간

널티고개~평정말재

> **널티고개** : 충청북도 공주시 계룡면 봉명리 널티고개
> **평정말재** : 충청남도 부여군 초촌면 신암리 평정고개
> **도상거리** : 널티고개 26.5km 평정말고개
> **소요시간** : 널티고개 10시간26분 평정말고개 신암리 11시간
> 널티 26번국도 출발 6시50분, 안골산 8시4분, 토골고개 9시17분,
> 성항산 9시45분, 183.7봉 10시8분, 토골옛고개 10시17분,
> 논산천안간고속도로 11시21분, 신양고개 12시55분,
> 망덕산 1시15분, 진고개 1시39분, 깃대봉 2시3분,
> 감나무골재 2시45분, 가자티고개 3시40분, 평정말고개 5시16분

2012년 12월 1일 맑음

11월 30일 오후3시 부산역을 출발 대전을 거쳐 공주에 도착하니 오후 8시20분이다. 우선 곰탕집에 들려 저녁을 먹고 숙소(버킹검모텔 T 041-856-7932)를 정하고 내일 일을 생각해 일찍 잠자리에 들어간다. 다음날 아침 일찍 일어나 곰탕집에서 아침을 먹고 택시(충남 32바 1101)로 공주 논산간 23번 국도로 계룡면 봉명교차로에서 내려 지방도로 삼거리에서 오른쪽으로 100여미터 가니 지난번 내린 산행 초입리봉이 걸려있다. 삼거리에는 폐차장이 (주)은성가설산업을 지나 계량소 위 초입에도착하니 6시45분이다. 마루금은 초입에 임도를 따른다. 산행준비를 하고 6시47분 산행에 들어간다.

아직 주위는 껌껌하며 겨우 먼동이 트기 시작한다. 임도를 따르다 2분후 묘에 올라 묘 뒤로 능선에 들어선다. 능선오르막을 오르며 작은봉에 올라서니 아직도 밤하늘에 둥근달이 떠있다. 오늘이 음력으로 10월17일이라 달이 중천에 떠있다. 마루금은 왼쪽으로 내리막을 내려 안부를 지나고 다시 오른쪽으로 오르막을 올라 무명봉을 지나 임도에 내려서니 7시23분이다. 임도를 따르다 밤나무 밭으로 들어가 오르막을 오르며 능선을 넘어 세 쌍분묘를 지내고 왼쪽에 상리마을을 내려다보며 밤나무밭을 지나 임도에 내려서니 7시38분이다. 마루금은 왼쪽으로 폐허된 비닐하우스를 지나 오르막을 오르며 묘군을 지나 능선 오르막을 올라 안골산 정상에 올라서니 8시4분이다. 안골산에는 능선 분기점으로 나무에 코팅지로 안골산이라 걸려있고 오른쪽은 복귀산 구절산으로 이어지고 마루금은 남으로 이어진다. 지도에는 안골산이 322m 인데 나무에 걸어놓은 높이는 325m이다

《경위도 36" 22" 23.8"　E 127" 07" 23.2"》

　정상에서 능선 내리막을 내리며 현풍곽씨가 파묘를 하고 비석만 3개 있는 곳을 지나고 능선을 오르내리다 8시13분 남쪽으로 가던 마루금은 오른쪽(서쪽)으로 능선을 오르내리며 가다 오른쪽에 발양리를 내려다보며 오른쪽에 벌목지 능선을 따라가다 내리막을 내려서 안부사거리를 지나고 오르막 능선을 오르며 오른쪽에 외딴집을 내려보며 닥머리재를 지나 잘나있는 길을 따라 오르막을 오르며 송전 철탑에 올라서니 9시다.

　마루금은 오른쪽으로 내리막을 내려 한양조씨 줄묘 뒤로 능선을 내려오면 아스발트로 포장한 산판길을 지나는데 아마도 묘를 쓰느라 포장한 모양이다. 포장길을 지나고 내리막을 내려서며 (副司猛 慶州崔公諱寅植 配瑞人 淸州韓氏之墓)가족묘를 따라 내려와 오른쪽으로 내려 2차선 지방 도로에 내려서니 9시 17분이다. 2005년 2월 20일 1차때는 부산낙동산악회에서 만학 골재에서 출발해 이곳에 와서 마치고 시산제를 지낸 곳이다. 17번 2차선 지방도로는 이인면 발양리에서 반송리를 넘는 고개이며 1차때 지나간 지가 8년째인데 아직도 옛날 그대로다. 마루금

은 도로를 건너 오르막을 오르며 오른쪽(북쪽)으로 능선 오르막을 오르며 오른쪽 아래 채석장을 내려다보며 한동안 올라 성항산 정상에 올라서니 9시45분이다.

《경위도 N 36" 21" 45.5: E 127" 05" 28.1"》

성항산은 금남정맥 지도에나 표지판에는 성항산으로 되어 있으나 조선일보 월간 산에서 발행한 신산경표 금남기맥 편에 보면 성정산으로 표기되어 있다. 그리고 경기 하나산악회 매곡당 김경숙씨가 걸어놓은 표지기 썬팅지에 성정산(城頂山)을 성항산(城項山)으로 지도 표기 인쇄 과정에서 오류가 비저진 듯 하다고 적혀있으며 이산의 유래를 찾아본바 산의 둘레에 약 800m나 되는 백제시대의 용산성(龍山城)이 성터가 있어 성정산이라

불리게 된 것이라 추정 된다고 한다. 그러나 성항산이나 성정산은 아직은 통일되지 않아 지리원에서 결정하여 단일산으로 표기 되었으면 하는 바람이다. 성항산(성정산)에 올라 사진 한판 찍고 잠시 허리쉼을 하고 출발한다. 마루금은 북쪽에서 왼쪽(남쪽)으로 내려가며 왼쪽으로 성황산 오르던 능선을 보며 오른쪽에 석오리 마을과 멀리 천안 논산간 25번 고속도로를 보며 내리막을 내려가 밤나무 단지를 지나며 오른쪽 잘 정돈된 묘를 지나 오르막을 올라 183.7봉에 올라서니 10시8분이다. 남쪽으로 오던 마루금은 오른쪽(서남쪽)으로 내려간다. 능선길을 한동안 내려서니 능선이 이상하다 분명히 표시기가 달려있고 모든 정맥 군들이 이길을 통과했는데 내려와 보니 능선이 끝난다. 오른쪽으로 골을 지나면 철조망 문이 나온다.

철조망 문을 나오면 세면포장 도로다. (10시17분) 도로에 나와 보니 정맥은 묘군이 있는 능선인대 묘 주인이 고의로 길을 막아 왼쪽 능선으로 등산로를 만들어 놓았으며 보통 북진이기 때문에 이길을 따라오게 된다. 마루금은 구 토골고개 세면 도로를 따라 오른쪽으로 가다 왼쪽 밤나무 밭을 올라 잘 정돈된 가족묘 뒤로 오르막을 올라 185

봉에 올라서니 10시30분이다. 185봉에 올라와서 보니 마루금은 위 사진표로 되어 있는데 실지로 걸어온 능선은 사진 오른쪽 큰 능선이다. 마루금은 185봉에서 오른쪽으로 내리며 전주유씨 가족묘를 지나고 다시 오르

막을 오르며 왼쪽에 철조망을 따라 올라 오른쪽으로 능선을 따라가다 왼쪽 밤나무 밭을 지나 가시밭이 우거진 숲길을 통과하여 밤나무 밭에서 왼쪽 능선을 따라가다 통신탑을 11시17분 지나 내리막을 내려서니 543번 지방도로다. 마루금은 도로를 건너 천안 논산간 고속도로를 건너야 하지만 오른쪽 지방도로를 따라가다 고속도로 밑을 지나 왼쪽으로 올라간다.

《경위도 N 36:20: 43.3: E 127: 04: 43.3:》

543번 지방도로 왼쪽(남쪽)은 이인면 복용리 오른쪽(북쪽)은 이인리다. 11시 21분 고속도로 밑을 지나 왼쪽 능선으로 오르며 절개지를 따라가다 철계단을 올라 11시 32분 철탑을 지나고 오르막을 올라 무명봉에서 서쪽으로 오던 마루금은 왼쪽 남쪽으로 내려간다. 약간에 내리막을 내려가다 오르막을 올라 망덕봉을 11시55분 지나 간다.

《경위도 N 36: 20: 27.6: E 127: 0.4: 12.6:》

망덕봉을 지나 능선 내리막을 내리다 시장기가 들어 시계를 보니 12시다. 자리를 잡고 점심을 먹고 12시16분 출발해 능선을 내려가 왼쪽으로 농장인가 전선망을 따라간다. 능선을 오르내리며 오른쪽 아래로 공주 부여간 40번국도를 내려다보며 건너편에 채석장을 보며 능선길을 가다 안부 사거리를 12시55분 지나며 왼쪽으로 오르막을 오르며 왼쪽에 묘목 단지를 지나 산판길을 따라 오르막을 오르며 185봉을 1시15분 지나간다. 185봉을 지나면서 왼쪽으로 내리막을 내리며 왼쪽 건너편에 광명산업 청색공장건물이 보이며 능선을 내려가며 오른쪽에 묘지 벌판을 보며가다 양천허씨 줄묘를 따라 내려가 진고개인 799번 지방도로에 내려서니 1시39분이다.

《 경위도 N 36" 19" 06.3"　E 127" 02" 48.5" 》

진고개는 삼거리로 2차선 포장도로이며 마루금은 삼거리를 건너 우리고장 금남정맥 안내판 뒤로 올라간다. 진고개는 삼거리로 남북으로 799번 지방도로가 지나고 동남으로 645번 지방도로가 논산군 노성면으로 연결된다. 마루금은 삼거리 빨간 지붕 집뒤 옹벽을 올라 철조망 뒤로 절개지를 올라 밤나무 밭을 지나고 오르막을 오르며 왼쪽 아래 오성산업 주식회사 콘크리트 공장 건물을 내려다보며 공장부지로 잘려나간 절개지 능선을 올라 능선을 가다 삼각점이 있는 160.5봉을 2시3분 지나간다.

《 경위도 N 36" 18" 59.8"　E 127" 02" 19.7"》

이곳도 코팅지에 걸어놓은 깃대봉 161.4봉이 있고 삼각점이 있어 깃대봉을 확인해보니 지도에는160.5m이다. 깃대봉을 지나 밤나무 밭길을 오르내리며 8분후 잡목 능선을 오르며 오른쪽 아래 축산농장을 내려다보며 오른쪽으로 오르막을 올라 무명봉에서 오른쪽 아래 축사 뒤 작은봉을 지나 내리막을 내려 안부를 2시35분 지나고 오르막을 올라 5분후 무명봉에 올라서 다시 왼쪽(남쪽)으로 능선 내리막을 내리며 묘를 지나고 세면 포장도로에 내려서니 2시45분이다. 망덕재는 경운기가 다닐 수 있는 길로 되어 있으며 차량왕래는 거의 없는 길이다. 포장길을 건너 오르막을 오르며 홍성 산꾼들이 걸어놓은 이정표를 2시57분 지나며 능선길을 가다 3시6분 감토봉 262봉을 지나고 내리막을 내려 안부를 3시10분 지나 능선을 가다 많은 리봉이 걸려있는 집합지를 3시20분 지나고 내리막을 내려 가자티고개에 내려서니 3시35분이다.

《 경위도 N 36" 17" 58.9"　E 127" 01" 06.6" 》

자가티 고개는 왕복 2차선 포장도로 이며 차량이 많이 다닌다. 오늘일정은 가자티고개까지로 예상했으나 시간이 조금 일으고 숙소가 멀고 내일 이곳에 오려면 차비가 많이 들것 같아 가는 데까지 가기로 마음먹고 3시40분 출발한다. 마루금은 철망 좌측끝 절개지를 완만하게 올라 2분후 삼거리에서 우측 평탄한 능선을 따라가다 2분후 잡풀지대를 지나 오르막을 올라

지형도상 됨봉(160.4봉)에서 3시47분 서쪽에서 남으로 선회하여 내려서자 곧 오르막을 오르며 능선 왼쪽에서 오르는 능선을 오르며 왼쪽은 공주시를 벗어나 부여군 초촌면 땅을 밟는다. 남쪽으로 오던 마루금은 다시 서쪽으로 오르막을 오르며 계속하여 이어지는 오르막을 오르자 완만한 능선이며 다시 오르막을 올라 왼쪽 아래 신탑골 논산교회 공원묘지를 나무사이로 내려다보며 능선 마루를 넘어 완만한 내리막을 내려서자 안부 신양고개다. 곧 오르막을 올라 분기봉에서 남쪽으로 능선 오르막을 올라 지도상 201.8 봉에 오르니 4시42분이다. 완만하게 능선을 오르내리며 산판길 임도에 내려서니 4시53분이다. 이고개는 지도상에는 나타나지 않은 고개인데 보각골에서 상금리를 넘는 고개다. 건너편에 조석산이 가까워지는데 빨리 가야 조석산을 넘을 텐데 속도를 내어 오르막을 올라 왼쪽으로 능선을 내려가니 이정표가 나온다. 이곳에서 왼쪽 길은 신암리 평정말 마을로 내려가고 오른쪽은 상금리 베밭골이다.

조석산을 넘어 오산고개 까지는 가마득하다. 오늘 산행은 이곳에서 마치기로 하고 5시16분 하산한다. 포장길 농로를 따라 내려가 평정말 마을에 내려서니 5시26분이다. 마을길을 따라 신암리 마을 회관 앞에 오니 어두워진다. 버스를 기다리려면 1시간도 더 기다려야 해서 부여 콜택시를 부르니 금세 온다.(택시요금 8,000원)택시로 부여시내 수모텔(전화 041-832-8222. 837-8800)에 숙소를 정하고 꼬리곰탕집에서 저녁 식사를 하고 숙소로 돌아와 집으로 무사히 도착했다고 전화를 하고 내일 마지막 구간을 마치고 집으로 갈려면 일찍 나서야 해서 일찍 잠자리에 들어간다.

제2차 금남정맥 단독종주 7구간

평정말고개~부소산조룡대

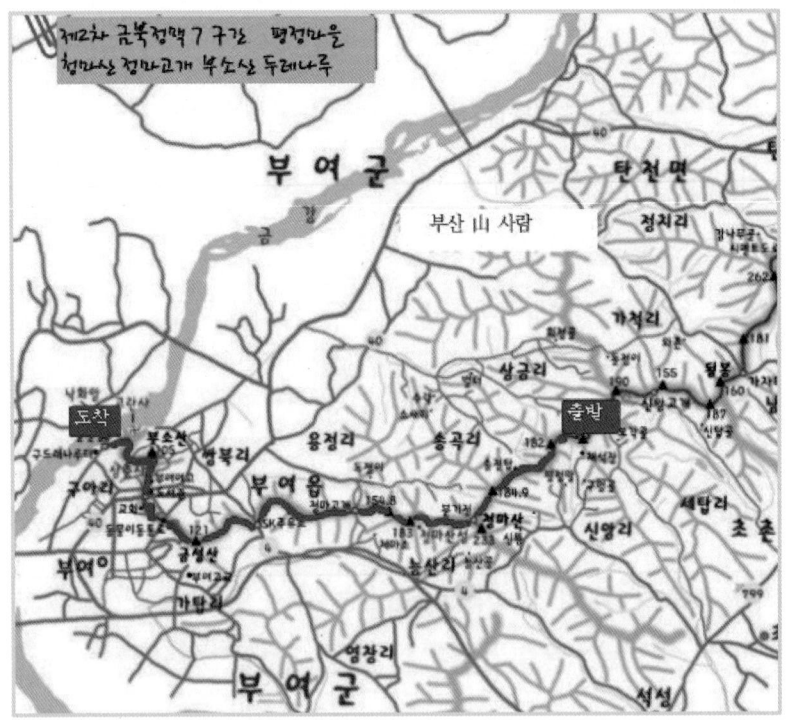

> 평정말고개 : 충청남도 부여군 초촌면 신양리 평정말고개
> 부소산조룡대 : 부여군 부여읍 쌍북리 부소산 백화정 조룡대
> 도상거리 : 평정말고개 8.8km 부소산 백화정 조룡대
> 소요시간 : 평정말고개 3시간 50분, 부소산 백화정 조룡대
> 평정말고개 8시, 182.9봉(조석산) 8시30분, 조석산 8시51분,
> 청마산성 9시24분, 오산고개 9시33분, 석목고개(LPG) 10시21분,
> 금성산성 10시48분, 부여여고 1124분, 부소산성(사자루) 11시50분,
> 백화정 조룡대 12시20분, 고란사 12시40분

2012년 12월 2일 맑음

  오늘은 어제 거리를 단축해 남은거리 약 8.8km로 거리가 짧은 관계로 아침 늦게 일어나 식당에서 아침밥을 먹고 택시로 평정마을에 도착하니 8시다. 진입로는 파란지붕집 뒤로 들어간다. 평정마을은 동래는 몇 가구되지 않으며 오늘따라 길가 집에서 김장을 하느라 아침부터 분주하다. 옛날 시골에 살적에 김장하는 날에 동래사람들이 모여 하던 생각이 난다. 이곳도 남자 여자들이 동래 공동으로 김장을 하는지 마당에 김장 배추를 많이 쌓아놓고 다듬고 일부는 절구고 야단들이며 굴뚝에서는 연기가 올라오는게 시골 풍경이 실감난다. 길가에는 경운기 농기구가 있고 마을길은 조용하면서도 생기가 돈다.

  파란지붕집 사이로 들어가 포장길을 따르며 농로길을 한동안

올라 어제 내려온 고갯마루에 올라서니 8시11분이다. 능선에 올라서 왼쪽 신암리 들판을 내려다보며 오르막을 오르며 무너진 성터 돌길을 올라서니 8시30분이다. 전망이 좋아 지나온 산들을 관망하고 사진한판 찍어둔다. 왼쪽(남쪽) 아래로 신암 마을이 내려다보이고 어제 택시를 부르던 신암 마을회관이 지근에 보인다. 잠시 허리쉼을 하고 능선 오르막을 올라 8시35분 조석산 정상에 올라서니 이곳이 182.9m 청마산 능선 분기점이고 지도에 조석산은 남쪽에 있다.

《 경위도 N 36" 17" 03.6"　E 126" 58" 28.0"》

정상에는 걸어놓은 표지기에 鳥石山 184.9m라 되어있고 이정표에 용정리 2.3km 부여군 송곡리 화살표만 있다. 서쪽으로 오던 마루금은 왼쪽(남쪽)으로 내려가 안부 이정표를 8시51분 지나간다. 이정표에 LPG 4.3km 수자원공사 1.0km 이고 용정리 2.9km 화살표는 떨어져 있다. 오르막을 오르며 지도에 조석산은 마루금을 벗어나 있고 삼거리를 9시2분 지나면서 남쪽으로 오던 마루금은 오른쪽(서쪽)으로 능선 내리막을 내리며 5분 후 산불 감시카메라 철탑을 지나간다. 능선을 따라가며 왼쪽 멀리 부여 논산간 국도 씨티터널을 보며 잘나있는 능선길을 오르며 154.8m봉을 9시15분 지나고 청마산성을 9시24분 지나간다.

부여 청마산성(扶餘 靑馬山成)

이성은 해발 118m 되는 산의 능선을 따라 쌓은 백제시대 최대의 산성이다. 성의 둘레는 약 6.5km 이며 높이는 4-5m 가량 되다. 성의 쌓은 방법은 흙과 돌을 함께 쓴 토.석 혼축식(土.石混築式)이며 형태는 계곡을 감싸고 있는 포곡식(包谷式)이다. 포곡식 산성은 내부에 물이 풍부할 뿐만 아니라 넓은 공간도 비교적 쉽게 확보할 수 있어 많은 인원이 장기간 머물러 살기에 좋다. 청마산성은 유사시 사비도성내에 있는 군. 관. 민이 모두 함께 도피할 목적으로 축성한 것으로 보인다. 현제 성안에는 군창(軍倉)으로 추정되는 큰 건물터가 3곳에 있으며 각 시우물이라 불러지고 있는 우물터와 경룡사(警龍寺)라는 절 터가 있다.

위 청마산성 안내문은 정상에서 조금 내려오면 있고 묘가 있으며 성안에 있는 묘를 파묘 하라는 안내판이 있다. 내리막을 한동안 내려 나무계단을 따라 내려오면 세면 포장길 오산고개(제마소고개)다.

《경위도 N 36" 26" 53.7" E 126" 57" 05.1"》

오산고개(제마소고개)는 석목리에서 능산리를 넘는고개로 농기차량 또는 소형차량만 다닐 수 있는 세면길이다. 마루금은 도로를 건너 계단길을 한동안 오르며 능선길을 가다 쉼터가 있고 이정표가 있는 장대지(將臺址)에 올라서니 10시2분이다.

청마산성은 백제말기에 수도인 사비를 방허하기 위한 외곽시설로 축소된 것으로 보이며 현재 서쪽성벽이 가장 잘 남아있는

데 성벽높이는 4-5m 너비 3-4m이다. 또한 다른 성과 같이 내부는 자연적인 호를 이루고 있다. 백제산성은 방어가 목적이었던 관계로 성문이 작은 것이 특징인데 그래서 인지 남문이 없으며 시야가 트인 곳에서 망대터로 여겨지는 흔적이 있다. 이 산성은 백제 왕도의 나성의 바깥을 지키는 산성으로서 서쪽의 성흥산성(聖興山城) 북쪽의 증산성(甑山城) 남쪽의 석성산성(石城山城)과 함께 수도사비를 보호하기 위한 외곽방어 시설로서 큰 의미를 가진다. 장대지에서 사진 몇판 찍고 10시9분 출발해 3분후 함양박씨 묘를 지나고 완만한 내리막을 내리며 5분후 진주강씨 가족묘군을 지나 검은비닐하우스를 왼쪽에 두고 내려서니 LPG 주유소가 있는 석목고개다.

《경위 좌표 N 36° 16' 49.1" E 126° 56' 04.6"》

석목고개는 4번 국도 4차선 도로인데 1차때에는 2차선이 4차선으로 확장 되었으며 LPG 주유소는 지금도 그 자리에 있다. 마루금은 4번국도 횡단 도로를 건너 버스정류장 뒤 이정표에서 나무계단을 오른다. 계단길을 조금 오르면 체육시설이 있는 쉼터가 있고 잘나있는 길을 따라 능선 오름길을 오르며 5분후 통신철탑을 지나며 이정표 사비길 백제왕능원 2.2km 통수대 1.1km 정림사지 2.0km를 지나 내리막을 내리며 나무계단을 내려 거무내고개 임도에 내려서니 10시35분이다. 임도를 건너 나무계단을 오르고 잘나있는 길을 따라 4분후 왼쪽에 움막집을 지

나고 3분후 쉼터를 지나며 나무계단을 한동안 올라 금성산 정상 통수대(統帥臺)정자에 올라서니 10시49분이다. 나무계단을 올라오는데 외국인 젊은 남녀가 뛰어오르면서 마라톤 연습을 한다.

《경위좌표 N 36" 16" 38.8" E 126" 35" 29.1"》

扶餘 錦城山城은 부여군의 중심부에 해당하는 부여읍 동남리(東南里)가탑리(佳塔里)쌍북리(雙北里)에 걸쳐 있는 금성산정상에 있는 산성이다. 王道 동남쪽에 자리하여 금성 방어에 중심적 역할을 했던 것으로 보이지만 훼손이 심하여 성의 규모는 파악할 수 없다.『삼국사기』에 의하면 백제 멸망이후 임존성에 은

거하고 있던 백제 부흥군 공격에 실패한 소정방이 당군에게 사비도성을 지키게 하고 의자왕등을 포로로 당으로 철수하자 백제 부흥군이나 당군을 부소산성 안으로 몰아넣고 시비 남령에 올라 4-5곳에 목책을 세워 백제 부흥군의 거점으로 삼았다고 한다. 여기에 등장하는 사비령이 바로 금성산성을 말하는 것으로 보인다. 통수대를 지나며 나무계단길을 내려와 잘나있는 길을 가며 10시55분 체육시설을 지나 성화대 정자에서 사진한판 찍고 오른쪽으로 내리막을 내려와 也山李達先生講易事績碑를 11시 6분 지나고 도로 위 길을 지나 동립운동 추모비 공원을 11시 10분 지나간다.

부여군민헌장

우리고향 부여는 기름지고 아름다워 예로부터 찬란한 백제 문화를 꽃피워 왔고 멀리 일본에까지 떨쳤던 역사의고장이다. 우리조상의 얼과 슬기를 이어받아 더욱 살기 좋은 내일을 위하여 우리 부모의 뜻을 모아 다음과 같이 다짐한다.

1. 충과 효를 기리며 전통 문화를 개발하여 자랑스런 부여를 만듭시다.
1. 서로 돕고 사랑하여 화목한 가정으로 명랑한 부여를 만듭시다.
1. 다같이 건강하고 부지런하여 풍요로운 부여를 만듭시다.
1. 자연과 사적을 아끼고 가꾸어 아름다운 부여를 만듭시다.
1. 꿈과 의지를 심고 긍지를 키워 생동하는 부여를 만듭시다.

　마루금은 추모공원을 지나 내리막을 내려가다 오른쪽으로 밭길을 내려 새로남교회로 내려가 홈마이 홈아트빌라 사잇길로 마을길을 내려가 365일 축협마트 앞 도로에 도착하니 11시20분이다. 축협 앞 횡단도로를 건너 부여도서관 왼쪽 옆 도로를 따라가다 부여여고 앞에서 오른쪽으로 조금가면 부여여고 정문이 나온다.(11시24분) 마루금은 부여여고 운동장을 통과하여 학교건물 뒤로 올라가면 등산로 길이 나온다. 부여여고 뒤 등산로를 따라 오르면 보도블록 임도가 나온다. 이 임도를 따르다 왼쪽 능선길을 오른다. 지난1차 때는 임도를 따라 올라갔는데 오늘은 능선길을 치고 올라 성터에 올라서니 10시38분이다. 성터길을 따라가다 군창지에 올라서니 10시40분이다.

군창(軍倉)지(址)

지정별 문화재 자료 : 109호 소재지, 부여군 부여읍 쌍북리 산4

이곳은 부소산성(扶蘇山城) 동남(東南)쪽에 있는 창고(倉庫)터이다. 발굴 조사결과 백제(百濟)때 세워진 창고터를 비롯하여 조선시대에 지어진 창고터 까지 있었던 것으로 확인되었다. 평탄한 대지위에 마당을 가운데 두고 건물을 'ㅁ'자 모양으로 배치하였다. 동쪽과 서쪽 건물은 정면 10칸 측면 3칸이고 북쪽건물은 정면18칸 측면 3칸의 긴 평면으로 되어있다. 남쪽건물은 훼손이 심하여 확실치는 않으나 서쪽에 치우쳐 안마당으로 통하는 대문이 있었던 것으로 짐작된다. 백제 때의 4각형 및 원형의 주춧돌과 조선시대의 분청사기 및 백자 조각이 출토 되었다. 불에 탄 곡식은 조선 시대의 것으로 확인되었다. 전략적으로 중요한 위치이므로 곡물을 저장하는 창고나 유사시에 필요한 대난 시설이 있었던 것으로 보인다.

군창지에서 사진 몇판 찍고 임도를 따르다 오른쪽 성(城)길을 따라 내려가 임도를 따르다 왼쪽으로 반월루(半月樓)에 도착하니 11시55분이다. 반월루에는 임자년(1972년)에 김종필국무총리가 쓴 현판이 있다. 반월루(半月樓)는 부소산성(扶蘇山城)의 서쪽 봉우리에 있으며 1972년 당시 정찬경(鄭燦璟)군수 때 세워진 누각으로 반월루에서는 부여 시가지 전경을 한눈에 볼수 있는 곳이다. 반월루에서 오른쪽으로 내려가면 사거리에 매점이 있고 낙화암 사자루 이정표를 따라간다. 사거리에서 오른쪽은 궁녀사와 태자골 숲길이고 왼쪽길은 부소산문 삼충사 주차장 가는 길이다. 도로를 따라가다 오른쪽으로 올라가면 부소산 정상이다. 12시10분, 부소산성(扶蘇山城 사적 제 5호)은 백제성왕(百濟聖王)16년(538)공주에서 이곳으로 옮겨 123년간 사용한 사비도성(泗沘都城)의 중심산성으로 이중의 성벽을 두른 백제식 산성이다. 성내는 당시의 군창터(軍倉址)로 전해오는 곳에서 탄화(炭化)된 곡식이 나오고 있으며 사비루(泗沘樓), 영일루(迎日樓), 반월루(半月樓), 고란사(皐蘭寺), 낙화암(落花巖)과 사방의 문지(門址) 등이 있다. 삼국사기(三國史記), 백제본기(百濟本紀)에는 사비성(泗沘城), 소부리성(所夫里城)으로 기록되어 있으나 산성이 위치한 산의 이름을 따서 부소산성으로 불리고 있다. 부소산 정상에는 사자루(泗沘樓)가 있다. 충천남도 문화재자료 제99호인 사자루는 1919년 부소산성에서 가장 높

은 곳인 (해발 106m) 송월대에 임천면의 관아정문이던 개산루를 옮겨 짖고 이름을 사자루로 바꾸었다. 2층 문루 건물로 정면 3칸 측면 2칸이다.

  2층에는 루각을 설치하였으며 지붕은 겹처마 팔각지붕이다. 건물 전면에 한말의 친왕 이강이 쓴 泗沘樓(사자루)라는 현판이 걸려있고 백마강 쪽으로는 해강 김규진이 쓴 白馬長江(백마장강)이라는 현판이 걸려있다. 이 지역은 백제시대에는 망대 역할을 하였던 곳으로 백제시대 초석, 장대석, 와편이 분포하고 있으며 땅을 고를 때 정지원이라는 이름이 새겨진 백제시대의 금동 석가여래 입상(보물196)이 발견되었다. 부소산은 금남정맥

마지막 봉으로 진안 주화산에서 시작하여 운주산 대둔산 계룡산을 거쳐 부소산에서 멈추고 낙화암 백마강서 끝을 맺는다. 지금은 보통 구드래 나루까지 내려가 끝을 맺는다.

금남정맥은 전라북도 진안군 부귀면 주화산(珠華山)에서 호남정맥은 남으로 금남정맥은 북으로 연석산 운장산 장군봉 육백고지 인대산 대둔산 계룡산 을 거치며 북으로 오던 마루금은 고도를 낮추어 서쪽을 향해 조석산을 거쳐 부소산에서 끝을 맺는다고 기록 되어 있다. 사자루에서 사진 촬영을 하고 내려서 백화정 낙화암에서 사진 한판 찍어둔다. 백화정은 『삼국유사』에 이용된 백제고기(百濟古記)에 의하면 부여성 북쪽 모퉁이에 큰 바위가 있어 아래로는 강물에 임하는데 백제 후궁들이 굴욕을 면하지 못할 것을 알고 차라리 죽을지언정 남의손에 죽지 않겠다고 하고 서로 이끌고 이곳에 와서 강에 빠져 죽었으므로 바위를 타사암(墮死巖)이라 하였다고 한다. 이러한 내용으로 보아 낙화암의 본래 명칭은 타사암(墮死巖)이었는데 뒷날에 와서 후궁이 궁녀로 와전되었고 이후 궁녀를 꽃에 비유하고 이를 미화하여 붙인 이름이 분명하다.

  이 바위와 관련되어 전해오는 전설을 소개하면 다음과 같다. 백제의 마지막 왕인 의자왕은 용담(勇談)이 많은 영주(英主)였는데, 여러차례 신라의 여러 고을을 쳐서 천하에 그 성세(聲勢)를 높인 뒤로는 정사를 돌보지 않고 날마다 궁성 남쪽의 망해정(望海亭)에서 궁녀들을 대리고 가무주연(歌舞酒宴)의 향락을 일삼았다. 좌평 성충(成忠)은 이를 근심하고 극력 간(諫)하였으나 왕은 이 말이 귀에 거슬려 그를 감옥에 가두어버렸다. 그러자 그는 마음이 아파서 죽고 말았다. 이러할때 일찍이 백제의 침략을 받아온 신라는 무열왕 및 김유신(金庾信)등의 영주와 명신(名臣)이 나타나서 나라의 힘을 크게 길러 복수를 하고자 당나라 군사와 힘을 합하여 백제를 치게 되었다. 이에 백제의 용장 계백(階伯)은 4천의 적은 군사로서 황산(黃山)벌에서 신라군사와 싸웠으나 페하고 말았다. 그러자 나당연합군의 수많은 군사가 일시에 수륙 양면에서 쳐들어 와 왕성(王城)에 육박해

오자 왕은 그제야 충성의 말을 듣지 아니하였음을 후회하였다. 왕은 하는 수 없이 해질때를 기다려 왕자 효(孝)를 데리고 웅진성(熊津城)으로 달아나서 싸웠으나 성문은 부서져 열리고 말았다. 수많은 궁녀들이 슬피 울면서 흉악한 적군에게 죽는 것보다 깨끗하게 죽는 것이 옳다하여 대왕포(大王浦)물가 높은바위 위에서 치마를 뒤집어쓰고 사비수 깊은 물에 몸을 던지고 말았다.

이러한 일로 인하여 이 바위를 낙화암 이라 하였다고 한다. 충청남도 문화재 자료 제108호 백화정은 부여 부소산성 북쪽 금강변의 낙화암 정상부에 있는 육각의 정자 건물이다. 1929년 당시 군수 홍한표의 발의로 부풍시사라는 시우회에서 세웠다. 백화정이란 이름은 중국 소동파가 해주에 귀향 가 있을 적에 성박의 서호를 보고 지은 강금수사백화주(江錦水榭百花州)라는 시에서 취한 것으로 보인다. 이곳은 부여 외곽을 감싸고도는 백마강과 주변의 낮은 산들이 어울려 내려다보이는 풍광이 아주 일품이어서 마치 한폭의 산수화를 대하는 듯하여 부여를 찾는 관광객이면 반드시 들리는 명소이다.

백화정 아래 낙화암은 충청남도 문화재 자료 제110호로 삼국유사 기록에 의하면 서기 660년(백제 의자왕 20) 나당 연합군의 침공으로 백제 여인들이 죽음을 면치못할 것을 알고 남의 손에 죽지 않겠다 하고 이곳에 이르러 강물에 몸을 던져 죽었다는 기록이 전하여 후세 사람들의 낙화암이라 불러 백제여성의 절개와 고귀한 충열의 표본이 되고 있다. 암벽은 60m 정도이며 절벽 아래에는 송시열의 글씨로 전하는 「낙화암」이 새겨져 있다. 백화정에서 오른쪽으로 내려가면 고란사 절이있 다. 고란사는 대한불교 조계종 제6교구 본사인 마곡사(麻谷寺)의 말사이다. 창건에 대한 자세한 기록은 없으나 백제때 왕들이 노닐기 위하여 건립한 정자 였다는 설과 궁중의 내불전(內佛殿)이라는 설이 전하며. 백제의 멸망과 함께 소실된 것을 고려시대에 백제의 후예들이 삼천궁려를 위로하기 위해서 중창하여 고란사(皐蘭寺)라 하였다. 그 뒤 벼랑에 회귀한 고란초가 자생하기 때문에 고란사라 불리게 되었다. 1028년(현종 19)에 중창 하였고 1629년 (인조 7)과 1797년(정조 21)각각 중추하였으며 1900년 은산면에 있던 숭각사(崇角寺)를 옮겨 중건하였다.

　현존하는 당우로는 1931년에 지은 것을 1959년 보수, 단장한 정면 7칸, 측면 5칸의 법당과 종각인 영종각뿐이다. 절의 뒤 뜰 커다란 바위틈에는 고란초가 촘촘히 돋아나있고 왕이 마셨다는 고란수의 고란 샘터가 있고 주위에는 낙화암, 조룡대(釣龍臺), 사비성(泗沘城) 등이 있다. 절 일원이 충청남도 문화재자료 제98호로 지정되어 있다. 고란사 법당에는 현제 삼존불상이 봉안되어 있으며 이중 본존과 향 왼쪽의 보살상은 동일한 양식의 고불(古佛)이지만 다른 보살상은 현대에 조성하였다. 본존은 중품하생인을 결한 아미타불이며 보살상은 삼존의 배치상 대세지보살상이지만 오른손을 가슴까지 올리고 왼손은 무릎 위에 있는 점으로 보아 관음보상상일 가능성이 높다. "아미타여래는 방형의 얼굴에 머리를 육계의 구분없이 정상계주와 중간계주가 표현하였다. 이목구비는 반개한 두 눈은 살짝 올라가 있고 코는 넓적하며 입은 작게 표현하였고 짧은 목에 머리를 앞으로 살짝 숙인 움츠린 자세로 측면에서 보면 입체감이 떨어지고 불안정되어 보이나 정면의 모습은 어깨를 넓고 허리가 길면서 무릎 높이를 높게 하여 비교적 안정된 비례를 갖추고 있다. 법의는 안에 편삼을 입은 변형 통견식으로 착의하였으며 왼쪽 팔꿈치에 맞주름이 표현되었으며 배부분의 편삼의 옷주름은 평면적으로 처리하였다.

"보살 좌상의 상호와 신체 비례는 여래상과 동일하며 보살 특유의 모발은 작고 낮으며 귀를 감싸고 어깨로 늘어트린 수발의 표현은 조선후기 보살상의 일반적인 형식을 따르고 있다. 가슴에 세줄로 늘어진 목걸이는 보살상의 목걸이 표현과 유사하지만 꽃이나 수술의 표현은 절박하며 법의는 여래상과 같은 편삼을 안에 입은 변형 통견식으로 입고 있다. 양쪽 어깨에는 특이하게 맞주름이 표현되어 있고 옷 주름의 표현도 여래상과 마찬가지로 평면적이고 간략하게 표현하였다. "고란사 목조아미타여래좌상과 보살상은 움츠린 자세와 신체 비례. 유난히 큰 방형의 얼굴과 표정은 매우 특이하여 조선 후기에 활동한 장인의 맥

락과 계보가 쉽게 연결되지 않은 작품이나 자세. 영락 등의 표현에서 전체적으로 조선후기에 제작된 작품으로 추정된다. 비록 조선 후기에 활동한 조각승의 조각 수법과 상통하는 예는 찾을 수 없으나 오히려 지방을 중심으로 활동한 조각승의 한 유형으로 이해할 수 있는 좋은 자료가 되는 점에서 지발 회화사 연구 및 미술사적 가치가 높다"

고란사에는 고란정(약수)과 고란초에 전설이 있다.

고란초와 고란수는 부여 부소산 아래에 있는 고란사 뒤편 바위 틈에서 솟아나오는 약수에는 어린이가 된 할아버지의 전설이 전해오고 있다. 아득한 옛적 소부리의 한 마을에 금슬 좋은

노부부가 살았는데 늙도록 자식이 없어 할머니는 늘 되돌릴 수 없는 세월을 한탄하며 다시 한번 회춘하여 자식갖기를 소원했다. 그러던 어느날 할머니는 앞산(금성산)의 도사로부터 부소산의 강가 고란사 바위에는 고란초의 부드러운 이슬과 바위에서 스며 나오는 약수에 놀라운 효험이 있다는 말을 듣고 그 다음날 새벽 남편을 보내 그 약수를 마시게 하였다. 그런데 할아버지는 밤이 되어도 돌아오지 않자 다음날 일찍 약수터로 찾아가 보니 할아버지는 없고 웬 갓난아이가 남편의 옷을 입고 누어있어 깜짝 놀랐다. 할머니는 아차 했다. 도사가 한잔 마시면 삼년이 젊어진다는 말을 남편에게 알려주지 않았던 것을 후회하며 갓난아이를 안고 집에 돌아와 고이 길렀는데 후에 이 할아버지는 나라에 큰 공을 세워 백제시대 최고의 벼슬인 좌의정에 올랐다고 전해진다. 고란초는 강가 절벽이나 산지의 그늘진 바위틈 등에서 자라는 소형의 양치 식물로 고란사 뒤 절벽에서 자라기 때문에 고란초라는 이름이 생겼다. 전설에 따르면 백제임금이 항상 고란사 뒤편 바위

틈에서 솟아나는 약수를 애용하여 매일같이 사람을 보내 약수를 떠오게 하였다. 이때 고란약수터 주변에서 자라는 기이한 풀이 있어 이름을 고란초라 불렸는데 약수를 떠오는 궁녀들이 임금에게 바칠 물동이에 고란초 잎을 한두개씩 물위에 띄워 옴으로서 고란약수라는 것을 증명 했다고 한다. 고란초는 기후 오염이나 수질오염 같은 환경오염에 민감한 특성이 있어 환경 조표 식물로서도 보존할 가치가 높다

【 조룡대 】

조룡대는 낙화암 바로 앞쪽의 작은 섬모양의 바위다. 옛날 당나라 군대가 백제의 군사가 있는 성을 공격하기 위해 백마강을 거슬러 오던중 갑자기 풍랑이 일어 진군할 수 없게 되었다. 당나라 장수 소정방이 수소문 하여 그 연유를 알아내고는 수중 바위에 걸터앉아 백마의 머리를 미끼로 강물속에서 백제 무와의 화신인 청룡을 낚아 올린 곳으로서 돌의 조화를 막고 풍랑을 멈추게 하였다는 전설이 있다.

바위에는 지금도 그 말자국이 있다고 한다. 고란사를 답사하고 부두에 내려와 나룻배를 타려고 하니 사람이 없서 사람들이 많이 와야 출발 한다기에 다시 올라와 시간이 없어 부소 산성으로해서 두르래 나룻터에 들여 사진만 찍고 돌아와 식당에 와서 늦으나마 점심을 먹고 시외버스 터미널에서 버스로 대전에서

기차로 부산에 오니 저녁 9시다. 금남정맥 종주는 2012년 10월 28일 단독종주산행으로 주화산을 출발해 10월 29일 백령고개까지, 다음11월 8일 백령고개에서 무수고개 11월 9일 양정고개 11월10일 널티고개까지, 2012년 12월 1일 신암고개 12월 2일 부소산 조룡대까지 마무리한다. 이로서 금남정맥 종주를 7구간으로 나누어 세번에 마무리 한다. 금남정맥은 운장산 대둔산 계룡산이 조금 높은 산이지만 그래도 별 어려움없이 아무사고없이 끝을 맺는다. 그동안 지켜보며 응원해주신 모아산악회 회장님과 회원여러분께 감사들이며 뒤에서 뒷바라지 해준 아내에게 진심으로 고맙다는 말을 전합니다.

02

제2차 낙남정맥

낙남정맥은 조선시대 조상들이 인식하던 한반도의 산줄기체계는 하나의 대간(大幹)과 하나의 정간(正幹), 정맥으로 이루어진 것으로 산과 물이 조화를 이루어야 한다는 사상에서 비롯된 이들 맥은 10대강의 유역을 가름하는 분수산맥을 기본으로 삼고 있어 대부분의 산맥 이름이 강 이름과 밀접한 관련을 가진다.

  낙남정맥(洛南正脈)은 낙동강 남쪽에 위치한 정맥이다. 이 정맥은 백두산에서 시작된 백두대간(白頭大幹)이 끝나는 지리산(智異山)의 영신봉(靈神峰)에서 남쪽으로 삼신봉(三神峰)에서 동남쪽으로 흘러, 옥녀산(玉女山) 태봉산 실봉산 무선산 대곡산 여항산(餘航山, 744m) 광려산(匡盧山, 720m)· 무학산 천주산 용지봉 황새봉 금음산 신우산 장척산 동신우산 낙동강 메리 고암나루에서 끝을 맺는다. 낙남정맥은 서쪽에서는 섬진강 하류와 남강 상류를 가르고, 동쪽에서는 낙동강 남쪽의 분수령 산맥이 된다.

  이 산줄기는 전라도 지방의 호남정맥(湖南正脈)의 남쪽 산줄기와 같이 우리나라 남해안 지방과 내륙지방을 자연스럽게 분계하고 있다. 이 산줄기의 남쪽 해안지방은 연평균기온이 제주도 다음으로 따뜻한 14℃이며, 난온대 산림대(暖溫帶山林帶)를 형성하고 있다. 현대에 낙남정맥을 가로지르는 가화천이 생겨났다. 그리고 낙남정맥이 낙동강의 하구에서 끝나지 않는 문제로 인해 낙남정맥에서 분기하는 '신낙남정맥'이라는 산맥이 명명되었다. 또한 낙남정맥이 낙동강과 서낙동강 어디에도 이르지 않는 문제 때문에 신어산을 너머 동신어산까지를 낙남정맥에 포함시키는 추세다.

1구간	영신봉~ 고동고개	거리 12.9km	운동시간 8시간26분
2구간	고동고개 ~ 빅토재	거리 14.1km	운동시간 9시간11분
3구간	빅토재 ~ 딱박골재	거리 24.1km	운동시간 9시간25분
4구간	딱발골재 ~ 새동고개	거리 29.0km	운동시간 11시간39분
5구간	새동고개 ~부련이재	거리 22.0km	운동시간 9시간 53분
6구간	부련이재 ~ 배치고개	거리 23.4km	운동시간 10시간34분
7구간	베치고개 ~ 오곡고개	거리 25.9km	운동시간 12시간12분
8구간	오곡고개 ~ 쌀재고개	거리 22.8km	운동시간 12시간10분
9구간	쌀고개 ~ 신풍고개	거리 22.1km	운동시간 9시간18분
10구간	신풍고개 ~ 냉정고개	거리 21.8km	운동시간 10시간36분
11구간	냉정고개 ~ 나팔고개	거리 17.5km	운동시간 9시간31분
12구간 A	나팔고개 ~ 생명고개	거리 9.5km	운동시간 4시간13분
〃 B	생명고개 ~메리고암나루	거리 8.6km	운동시간 4시간11분
		총 253.7km	총시간 131시간19분

낙남정맥 1구간	영신봉		경남 하동군 화개면 대성리 산 4
	삼신봉	1290.7m	경남 하동군 청암면 묵계리 산 320
〃	외삼신봉		경남 하동군 청암면 묵계리 산 320
〃	묵계재	고갯길	경남 하동군 청암면 묵계리 산 320
〃	고동재	포장도로	경남 하동군 청암면 묵계리 산 320-2
낙남정맥 2구간	갈마재	산판길	경남 하동군 청암면 상이리 산 18
	7중대고지		경남 하동군 청암면 상이리 산 114
〃	양이터재	산판길	경남 하동군 청암면 상이리 산 114
〃	방화고지	665.8m	경남 하동군 청암면 상이리 산 124-1

〃	돌고지재	59번지방도	경남 하동군 횡천면 전대리 산 108-3
〃	천황봉	602m	경남 하동군 북천면 화정리 산 167
낙남정맥 3구간	빅토재	1005지방도	경남 하동군 북천면 화정리 산 13-8
	마곡재	포장길군도	경남 사천시 곤명면 봉계리 산 41-9
〃	오룡동고개	2번국도	경남 사천시 곤명면 송림리 267
낙남정맥 4구간	딱발골재	2차선포장도	경남 사천시 곤명면 성방리 산 56-1
	선덜재	1001번지방도	경남 사천시 곤양면 흥사리 산 104-1
〃	진주공원묘지	190.5봉	경남 진주시 내동면 유수리 산 303
〃	솔티고개	2번국도	경남 사천시 곤명면 신흥리 3-2
〃	태봉산	191.8m	경남 진주시 내동면 내평리 산 105
〃	유수교	가화천	경남 진주시 내동면 유수리 589-3
〃	내축재	1049번지방도	경남 사천시 축동면 반용리 산 72-1
〃	실봉산	186.3m	경남 진주시 정촌면 대축리 산 222
〃	고속도로	교차로	경남 진주시 정촌면 화개리 1651-1
〃	문정고개	2차선군도	경남 진주시 정촌면 관봉리 산 275-4
낙남정맥 5구간	계리재	2차선 군도	경남 진주시 문산읍 두산리 산 106-1
	무선상	275.9m	경남 진주시 정촌면 관봉리 산 17
〃	돌장고개	대전통영고속도	경남 사천시 사천읍 금곡리 주변 29
〃	귀룡산	352m	경남 진주시 금곡면 죽곡리 산 65
〃	봉대산	403.3m	경남 진주시 금곡면 성산리 산 104
〃	양정산	310.6m	경남 고성군 영현면 봉림리 산 30-1
〃	부련이재	2차선군도	경남 고성군 영현면 영부리 산 140-2
낙남정맥 6구간	대곡산.백운산	424.5m	경남 고성군 상리면 고봉리 산 240
	배곡고개	2차선군도	경남 고성군 영현면 봉발리 1413-2
〃	천왕산	342.5	경남 고성군 영현면 봉발리 산 151-1
〃	추계재	1016지반도	경남 고성군 영현면 추계리 산 77-2
〃	대곡산.무량산	542.9m	경남 고성군 고성읍 이당리 산 291
〃	대곡산 3번	530.7m	경남 고성군 대가면 갈천리 산 315
〃	화리재	산판길	경남 고성군 대가면 갈천리 산 307
〃	천왕봉.무량산	581.4m	경남 고성군 대가면 갈천리 산 266-1

〃	큰재	포장소로	경남 고성군 대가면 갈천리 산 266-5
〃	백운산	483.9m	경남 고성군 대가면 송계리 산 74-27
〃	장전고개	1009지방도로	경남 고성군 대가면 송계리 산 69-3
〃	성지산	456.3m	경남 고성군 대가면 송계리 산 59-1
〃	덕산	278.4m	경남 고성군 마암면 신리 산 78-1
〃	배치고개	1007지방도로	경남 고성군 개천면 좌연리 산 341-7
낙남정맥 7구간	신고개	포장산판길	경남 고성군 마암면 성전리 산 92
	보광산	386m	경남 고성군 개천면 봉치리 산 155
〃	새터재	2차선지방도	경남 고성군 개천면 봉치리 산 113-2
〃	필두산	418.4m	경남 고성군 구만면 저연리 산 51
〃	담티재	1002번지방도	경남 고성군 구만면 화림리 산 186-1
〃	용암산	400.6m	경남 고성군 구만면 화림리 산 179
〃	남성치	포장도로	경남 고성군 구만면 화림리 산 292-2
〃	벌밭들	424.3m	경남 고성군 구만면 화림리 산 275
〃	깃대봉	528m	경남 고성군 구만면 화림리 산 270
〃	준봉산	520.m	경남 창원시 진전면 봉암리 산 139-2
〃	발산재	2번국도	경남 창원시 진전면 봉암리 산 132-4
〃	오룡고개	포장산판길	경남 창원시 진전면 여양리 산 258-5
낙남정맥 8구간	미산령	비포장 임도	경남 창원시 진전면 여양리 산 167-2
	미산봉	743.5m	경남 창원시 진전면 여양리 산 167-1
〃	여항산	770m	경남 함안군 여항면 주서리 산 142-1
〃	서북산	738.5m	경남 창원시 진전면 평암리 산 1-1
〃	감재고개	산판길	경남 함안군 여항면 주동리 산 114
〃	대부산	649.2m	경남 함안군 여항면 주동리 산 55-3
〃	한치고개	79국도	경남 함안군 여항면 내곡리 830
〃	광려산	752m	경남 창원시 진북면 정현리 산 1-1
〃	대산	729.5m	경남 창원시 내서읍 신감리 산 193
〃	쌀재고개	포장임도	경남 창원시 내서읍 감천리 산 196-1
〃	대곡산	516.8m	경남 창원시 회원구 월영동 산 156
〃	무학산	761.4m	경남 창원시 내서읍 감천리 산 131

〃	마재고개	30번국도	경남 창원시 회원구 두척동 산 63-3
〃	송정고개	4차선지방도로	경남 창원시 내서읍 평성리 산 121-15
〃	중고재고개	포장임도	경남 창원시 회원구 내서읍 안성리산 227
〃	천주산.龍池峰	638.8m	경남 창원시 의창구 소계동 산 59
〃	천주봉	산불감시초	경남 창원시 의창구 동정동 산 11
〃	굴현고개	2차선지방도	경남 창원시 의창구 북면 지개리산 136
〃	북산	284m	경남 창원시 의창구 소답동 산 29
〃	신평고개	2차선 시도	경남 창원시 의창구 소답동 944-3
낙남정맥 9구간	백옥산	사각정자	경남 창원시 의창구 동읍 용강리산 164-3
	용강고개	용강교차로	경남 창원시 의창구 도계동 산 65-3
〃	소목고개	등산로사거리	경남 창원시 의창구 퇴촌동 산 14
〃	정병산	566.3m	경남 창원시 의창구동읍 단계리산 29-1
〃	대암산	675.8m	경남 창원시 성산구 불모산동 산 33-1
〃	용지봉	744.7m	경남 김해시 대청동 산 64-1
〃	냉정고개	1042지방도로	경남 김해시 진례면 산본리 395
낙남정맥 10구간	장고개	고속도로	경남 김해시 주촌면 양동리 783-1
	황새봉	393.1m	경남 김해시 진례면 고모리 산 174-1
	금음산	376.3m	경남 김해시 한림면 명동리 산 113-1
〃	망천고개	4차선김해대로	경남 김해시 한림면 신천리 산 65-7
〃	나팔고개	58번국도	경남 김해시 삼계동 산 98-2
낙남정맥 11구간	수로봉	418m	경남 김해시 생림면 나전리 산 175-2
	영운리고개	2차선도로	경남 김해시 삼방동 1031-2
〃	신우산 서봉	630m	경남 김해시 삼방동 산 121-10
〃	신어산 정상	631.1m	경남 김해시 상동면 묵방리 산 43-2
〃	신어산 동봉	605m	경남 김해시 상동면 묵방리 산 30
〃	생명고개	포장 산판길	경남 김해시 대동면 주동리 산 1-3
〃	장척산	531m	경남 김해시 대동면 예안리 산 1-4
〃	선무봉	백두산갈림길	경남 김해시 대동면 덕산리 산 134-3
〃	동신어산	459.2m	경남 김해시 대동면 덕산리 산 39-2
〃	매리나루	낙남정맥 종점	경남 김해시 대동면 덕산리 산 2-15

제2차 낙남정맥 단독종주 1구간

영신봉~고운동재

제2차 낙남정맥 단독종주 거림 영신봉
거림 : 경상남도 산청군 시천면 내대리 거림마을
도상거리 : 거림마을 5.6km 영신봉
소요시간 : 거림마을 2시간 25분. 영신봉
거림탐방지원센타 출발 7시 25분, 거림 1.3km지점 8시 10분,
천팔교 8시 02분, 북해도교 8시 20분, 천망대 9시 03분,
청학동갈림길 9시24분, 세석대피소 9시36분, 영신봉 9시50분,
영신봉 : 경상남도 하동군 화계면 대성리 지리산 영신봉

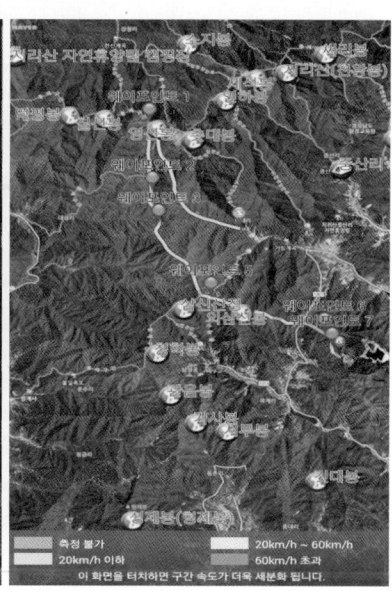

제2차 낙남정맥 단독종주 1구간 영신봉-고동재

영신봉 : 경상남도 하동군 화계면 대성리 영신봉

고동재 : 경상남도 하동군 청하면 묵계리 고동재

도상거리 : 영신봉 12.9km 고동재

소요시간 : 영신봉 8시간24분 고동재

영신봉 출발 10시46분, 음양수 11시20분, 의신마을삼거리 11시40분, 석문 11시 54분, 1319봉점심 27분, 12시6분, 청학동6.3km지점 12시49분, 헬기장 1시17분, 청학동 5.2km지점 1시23분, 청학동 3.8km지점 1시51분, 삼신봉휴식 2시 34분, 삼신봉 출발 3시 17분, 청학삼거리 3시 27분, 외삼신봉 3시 58분, 1173봉 4시 43분, 묵계재 5시 24분, 991봉 6시 26분, 903봉 6시 55분, 고운동재 7시 15분,

2015년 5월 5일 맑음

　제2차 백두대간-금·호남정맥-금남정맥-호남정맥을 완주하고 제2차 낙남정맥 종주 첫구간에 들어간다. 나이가(74세)들면서 한해 한해 몸이 약해지는 기분이 들지만은 2차 9정맥 중 나머지 6개 정맥을 완주하려면 체력을 지켜야 한다는 생각에 항상 몸 관리를 애써 하고 있다. 낙남정맥은 2007년 6월 10일부터 2008년 3월 31일까지 1차 완주하고 2차 낙남정맥 첫구간에 들어간다. 지난 3월 1일 종주에 들어가려고 했는데 눈이 많이 와서 기록이 어려워 이제 날씨도 좋아져 다시 시작한다. 나는 걸음을 통해 답을 구할 것이고 고통을 신념으로 이겨나갈 것이다. 산행은 자신의 인내력과 결단력으로 싸우며 이겨내야 하고 내 신념을 망가지지 않기 위해서는 자신과 싸워야 한다. 5월 4일 저녁을 먹고 사상 터미널에서 저녁 8시40분 버스로 진주에서 하루밤을 지내고 아침 6시10분 중산리행 버스로 덕산에 도착 콜택시 [안찬주 010-3836-5215 요금 2만원]로 거림에 도착하니 5일 아침 7시15분이다. 이 시간 이후부터 마치는 날까지 안전산행 무사산행을 기원하며 산행 준비를 하고 버스종점을 출발 거림 탐방지원센타(초소)를 7시25분 출발한다.

　지난번 3월 1일 산행에 들어 갈때는 눈이 많아 어려움이 많았는데 오늘은 날씨가 좋아 초입부터 마음이 놓인다. 오늘은 도

상거리 약19km인데 어려운 구간이 있어 조심해야한다. 마음을 단단히 먹고 산행에 들어간다. 이길은 여러번 오른 길이라 어려움 없이 출발해 이정표(거림1.3km 세석대피소 4.7km)를 7시40분 지나고 천팔교를 8시12분 지나 북해도교 이정표(거림 3.2km 세석 2.8km)를 8시20분 지나면서 가파른 오르막이 시작된다. 계속되는 계단과 가파른 오르막을 오르며 전망대에 올라서니 가야할 능선과 삼신봉 내삼신봉 외삼신봉등 낙남정맥 능선이 한눈에 들어온다. 계속해서 오르막을 오르며 청학동 삼거리에 올라서니 9시24분이다.

이정표에(세석대피소 0.5km 거림 5.5km 청학동 9.5km 의신마을 8.6km)이다. 청학동 갈림길에 올라서니 평지같은 오르막

길이라 세석산장 까지는 쉽게 올라간다. 세석 산장아래 샘에서 갈증을 면하고 천왕봉 갈림길에 올라서니 9시37분이다. 세석산장 갈림길은 나에게 잊지못할 사연이 있다. 2011년 12월10일 2차 백두대간 단독 종주에 길도 잘 보이지 않은 눈길을 성삼재에서 출발해 오후 2시경 영신봉 아래까지와 감시원이 못가게 하는 바람에 벽소령으로 다시 돌아가 밤길에 삼정리로 내려가 마천에서 자고 12월11일 백무동으로 올라오다 디카를 분실하고 다음에 디카 찾으려왔으나 찾지 못하고 고생한 일이 생각난다. 이곳은 백두대간 길이고 마루금은 오른쪽은 천왕봉 가는 길이고 영신봉은 왼쪽 길이다. 지금까지는 산청군 시천면 땅을 밟고 왔지만 이곳부터 영신봉 까지는 오른쪽은 함양군 마천면 경계다. 마루금은 잘나있는 길을 따라 헬기장을 지나고 오른쪽 정상에 송신탑을 보며 풍력계를 지나 오르막을 한동안 올라 영신봉 팻말에 올라서니 9시 50분이다.

좌표【N 35" 19" 08" E 127" 41" 20.4"】

    영신봉 정상은 오른쪽으로 30여미터 올라야 한다. 정상 오르는 길은 출입금지로 되어있으나 잠깐 정상에 올라갔다. 사진한판 찍고 영신봉 산신께 낙남정맥 완주를 기원하며 마칠때까지 안전산행 무사산행을 기원하고 내려와 영신봉정상 팻말을 출발점으로 사진한판 찍고 동영상 촬영도 하고 10시 46분 낙남정맥 첫구간을 출발한다.

　낙남정맥은 백두대간 영신봉을 출발해 삼신봉, 외삼신봉, 진주고속도로 분기점, 고성, 함안 여항산, 마산 무학산, 창원 용제봉 김해 신우산을 거처 동신우산 낙동강 고암나루터 까지 이어진다. 10시46분 영신봉을 출발해 능선길을 내려가는데 이곳은 정맥종주하는 사람만 다녀 길이 희미해 잡목숲을 헤치며 가야 한다. 이곳부터는 왼쪽은 산청군 시천면을 오른쪽은 하동군 화계면을 경계로 능선길이 이어진다. 자살바위 병풍바위 를 지나 창불대에 올라서니 자살바위 병풍바위가 위암을 떨치고 있다. 창불대를 내려서 능선길을 가며 숲길을 헤쳐 지나고 세석 갈림길을 11시12분 지나면서 길이 좋아져 능선 내리막을 한동안 내려 넓은 바위 음양수 제단을 내려서 음양수샘에 도착하니 11시 20분이다.

좌표【N 35" 18" 00.5"　E 127" 41" 17.0"】

지난번(3월1일)에는 눈이 많아 샘물도 얼어있었고 시간도 오후1시가 넘어 이곳을 지나갔는데 오늘은 시간여유도 있고 잠시 쉬면서 갈증도 면한다. 음양수는 바위사이 좌쪽과 우쪽에서 흘러나와 음양수라 이름 붙여진 모양이다. 음양수에서 갈증을 면하고 출발해 능선길을 오르내리며 의신마을 삼거리를 11시40분 지나간다. 이곳 이정표에 세석대피소 2.2km 삼신봉 5.4km 의신마을 6.2km 이다. 대성골 의신마을은 오른쪽으로 내려가고 정맥마루금은 직진으로 약간 오르막을 올라 암능을 왼쪽에 두고 오른쪽 사면길을 지나 능선에 올라서 왼쪽 사면길로 거림골을 내려다보며가다 석문을 11시54분 지나간다.

좌표【N 35" 18" 00.5" E 127" 41" 20.1"】

석문을 지나 잠시 내려가다 다시 오르막을 한동안 올라 1319봉에 올라서니 12시6분이다. 1319봉은 전망이 좋아 영신봉 촛대봉 천왕봉이 보이고 지리산 주 능선 반야봉 노고단 까지 줄지어 보이고 가야할 마루금과 삼신봉 내삼신봉 멀리 백운산 억불봉 까지 한눈에 들어온다. 오른쪽은 대성골 계곡이 의신마을까지 흘러내리고 왼쪽은 조금전 올라온 거림골 세석 오르는 길을 가름해본다. 대성골은 큰 세개골과 능선 뒤 작은 세개골이 합쳐져 대성골을 이룬다. 대성골은 625 전쟁때 토벌대에 쫓겨 많은 빨치산들이 숨어들었던 곳으로 알려져 있다. 시장기가 들어 정상 바위에서 점심을 먹으려고 하니 밥만 있고 수저가 없다.

나뭇가지로 저분을 만들어 점심을 먹고 12시33분 출발해 가파른 내리막을 내려 능선좌로우로 사면길을 들락거리며 오르락내리락 가다 이정표 세석대피소 3.3km 청학동 6.7km 쌍계사 13.3km 지점을 12시 49분 지나고 능선을 오르내리며 이정표 세석대피소 3.9km 청학동 6.1km 쌍계사 12.7km지점을 1시7분 지나고 오르막을 올라 1237봉에 올라서니 1시13분이다. 오늘은 날씨가 좋아 능선 길이라 사방을 조망할 수 있다

좌표【 N 35" 17" 16.1 " E 127"41" 33.5" 】

1237봉 이정표에 쌍계사 12.2km 청학동 5.6km 세석 대피소 4.4km 이며 비상전화가 설치되어 있으며 헬기장이 있다. 헬기장을 지나면서 마루금은 오른쪽으로 잘나있는 능선길로 이어지며 이곳부터는 길이양호하다. 잘나있는 능선길을 가다 5분후 능선분기점에서 다시 왼쪽으로 내리막 능선을 내려 안부에 내려서니 1시24분이다. 이정표에 청학동 5.2km 세석대피소 4.8km이다. 이곳 안부는 왼쪽(거림쪽)에 옛길이 있었으나 지금은 나무로 막아놓고 출입금지 안내판이 걸려있으며 무단 출입자는 과태료를 부과한다고 되어있고 비상전화기도 설치되어 있다. 이곳부터는 삼신봉까지 오르막이다. 오르막을 오르며 1213봉을 지나며 이정표 세석대피소 5.5km 청학동 4.5km지점을 1시34분 지나고 가파른 오르막을 한동안 올라 이정표 세석대피소 6.2km 쌍계사 10.4km 철학동 3.8km 지점을 지나고 1278 봉은 오른쪽 사면길

로 이어지며 1826봉에 올라서니 건너편에 삼신봉이 보이며 오른쪽은 내삼신봉 왼쪽을 외삼신봉이 지근에 보인다. 고사목 능선을 오르며 삼신봉을 향해 오르는데 갑자기 다리에 쥐가 내린다. 잠시 쉬며 다리를 풀고 오르막을 한동안 올라 삼신봉 정상에 올라서니 2시 34분이다.

좌표【 N 35" 15" 51.2" E 127" 42" 19.8" 】

　삼신봉 정상에는 정상석(三神峰1284m)이 있고 정상석 앞에 제단이 있으며 전망이 좋아 지리산 주능선 좌로 노고단부터 반야봉, 삼도봉, 명선봉, 덕평봉, 칠선봉, 영신봉, 촛대봉, 삼신봉, 연하봉, 재석봉, 천왕봉이 파노라마처럼 펼쳐져 있다. 이곳 삼신봉에서 지리산 서부능선을 한눈에 볼 수 있는 곳이다. 삼신봉에 여러번 왔었지만 오늘처럼 맑은 날씨는 처음이다. 사방을 둘

러보며 마음껏 조망해본다. 오늘은 청학동에서 학생들 7-8명이 올라와 있어 학생에게 부탁해 사진한판 찍고 다리도 풀겸 신발과 양발을 벗고 다리를 풀고 3시17분 출발한다. 이곳부터는 왼쪽은 산청군 시천면 그대로 이지만 오른쪽은 하동군 화계면을 벗어나 하동군 청암면이다. 오늘은 시간도 있고 해도 길어 편히 쉬고 출발해 청학동 삼거리를 3시27분 지나면서 청학동은 오른쪽으로 내려가고 마루금은 직진으로 오르막을 오르는데 이곳부터는 산죽밭으로 이어지며 더러는 터널같은 때죽길 오르막을 올라 외삼신봉 정상에 올라서니 3시58분이다.

좌표【N 35° 15° 36.1° E 127° 42° 58.6° 】

외삼신봉 정상에도 삼신봉과 같은 정상석(외삼신봉 1288m)이 있고 이곳 역시 전망이 좋아 지리산 주 능선이 한눈에 들어오고 천왕봉이 가깝게 보이며 가야할 정맥 능선도 줄지어 보인다. 지리산이 우리나라 많은 산들의 宗山인것은 어떤 산도 범접할 수 없는 웅장하면서도 온화한 산이기 때문이다. 산에 대한 취향과 지향이 인간에 사랑과 삶에 대한 태도를 시사하듯 지리산은 큰 안식과 어

울리는 모습으로 온 세상을 포용
하고 있다. 사람을 제대로 이해하
기 위해서는 한걸음 떨어져 역지
(易地)에서 바라보아야 하듯이 산
에 풍경 또한 먼발치에서 보아야
제 모습이 보인다. 지리산 남부능
선이 아름다운 것은 지리산의 모
습을 이곳에서 제대로 바라볼 수 있기 때문이다. 이곳에서 보는
천왕봉은 하늘아래 주봉으로 아름다운 풍경속에서 산은 더 간
절한 그리움으로 다가 왔다. 그것은 산행을 하며 얻은 절망을
씻어주는 진통제와 같았고 굳은 열망과 같은 것이었다. 배낭을
내려놓고 쉬면서 사진도 찍고 다리 통증도 풀어가며 사방을 관
찰하고 4시5분 출발해 가파른 절벽 암능을 조심조심 내려오는
데 조금만 방심하면 낭떠러지로 떨어질뻔 했다. 간신히 암능(절
벽)을 내려와 산죽길과 더러는 암능을 오르내리며 때죽길 터널
을 지나 약간의 내리막을 내려 1173봉을 4시36분 지나면서 암
능과 때죽(산죽) 터널길을 헤치며 오르내리다 보니 내 두다리는
길의 기억을 잊어버려서 인지 무겁기만하고 물이 차오르듯 통
증이 차올랐다. 잠시 쉬면서 다리 통증을 가라앉치고 계속해서
산죽(때죽)터널을 지나는데 죽엽이 얼굴을 스치며 얄궂게도 못
살게 한다. 오늘산행 이구간은 조릿대(산죽)터널이 거의 차지해

지역을 분간 못하고 탐방 금지구역이라 이정표도 없고 가름해서 산행을 하다보니 헷갈리는 곳이 한두곳이 아니다. 가파른 내리막을 산죽길을 통과해 묵계재인가 생각했는데 다시 봉을 하나 더넘고 가파른 내리막을 한동안 내려와 묵계재에 내려오니 5시19분이다. 전임자에 따르면 묵계재에서 탈출할 수 있는 내려가는 길이 있다고 들었는데 산죽이 어우러져 길을 찾으랴 찾을 수 없고 터널 속 마루금만 따라갈 뿐이다.

좌표【 N 35" 15" 16.4"   E 127" 44" 21.8" 】

  두다리에 통증은 계속되고 오르막을 오르는데 보통 힘든게 아니다. 991봉 오르는데 서너번 쉬며 통증을 가라안처 991봉에 올라서니 6시20분이다. 앞으로 갈 고운동재는 얼마 남지않았으나 온통 때죽밭이라 가름하기 어렵고 해는 서산에 기울고 마음이 급하다. 양호한 능선길 같으면 벌써 도착할 시간인데 아직도 얼마나 가야할지 가름하기 어렵다. 991봉을 지나 능선길을 가며 통증이 심해 쉬면서 오늘 아침 타고온 덕산 택시에 전화를 하고 903봉에 올라서니 6시50분이다. 아직도 서산에 해는 조금 남아 있다. 이제 내리막만 내려가면 고동재 이지만 온통 숲이 우거져 가름을 못하고 내려가는데 택시가 도착했다고 전화가 온다. 이제 다왔다는 기분이 들어 정신을 바짝 차리고 내리막을 내려와 고운동재에 도착하니 7시15분이다.

좌표【 N 35" 14" 38"   E 127" 45" 00.4"】

　고운동재는 하동군 청암면 묵계리 터널 입구에서 산청군 시천면 고운동 고운호 상부댐으로 넘는 고개로 신진 양수발전소 상부댐을 건설하면서 만든 도로이다. 고운동재에 내려오니 택시기사님 길가에서 더덕을 캐며 더덕씨가 날아와 많이 있다며 더덕 한개를 먹어 보라며 준다. 오늘 산행은 삼신봉을 지나며 산죽길이 힘해 무진 고생을 했으며 2007년1차때는 산악회에서 종주해 단체산행을 했고 청학동에서 출발해 그리 힘들지 않았었는데 오늘은 단독 산행이고 거림에서 시작해 영신봉 삼신봉을 거쳐 오면서 마지막 산죽 터널을 지나야 하기에 몇배 힘든 산행이었다. 잠시 피로를 풀고 덕산에 와 택시 사무실 앞 수돗물로 대충 씻고 나니 부산행 8시5분 버스가 온다.

이차가 막차이며 부산행이다. 진주에 와서 20분 정차 후 9시 10분 출발해 부산 사상 터미널에 도착하니 10시30분이고 집에 도착하니 11시10분이다. 집사람 늦게 까지 기다리며 고생했다고 격려해준다. 오늘 낙남 첫구간 힘든 구간이지만 어렵게 아무 사고없이 무사히 마치고 돌아와 홀가분하며 다음 구간은 초입 구간이 산죽이 있다는 전임사에 말이다. 다음산행도 어려운 산행이지만 시작이 반이라고 오늘 첫구간을 잘 마무리해 다음 구간도 잘 되리라 생각하고 낙남정맥 첫구간을 마무리 한다.

제2차 낙남정맥 단독종주 2구간

고동재 : 경상남도 하동군 청암면 묵계리 고동재
돌고지재 : 경상남도 하동군 옥종면 회신리 돌고지재
도상거리 : 고동재 14 km, 돌고지재
이동거리 : 고동재 20.3km 돌고지재
소요시간 : 고동재 9시간48분, 돌고지재
이동시간 : 고동재 9시간 11분, 돌고지재

고운동재출발 7시40분, 902봉 8시10분, 갈림길(알바56분) 9시07분, 875봉 9시34분, 798봉 10시10분, 790봉 10시34분, 766봉, 10분휴식 10시32분, 갈마재 10분간휴식 11시05분, 555봉산불감시초소 11시31분, 칠중대고지 12시12분,(1시간 53분 알바) 칠중대고지 출발 2시05분, 584봉 2시34분, 양이터재 2시44분, 646봉 3시15분, 665.8봉(방화고지) 3시48분, 652봉 4시09분, 375봉 5시15분, 돌고지재 5시31분,

2015년 5월 17일 맑음

　낙남정맥 2구간 종주차 16일 저녁 9시버스로 사상터미널을 출발해 진주에서 하룻밤을 지내고 일찍 일어나 터미널 앞 기사식당에서 아침밥을 먹고 덕산 택시에 전화를 걸어놓고 아침 6시10분 중산리행 버스로 덕산에 도착하니 콜택시(안찬주 010-3836-5215)가 기다리고 있다. 택시로(요금 25,000)고동재에 도착하니 7시33분이다. 기사님께 부탁해 사진 촬영을 하고 7시40분 산행에 들어간다. 고운동재 오르는 도로에 아침인데도 젊은이 또는 학생들 남여 많은 사람들이 오르내리며 운동을 하고 있다. 아마도 청학동 학당교 사람들인 것 같다. 마루금은 고개에서 상부댐쪽으로 20여미터 철망 끝에서 시작된다.

　　　　　　좌표【 N 35" 13" 38.3" E 127" 45"00.4" 】

가파른 오르막을 10분쯤 오르니 산죽길이 나타난다. 산죽길을 헤쳐 가며 902.1봉에 올라서니 8시8분이다. 902.1봉은 온통 산죽밭이라 분간하기 어렵다. 902.1봉에서 조금 내려가다 가파른 내리막을 내려가 묘를 지나면서 풀치기를 해놓아 길이 좋아진다. 잘나있는 길을 따라 내려가다보니 갑작스럽게 왼쪽앞에 상부땜이 아래로 보인다. 아차 잘못 내려왔구나 생각하고 지도를 확인해보니 잘못 내려와도 한참 잘못 온 것을 확인하고 빽페스로 내려온 오르막을 다시 올라가는데 초반부터 맥이 쭉빠진다. 이길은 거의가 산죽이라 주위가 잘보이지 않아 확인하기가 어렵다. 무려 왕복 55분 허비하고 9시7분 마루금 갈림길에서 마루금을 따른다. 마루금에 리본이 많이 달려있는데 산죽길을 헤쳐가다 보니 마루금을 놓이고 902.1봉을 지나 산죽터널 길을 계속해서 내려간 것이다. 초반부터 길을 잘못들어 빽으로 돌아오니 힘이 쭉빠진다. 갈림길에서 사진한판 찍고 내리막을 내려 능선 오르내림 길을 가며 간간히 산죽길을 가다 875봉을 올라서니 9시34분이다.

좌표【 N 35" 13" 23.2" E 127" 46" 10.7" 】

계속해서 산죽밭을 오르내리며 한동안 가다 가파른 오르막을 오르는데 뒤에서 사람 소리가 들린다. 가파른 오르막을 올라 전망바위에 올라서니 전망이 확트여 지리산 천왕봉과 주변 능선이 한눈에 들어온다. 전망바위는 지리산 주능선인 천왕봉과 지나온 능선이 한눈에 들어온다. 뒤에 온 정맥 종주자에 손을 빌려 사진한판 찍어둔다.

좌표【 N 35" 13" 22.1" E 127" 46" 20.5" 】

전망봉은 오늘 산행에 숲길과 산죽길을 따라오느라 전망을 보지 못하고 왔는데 잠시쉬면서 사방을 살펴보고 출발해 능선을 오르내리며 790.4봉에 올라서니 10시 27분이다. 790.4봉은 삼각점(곤양 403 1985. 재설)이 있고 나뭇가지에 리본이 많이 달려있고 희미하게 훼손된 낙남정맥 790.4m 란 표지가 걸려있으며 주위는 숲에 가려있다.

좌표【 N 35"13"10,6" E 127" 46" 34.2" 】

잠시 쉬며 사진한판 찍고 출발해 남쪽으로 오던 마루금은 왼쪽(동쪽)으로 내리막을 내리며 능선길을 가는데 이곳도 더러는 산죽길을 지나며 766봉 분기점에서 마루금은 오른쪽 (남쪽)으로 이어진다. 이곳에서도 잘못하면 766봉쪽으로 갈 수 있다. 이곳부터는 766봉 방면으로 군계가 갈리며 주산(813m)으로 이어지는 분기점으로 오른쪽은 하동군 청암면과 왼쪽은 하동군 옥종면을 경계로 좌우로 하동군을 밟으며 마루금이 이어진다. 잠시 배낭을 내려놓고 갈증을 면하고 10시42분 출발해 가파른 내리막을 미끄러지듯 내려가며 좌우로 내리막을 내려가 갈마재에 도착하니 11시5분이다.

좌표【 N 35" 12" 45.8" E 127" 46" 49.9" 】

오늘은 아침부터 장거리 빽을 해서인지 컨디션이 안좋아 피로를 느낀다. 갈마재는 하동군 옥종면 궁항리에서 청암면 장재기 1014번 지방도로 연결하는 포장 임도1차선 도로라 대형 차량은 다닐 수 없고 군항리쪽에서는 빈이터 마을까지는 포장이 되었다고 하는데 빈이터마을부터 갈마재를 넘어 장재기 까지는 옛날 (2007년도)1차때와 변한게 없다. 잠시 허리쉼을 하고 사진한판 찍고 출발한다. 초입은 전붓대 뒤 리봉이 주렁주렁 달려있다. 마루금은 초입부터 오르막으로 이어지며 산불초소가 있는 555봉에 올라서니 11시25분이다.

좌표【 N 35"12"35.7 e 127" 46" 55.6" 】

　산불감시 초소에는 사람은 없고 안에 침구만 있다. 앞으로 칠중대 고지와 좌측 궁항리 건너편에 주산(813m)이 우뚝 솟아있다. 산불감시 초소에서 앞에 내려가는 사람을 따라 급하게 내려간다고 잡목을 뚫고 내려가다 잘나있는 길을 따라 내리막을 한동안 내려 완만한 능선길을 가다 칠중대고지 오르는데 가파른 오르막을 한동안 올라 칠중대고지(565.2)에 올라서니 12시12분이다. 칠중대 고지는 9부 능선부터 산죽이 무성해 주위는 볼 게 없고 나뭇가지에 준희가 걸어놓은 (낙남정맥 565.2m 칠중대고지) 표찰이 걸려있고 삼각점(곤양 404, 1985.재설)이 있고 리봉이 주렁주렁 달려있다.

　　　　　좌표【 N 35° 12' 04.1"　E 127° 47' 34.5" 】

칠중대 고지에서 사진 한판 찍고 내리막을 내려 산죽길을 벗어나는데 555봉에서 만난사람들이 점심을 먹고 있다. 같이 점심을 먹으려고 배낭을 내려놓고 보니 배낭 윗 재킷이 열려있고 상의 점퍼가 빠져나갔다. 아뿔싸 이게 어디에서 빠졌는지도 알 수가 없다. 우선 막걸리 한잔을 얻어먹고 배낭은 벗어놓고 다시 뒤돌아간다. 오늘은 초반부터 맥이 빠지더니 어디서 떨어졌는지 알 수가 없고 무작정 오던 길로 돌아가보니 555봉 산불감시초소 밑에서 내려오다 잡풀에 걸려 떨어져 있어 찾기는 했는데 왕복 3.2km 1시간 27분을 소요하고 돌아와보니 (1시39분)그래도 산꾼들이라 배낭은 나무에 걸어놓고 점심먹고 먼저 출발했다. 3.3km를 소모하고 나니 힘이 하나도 없다.

우선 점심을 먹고 좀 쉬고 나니 조금은 힘이 난다. 오늘 헛걸음을 5km이상 허비하고 나니 배토재까지 가기는 힘들 것 같다. 점심을 먹고 2시5분 출발해 내리막을 한동안 내려와 편한길 능선길을 오르내리다 잠시 오르막을 올라 584봉에 올라서니 2시24분이다. 584봉은 전망이 그런대로 오른쪽 아래 하동땜이 내려다 보이고 멀리 신백두대간 끝봉인 금오산 철탑봉이 멀리 보인다. 584봉에서 급경사 내리막을 내려오는데 잡목(고사목)이 널려있어 길이 별로다. 가파른 내리막을 내려와 양이터재에 내려서니 2시44분이다.

좌표【 N 35" 11" 26.7"   E 127" 47" 46.6" 】

양이터재는 옥종면 궁항리에서 하동호 땜으로 넘는고개로 비포장도로이며 깔끔한 화장실과 쉼터 의자 나무로 만든 양이터재 이정표가 있다. 쉼터에 안자 허리쉼과 갈증을 면하고 출발해 남쪽으로 오던 마루금은 동쪽으로 가파른 오르막을 한동안 올라 646봉에 올라서니 3시15분이다.

좌표【 N 35" 11" 22.6" E 127" 48" 15.6" 】

여름 산행은 숲이 많아 전망은 잘 보이지 않은데 간혹 숲사이로 지나온 능선과 가야할 능선을 가름하며 간다. 동쪽으로 오던 마루금은 남쪽(오른쪽)으로 방향을 틀어 가파른 내리막을 내려 능선을 오르내리며 방화고지에 올라서니 3시48분이다.

좌표【 N 35" 10" 43.9" E 127" 48" 25.5" 】

육중대고지 665.8봉은 오른쪽으로 벗어나 있고 마루금은 왼쪽 (동쪽)으로 이어진다. 방화고지는 전망이 좋아 가야할 천왕봉과 옥산 멀리 진주시가지까지 보이며 지나온 능선이 한눈에 들어온다. 잠시 가파른 내리막을 내려 다시 오르막을 오르며 652봉에 올라서니 4시9분이다.

좌표【 N 35" 10" 46.3" E 127" 48" 43.8" 】

배낭을 내려놓고 쉬면서 갈증도 면하고 간식도 먹으며 한동안 편이 쉬고 앞으로 갈 돌고지재, 천왕봉, 오름길을 가름해보고 사진한판 찍어두고 출발한다. 동쪽으로 오던 마루금은 남쪽으로 방향을 틀어 내리막을 한동안 내려 능선을 오르내리며 안부를 지나며 약간에 오르막을 올라 벌목지를 지나 작은봉에서 왼쪽으로 방향을 바꾸며 내리막을 내려 오른쪽에 돌고지재에서 청암면으로 연결되는 11번 지방도를 보며 도로 왼쪽으로 능선을 따르다 오르막을 올라 375봉에 올라서니 5시 15분이다. 375봉은 나지막한 봉이지만 자그마한 삼각점이 있으며 앞으로 돌고지재가 내려다보이며 천왕봉 오르는 임도가 건너다보인다. 마루금은 왼쪽으로 내리막을 내리며 산판길을 따르다 대나무 숲속을 해처나와 59번 국도 돌고지에 도착하니 5시 31분이다.

좌표【 N 35" 09" 44.2" E 127" 49" 40.4" 】

돌고지재는 옥종면 회신리에서 횡천면을 넘는 59번 국도가 지나가며 2차선 도로 11번 지방도 청암으로 연결되는 삼거리

다. 낙남1차때(2007년도)는 왼쪽 건물에 들어가 몸을 씻고 왔는데 지금은 입구에 철망문으로 막아 놓았다. 오늘 계획은 베토재까지 갈 예정이었으나 약 5km이상 헛걸음해서 조금은 이르지만 돌고지재에서 마무리한다. 우선 험한 산길을 오다보니 꼴이 엉망이고 배낭 또 엉망이다. 물이 없어 씻지는 못하고 수건으로 닦기만 하고 있는데 1톤 봉고차가 지나가 손을 들어 물어보니 자기는 바로 아래가 자기집이라며 망설이더니 조금 있으니 다시 돌아와 옥정까지 태워준다고 한다. 이분은 68세이며 부산에서 이곳에 온지가 4년정도 된다고 하며 돌고지재 부근에서 목장과 사슴을 기른다며 지금도 여건이 맞으면 부산 천마산악회 산행에 동참한다고 한다.

옥종면 버스 정류장에 오니 5시 55분이다. 6시10분에 진주행 버스가 있다고 한다. 우선 공중화장실에서 몸을 대충 씻고 조금 기다리니 버스가 온다. 버스로 북천면을 거처 곤명에서 곤양을 거쳐 남해고속도로에 들어서 고속도로 로 진주에 도착하니 7시 10분이다. 진주 터미널에서 7시 25분 버스로 사상에 8시 45분 도착 161번 버스로 송도 집에 오니 9시 35분이다. 집사람 오늘도 기다리며 수고했다는 말 한마디가 힘이 된다.

제2차 낙남정맥 단독종주 3구간

돌고지재 : 경상남도 하동군 옥종면 회신리 돌고지재
딱밭골재 : 경상남도 사천시 곤명면 신흥리 딱밭골재
도상거리 : 돌고지재 24.1km, 딱밭골재
실재거리 : 돌고지재 25.9km 딱밭골재
소요시간 : 돌고지재 10시간15분, 딱밭골재
이동시간 : 돌고지재 9시간 25분, 딱밭골재

돌고지재 출발 7시42분, 467m산불초소 8시, 526.7봉 8시13분,
546봉신백두대간분기봉 8시23분, 천왕봉 8시46분, 옥산갈림길 9시6분,
창수갈림길 9시34분, 백토재 9시55분, 228봉 10시,23분,
안남골포장도로 10시46분, 237봉 11시10분, 244봉 삼각점 11시22분,
옥정봉 11시41분, 155봉 12시16분, 마곡재휴식22분출발, 12시26분,
공터이정표 1시30분, 오룡동굴다리 버스정류장 1시38분, 오량마을 1시40분,
헬기장 1시55분, 201봉 2시01분, 245.5봉 2시28분, 53번철탑 2시37분,
52번철탑 3시5분, 239봉산성산 3시29분, 224봉 4시42분, 사립봉 4시55분,
임도안부 5시02분, 민가(빈집) 5시26분, 해동조경농장 5시30분,
검정비닐하우스 5시34분, 해동조경입간판 5시37분, 딱밭골재 5시58분

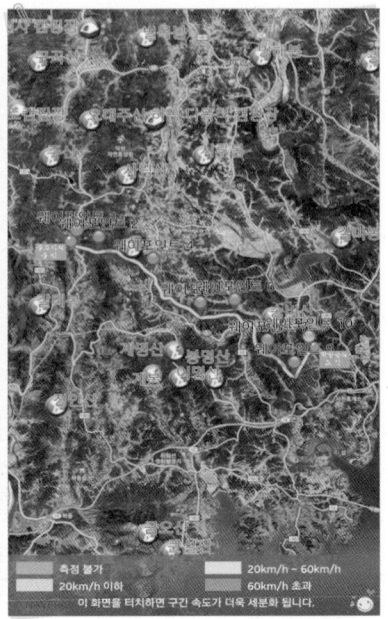

2015년 5월 24일 맑음

  이번구간은 거리가 멀다. 23일 저녁 사상시외버스 터미널에서 저녁 9시버스로 진주터미널에 도착하니 10시 25분이다. 숙소에서 밤을 지내고 기사식당에서 아침밥을 먹고 6시30분 옥종행 버스로 옥종에 도착하니 7시 20분이다. 옥종에서 하동택시 (경남 27바1021호 양한수 010-3580-8117)로 돌고지재에 도착하니 7시 38분이다. 택시기사에게 부탁해 사진한판 찍고 산행 준비를 하고 7시 42분 산행에 들어간다.

좌표【 N 35" 09" 44.2"　E 127" 49" 40.4" 】

　　산행 초입은 포장도로를 따른다. 도로옆 나무에 리본이 많이 달려있어 길찾기가 쉽다. 포장도로를 따라 올라가 7시50분 돌고지재 0.3km 이정표를 지나면서 오른쪽 산길로 들어서 통나무 계단길을 오르며 오르막을 한동안 올라 다시 임도 이정표(돌고지재 0.5km 천왕봉 2.2km)를 7시58분 지나며 임도를 따라가며 8시 산불감시초소를 왼쪽에 두고 467봉은 오르지않고 임도를 따라간다. 산불감시초소를 지나고 임도를 따르다 2분후 이정표(돌고지재 0.7km 천왕봉 2.0km)를 지나며 마루금은 산행길로 들어서 오르막을 한동안 올라 526.7봉에 올라서니 8시13분이다.

　　　　　　좌표【 N 35" 09" 40.3"　E 127" 50" 17.4" 】

526.7봉은 (낙남정맥 526.7m 준희)팻말이 나무에 걸려있고 숲이 우거져 있다. 526.7봉을 지나 약간에 내리막을 내려 오른쪽에 포장도로를 보며 가파른 오르막을 올라 전망이 좋은 곳에 긴 통나무판자 쉼터를 지나고 546봉에 올라서니 8시23분이다. 546봉은 신 백두대간 우둠지 분기점으로 이곳에서 맥을 따라가면 하동 금오산으로 연결된다. 546봉을 지나 내리막길은 급경사로 다이아피복으로 역어놓은 길을 따라 잣나무 조림숲길을 한동안 내려와 6시28분 임도를 따라가다 이정표(돌고지재 2.3km 백토재 3.8km)를 지나면서 임도를 버리고 산길로 들어서 통나무 계단을 힘들여 올라 천왕봉 정상에 올라서니 8시 46분이다.

좌표【 N 35" 09" 34.2" E 127" 51" 00.9" 】

천왕봉(602m)은 하동군 옥종면과 복천면을 경계로 우뚝 솟은 산으로 오석(검은돌) 표지석이 있고 팔각정이 있어 전망이

아주 좋아 지나온 정맥과 멀리 지리산 천왕봉까지 보이고 남쪽으로 금오산 남해안까지 사방이 헌칠하게 보인다. 정맥 단독산행은 제일 아쉬운게 사진 찍을때다 오늘도 배낭을 내려놓고 삼각대를 이용해 사진 몇판 찍어둔다. 옥산(614m)은 이곳에서 동북쪽으로 약 1km전방에 있다. 천왕봉 정상에서 잠시 쉬면서 갈증도 면하고 8시55분 출발해 내리막 능선길을 내려와 옥산분기점을 9시6분 지나간다. 분기점 이정표에 옥산1km 돌고지재 3.6km 배토재 3.5km 이며 잘나있는 능선 내리막을 한동안 내려 9시13분 안부를 지나면서 잘나있는 평탄한 길을 좌우로 오르내리며 가다 잠시 오르막을 올라 작은 봉을 넘어 다시 가파른 내리막 통나무 계단길을 한동안 내려 잘나있는 길을 걸으며 길가 돌무더기 길을 지나 청수 갈림길을 9시34분 지나간다.

 이정표에 옥산 3km 배토재 1.5km 청수1.2km이다. 마루금은 잘나있는 소나무 숲길을 내려와 묘를 지나 임도에 내려서니 9시38분이며 임도를 따라가다 이정표 백토재 0.6km 천왕봉 2.8km를 지나며 잘나있는 산길로 들어서가다 쉼터(긴의자 2개 있읍)을 지나 통나무 계단길을 내려 왕대나무숲 통나무길을 내려오는데 죽순이 여기저기 솟아나와 있다. 대나무밭 통나무 계단을 내려서니 넓은 공터에 이정표가 있다. 이정표에 낙남정맥 백토재 0.2km 낙남정맥 돌고지재 5.9km이며 좌측으로 마루금은 도로를 따라간다. 임도 오른쪽은(삼화지리산 자연 요양병원)

건물이 있으며 도로를 따라 백토재 1005번 지방도로에 도착하니 9시 43분이다.

좌표【 N 35° 08" 42.5"　E 127° 52" 43.1" 】

백토재는 하동군 옥종면에서 북천면을 넘는 1005번 2차선 지방도로 오른쪽에는 지리산자연요양병원이 있고 커다란 바윗돌에 故鄕玉宗이라 쓰인 표지석이 있다. 마루금은 낙남정맥 지도간판 뒤로 오르막을 오르며 묘를 지나면 임도가 나온다. 이곳부터는 오른쪽은 하동군 북천면 그대로이고 왼쪽은 하동군을 벗어나 사천시 곤명면을 경계로 이어진다. 마루금은 임도를 따라 능선을 오르며 오른쪽에 파란물탱크 위 원두막이 있으며 공터에서 산길로 들어서 가파른 오르막을 올라 밤나무밭 가운데

를 지나고 이정표(낙남정맥 돌고지재 6.51km 솔치 22.72km)를 지나면서 다시 임도 또 산길로 들어서 봉분은 없고 표지석만 있는 가족 묘를 지나 작은봉을 살짝 넘으면 임도변에 컨테이너 박스가 나온다. 컨테이너 박스를 지나 밭 가장자리를 가다 묘를 지나고 228봉에 올라서니 10시23분이다. 228봉을 넘어 임도 왼쪽에 배밭을 지나고 산길로 들어서 잡목 숲길을 가다 잠시쉬면서 간식을 먹고 작은 능선을 넘어 왼쪽에 밤나무단지 능선을 지나고 포장 임도에 내려서니 10시43분이다. 마루금은 포장길을 왼쪽에 두고 산길로 들어서 오르막을 오르며 작은 능선을 넘어 영천이씨 묘를 지나고 내려서니 포장도로가 나온다. (10시46분)

좌표【 N 35" 07" 50.8"　E 127" 53" 27.1" 】

이길은 사천시 곤명면 마곡리 음달마을에서 하동군 북천면 옥정리 안남골 마을를 넘는 세면 포장도로이고 오른쪽 아래 안남골 마을이 내려다 보인다. 마루금은 포장길을 지나 새로 만든 산판길을 따라 오른쪽 매실밭을 지나 대나무사이길 산판길을 지나고 능선을 가다 11시3분 다시 산판길을 가다 다시 산길로 들어서 언덕봉을 넘어 다시 산판길로 내려서니 11시10 분이다. 산판길을 가로질러 능선길로 가다 다시 산판길로 산판길을 따라 왼쪽에 매실 밭을 따라 내려가 세면 포장도로에 내려서니 11시14분이다. 마루금은 포장길을 한동안 따라 올라가다 11시19분 산길로 들어서 오르며 이곳은 나무가 없어 지나온 마루금이 한눈에 들어온다. 햇빛이 쨍쨍쬐는 오르막을 올라 삼각점이 있는 237봉에 올라서니 11시22분이다.

좌표【 N 35" 07" 28.0"　E 127" 54" 11.0" 】

　237봉 정상에는 삼각점이 있고 나무에 리본이 많이 걸려있다. 237봉을 지나 내리막을 내려 11시31분 임도에 내려섰다. 오른쪽 능선으로 올라서 소나무 숲길을 올라가 옥정봉에 올라서니 11시 41분이다.

좌표【 N 35" 07" 07.4"　E 127" 54" 38.6" 】

　옥정봉은 소나무숲에 가려 전망은 없고 새마포 산악회에서 걸어놓은 옥정봉 244m표지가 나무에 걸려있다. 동남쪽으로 오던 마루금은 왼쪽(동쪽)으로 묘를 지나며 내려서 4분후 자갈길 산판길을 건너 벌목 능선을 지나 산판길을 따르다 묘앞을 12시 2분 지나고 다시 7분후 묘앞을 지나 능선을 가다 155봉에 올라서니, 12시 16분이다.

좌표【 N 35" 07" 13.9"　E 127" 55" 50.0" 】

　155봉은 아무 표시 없다. 잠시 허리쉼을 하고 가파른 내리막길을 내려가다 절개지에서 오른쪽으로 가파른 내리막을 내려 12시26분 마곡재 철망끝 2차선 지방도로에 내려선다.

좌표【 N 35" 07" 13.9"　E 127" 56" 01.3" 】

　마곡재는 마곡리에서 봉계리를 넘는 고개로 2차선 지방 도로이며 내려온 절개지에 철망울타리가 있다. 마루금은 마곡쪽으로 10여미터 전방에 이정표가 있으며 이정표에←낙남정맥 돌고지재12.91km→낙남정맥 솔치고개 16.32km이며 입구에 버려져 있는 돌이 많이 있다. 시장기가 들어 이곳 돌위에서 전을 펴고 점심을 먹고 12시48분 출발해 가파른 오르막을 올라 9분 후 분기점에서 오른쪽으로 내려 능선을 가다 갈림길에서 왼쪽 길을 가야 하는데 오른쪽으로 내려가다 다시 빽페스하여 10여분 소모하고 다시 길을 찾아 능선길을 내려서 넓은 세면 포장 공터에 내려서니 1시30분이다. 이정표에←낙남정맥 돌고지재 14.21km→낙남정맥 솔치고개 21.22km로 되어 있다. 마곡고개 이정표에는 솔치고개가 16.32km로 되어 있는데 1.3km 더 왔는데 21.22km는 잘못된 이정표다. 마루금은 공터를 지나면서 포장길을 따르며 철로굴다리를 통과해 오른쪽 폐가를 지나 2번국도 아래를 따라가다 쇠줄 차단기를 지나 2번국도 다리발 아래를 통과해 송림 버스정류장에 도착하니 1시38분이다

좌표【 N 35" 06" 47.9" E 127" 56" 45.0" 】

　송림 버스정류장 바로 옆 철로 굴다리 통로를 나와 2분후 오량동마을 정자나무 삼거리를 지나 마을 고삿길을 가다 마을 끝에서 산길로 들어서며 오른쪽 폐축사를 지나 묘를 1시45분 지나며 산길로 들어서 2분후 포장도로를 건너 가파른 오르막을 올라 헬기장에 올라서니 1시53분이다. 헬기장을 지나 다시 오르막을 오르며 201봉을 2시1분 지나 능선길을 가다 작은봉(묘가 있는

봉)에서 왼쪽으로 내리막을 약간 내려 묘군앞을 지나 능선길을 한동안 가다 다시 임도에 내려서 가다 2시17분 다시 산길로 들어서 오르막을 올라 245.5봉에 올라서니 2시 28분이다.

　　　　　　좌표【 N 35" 05" 51.7"　E 127" 57" 05.7" 】

　마루금은 245.5봉에서 약간 왼쪽으로 내려오면 2분후 쌍분묘가 있고 묘 옆에 컨테이너 건물이 있으며 산판길 임도에 내려선다. 임도를 따라가다 산길로 들어서 154kv 53번 찰탑을 지나고 능선길을 가다 잠시쉬면서 피로를 풀고 왼쪽 사면길(비탈길)을 한동안가다 154kv52번 철탑을 3시5분 지나면서 철탑 오른쪽으로 능선 오르막을 올라 4분후 무명봉을 넘어 능선길 잡목숲길을 이리저리 헤치며 가다(嘉善大夫曲阜孔公之墓)묘를 지나 산성산 239봉에 올라서니 4시29분이다.

좌표【 N 35" 05" 45.2" E 127" 57" 30.2" 】

239봉 산성산은 성터가 조금 있고 다른 표시가 없으며 리본만 여러개 달려있다. 잠시 쉬면서 간식도 먹고 피로를 풀고 가야할 능선을 가름해보고 4시 10분 출발해 잠시 가파른 내리막을 내려 묘는 없고 망두석 한개가 서있는 곳 안부를 지나 잡목숲 능선길을 한동안 가다 가파른 오르막을 올라 224봉에 올라서니 4시41분이다. 224봉에는 나뭇가지에 리봉이 주렁주렁 걸려있고 지나온 마루금과 가야할 능선이 왼쪽 건너편으로 보인다. 224봉을 지나 내리막을 약간 내리며 능선을 가다 8분후 왼쪽(북쪽)으로 내리막을 내려 다시 오르막을 올라 삼각점이 있는 사립봉에 4시55분 올라선다.

좌표【 N 35" 04" 56.9" E 127" 58" 19.5" 】

사립봉에는 삼각점이 있고 전망이 좋아 가야할 능선과 왼쪽 올라온 능선이 보인다. 마루금은 약간 왼쪽으로 가파른 내리막을 한동안 내려와 안부 임도에 내려오니 5시2분이다. 마루금은 산판길을 따라 오르막을 올라 계속해서 산판길을 따르다 왼쪽 작은봉에 잠시 올라갔다 다시 내려와 임도를 따르다 다시 작은봉 다시 임도를 번복하며가다 오른쪽에 교회 폐 관사를 5시17분 지나고 잠시 후 임도는 왼쪽으로 가고 마루금은 오른쪽 봉을 올라 지름길로 내려가 안부를 지나고 다시 임도를 따라 능선 오르막을 올라 5시26분 민가를 지나간다.

좌표【 N 35" 05" 32.4" E 127" 58" 46.8" 】

이곳 민가는 2007년 8월26일 1차 때는 이집앞에서 할머니한 분이 채소를 다듬고 있었던 생각이 난다 지금은 언제부터인가 빈집으로 마당에 잡풀이 무성하며 왼쪽 언덕위에 파란 물탱크 2개가 놓여있다. 민가(빈집)을 지나고 임도를 따라가다 오른쪽에 조경(나무를 가꾸는 곳) 사업장 길을 따르다. 능선길 검정비닐하우스 앞으로 올라가니 길이 없다 다시 내려와 오른쪽 산판길을 따라 내려오다 (주, 해동조경 보성조경,주)입간판을 5시37분 지나며 도로에서 보니 아무래도 잘못 내려온 것 같아 길을 찾아봐도 능선길은 전혀 보이지 않는다. 다시 조경지를 올라가 능선

에 올라 이곳저곳 찾아봐도 길이 없어 다시 내려와 15분가량 소모하고 입간판앞 임도를 따라 내려가는데 마침 승용차한대가 내려와 길을 물으니 그쪽에는 길이 없으니 자기가 딱밭골재 도로를 지나가니 태워 준다고 한다. 이분은 진주시 칠암동에서 주식회사 청산조경을 경영하시는 강선도 사장님이시다. 승용차로 조금 내려와 18번지방도 따밭골재에 도착하니 5시58분이다. 도로를 따라 내려와도 벌써 내려왔을 시간이다. 강선도사장님 내가 진주까지 간다고 하니 진주터미널까지 태워준다고 한다.

좌표【 N 35" 05" 51.4"   E 127" 58" 59.4" 】

딱밭골고개는 곤명면 성방리에서 곤양면 묵곡리로 곤양 소재지로 이어지는 18번 지방도로가 지나가며 왼쪽(남쪽) 철망 울

타리로 되어있고 마루금은 과수원을 통과해야 하는데 (1차때는 과수원을 통과하였음)고개아래 딱밭골쪽에 이정표가 있다. 초입을 확인하고 진주에오니 6시50분경이다. 강선도 사장님 고맙게도 터미널 앞에 내려줘 고맙다는 인사를 하고 우선 목욕탕에서 샤워를 하고 버스터미널에서 8시10분 버스로 부산도착 부산 사상터미널에 도착하니 9시30분이다. 송도 집에 오니 10시 오늘은 진주 강선도 사장님의 배려로 1시간가량 빨리 왔다. 오늘도 집사람 기다리며 그래도 빨리 왔다고 격려해준다.

제2차 낙남정맥 단독종주 4구간

딱밭골재 : 경상남도 사천시 곤명면 서방리 딱밭골재
새동고개 : 경상남도 진주시 문산읍 두산리 새동고개
도상거리 : 딱밭골재 29km 새동고개
실지거리 : 딱밭골재 30.5km 새동고개
소요시간 : 딱밭골재 12시간34분, 새동고개
이동시간 : 딱밭골재 11시간 39분, 새동고개

딱밭골재 출발 6시 16분, 205봉 6시 28분, 외딴집 6시 38분, 183봉 6시 42분, 선덜재 7시 14분, 철탑봉 7시 28분, 공원묘지190,5m 돌탑봉 7시 45분, 솔치 8시 36분, 외딴집 8시 48분, 태봉산 9시 23분, 2번국도 9시 54분, 128봉 10시 9분, 유수교 10시 36분, 통신시설물 10시 53분, 포장임도 11시 40분, 1049번 지방도 12시 3분, 황토방삼거리 포장도로 12시 43분, 임도삼거리 1시 48분, 실봉산 2시 05분, 체육시설 2시21분, 외딴집 3시 36분, 화원마을 3시 39분, 화원마을입구국도 3시 49분, 화봉산170m 4시 25분, 모산재 4시 45분, 신설도로 굴다리 5시 0분, 6번철탑봉 5시 30분, 산불감시초소 6시 05분, 죽동고개 6시 14분, 외딴집 6시 43분, 새동재 도착 6시 48분

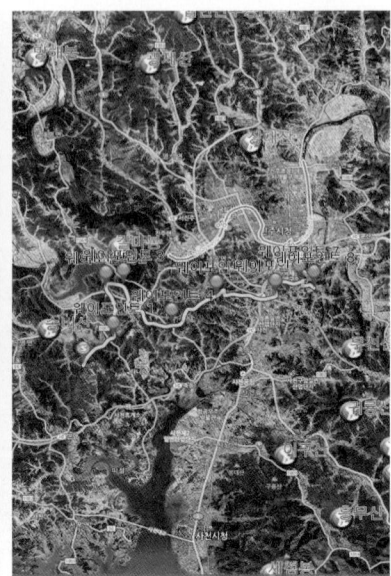

2015년 6월 7일 맑음

　낙남정맥 제2차 4구간은 거리가 멀다. 6월6일 저녁밥을 먹고 사상 터미널에서 9시5분 버스로 진주터미널에 도착하니 10시 25분이다. 숙소를 정하고 숙소에서 내일 일을 생각해서 일찍 잠자리에 든다. 아침4시반에 일어나 산행준비를 하고 5시20분에 숙소를 나와 기사식당에 와보니 아직 식사준비가 안되어 오늘은 24시 분식점에서 김밥과 라면으로 아침식사를 하고 택시로 (25,000원)딱밭골재에 도착해 기사에게 부탁해 사진한판 찍고 6시16분 산행에 들어간다.

좌표【N 35" 05" 51.4"　E 127" 58" 59.4"】

　산행 초입은 고개에서 딱밭골쪽으로 철조망 끝에 있다. 보통 딱밭골재에 내려오면 진입로를 못찾아 우왕좌왕하다 고개 과수원집을 지나 오르는데 나도 1차때는 과수원집을 지나 길을 못찾아 헤매던 기억이 난다. 오늘은 지난번 하산하여 차를 타고 가면서 이정표를 보고 초입을 알아 놓았으나 전임자들에 말로는 길이 없어 고생을 했다고 해서 걱정이 되지만 초입길은 희미하지만 잘 나타난다. 산행에 들어가 오르막을 오르며 5분후 경주김씨 묘를 지나고 가파른 오르막을 올라 205봉에 올라서니 6시28분이다. 산 정상은 아무 표시도 없고 크레인으로 길을 만들려고 파헤쳐 놓았다. 마루금은 약간 오른쪽으로 임도를 따라간다. 임도를 따라가는데 경고문에(사천시 곤양면 목곡리 산40번

지 내에 다수의 산양개가 있으니 무단출입하여 사냥개한테 물려도 주인이 책임지지 않음을 경고합니다.

　일신농원 주인 (010-2298-4645)라 쓰여 나무에 걸어놓았다. 선임자들도 이곳을 지나면서 때로는 통과를 못하고 나도 1차때는 길을 못찾아 해매다 이집을 지날때 도둑놈 취급을 당하며 일행들과 같이 되돌아가라는 말을 들은 생각이 나며 사양개가 많으니 조심하라니 아찔한 생각이 든다. 그래도 집 주소와 전화번호까지 적어 놓았다. 그래도 아침이고 혼자라 별일이 있을까 하고 임도를 따라 내려가니 아니나 다를까? 여러마리의 개들이 마구 짖어댄다. 혹시나 집 주인이 나올까 두렵지만 개들을 살살 달래며 집앞을 지나는데 소름이 끼치지만 아무일없이 집 마당을 지나고 철망문 입구에 나오니 안도의 숨이 쉬어진다. 6시38분 굳게 닫쳐 있는 문옆으로 나와 포장길을 따른다. 마루금은 집옆에 숲길로 들어서야 하는데 혹시나 산길로 들어서면 집주인 눈에 띨까 봐 바로 이집을 지나는게 솔선무다. 선임자들도 대부분 도로를 따른다고 한다. 포장도로를 따라가며 왼쪽에 거대한 물탱크를 지나고 함안조씨 묘를 지나는데 1차때 이곳에서 쉬어간 일이 생각난다. 도로를 따라 가다 6시42분 도로 오른쪽 산길로 들어서 가며 허술한 함양조씨 진양강씨 쌍분묘를 지나고 183.6봉에 올라서니 6시48분이다.

　　　　　좌표【 N 35" 06" 19.1"　E 127" 59" 13.6" 】

183.6봉에서 가파른 내리막을 내려 안부를 지나면서 잘나있는 길을 오르락 내리락 가며 철탑을 7시8분 지나 내리막을 내려 선덜재 1001번 지방도로에 내려서니 7시 14분이다.

좌표【 N 35" 06" 45.0" E 127" 59" 57.0" 】

이도로는 옛날부터(1차때)1001번 지방도로였는데 지금은 공사중이고 산짐승 통로를 만들고 한참 공사중이다. 이도로는 사천시 공양면 홍사리에서 사천시 곤명면 작팔리 2번 국도로 연결되는 도로인데도 아직도 대형차량은 다닐 수 없다. 마루금은 수로를 따라 오르다 수로 중간 지점에서 산길로 들어서 가파른 오르막을 오르며 7시21분 기독교인 집사 김차봉 권사 석상녀 묘를 지나 가파른 오르막을 한동안 올라 철탑봉을 7시28분 지나 내리막을 내리다 3분후 넓은 공터를 지나며 임도(산판길)를

따라간다. 지금까지 오른쪽은 사천시 곤양면을 따르다 철탑봉을 지나면서 오른쪽은 사천시를 벗어나 진주시 내동면과 왼쪽은 사천시 곤명면을 경계로 진행한다. 오른쪽에 공원묘지를 따라 임도를 오르면 수녀 동상이 나온다. 7시39분 수녀상을 지나고 도로를 따라가면 오른쪽 아래 쉼터가 나오고 거대한 삽자상이 나온다. 마루금은 도로를 따라 올라가면 190.5봉이다. 정상에 돌탑이 있는데 선임자에 의하면 삼각점이 공원묘지를 만들면서 삼각점 부분만 남겨놓아 둘레를 탑으로 만들어 놓았다고 한다. 삼각점을 보려면 돌탑을 올라가야 한다고 하는데 대부분 그냥 지나간다. 마루금은 임도 삼거리에서 왼쪽 진주 성남교회 묘원 화살표 방향으로 내려가 8묘원 1블럭을 오른쪽에 두고 7시50분 진주성남교회 묘원 커다란 표지석 위로 올라가 공원묘지 2블럭 오른쪽끝에 리봉이 걸려있고 정상은 오를 수가 없다. 묘원끝에서 오른쪽으로 내리막을 내려와 능선을 오르내리며 잘 나있는 등산로를 따라 한동안 가다 158봉에 올라서니 8시25분이다. 서쪽으로 오던 마루금은 동북쪽으로 내려가다 북으로 내리막을 내리며 왼쪽 건너편 산중턱에 진양호 캐리비안스파 커다란 건물을 보며 수로를 따라 내려와 이정표가 있는 솔치 2번 국도에 내려서니 8시36분이다.

좌표【 N 35" 08" 40.5" E 127" 49" 48.3" 】

이정표에 돌고지재 28.98km 솔티고개 0.25km로 되어있고 진양캐리비안스파 진입로에 간판이 있으며 2번국도 건널목을 건너 왼쪽(완사쪽)에 SK주유소를 지나면 약국옆에 연평마을 표지석이 있다. 마루금은 옥여봉 이정표로 올라야 하는데 1차때 올라가다 이길은 옥녀봉 가는길이고 정맥길이 없어 다시 내려와 연평마을가는 도로를 따라갔고 대부분 선답자들도 이길을 갔다고 한다. 한우 육돈집앞을 지나 도로를 따라 3분후 고속전철 터널 위를 지나 8시48분 빨간벽돌

2층집을 지나 오른쪽 등산로를 올라간다.

마루금은 애향(愛鄕)표지석 앞에서 등산로를 따라 오르면 여산송씨 묘앞을 지나 계속해서 오르막을 올라 능선에 올라서 왼쪽으로 오르며 面長晋州鄭氏묘 뒤를 넘으면 왼쪽에 밤나무 밭을지나 가파른 오르막을 한동안 올라 무명봉에서 마루금은 오른쪽으로 이어지며 이곳부터는 왼쪽도 곤명면을 벗어나 진주시 내동면에 들어간다. 내리막을 한동안 내려 안부를 지나며 왼쪽에 진양호를 나무숲사이로 보아가며 오르막을 한동안 올라 삼

각점이 있는 태봉산에 올라서니 9시32분이다.

좌표【 N "35" 08" 37.6" E 128" 00" 31.0" 】

　태봉산은 성터로 되어있으며 삼각점이 있고 새마포산악회에서 걸어놓은 태봉산190m 표지가 있다. 주위는 숲에 가려 전망은 없고 무너진 성터자리만 있다. 마루금은 태봉산을 지나면서 오른쪽으로 내리막을 내리며 잘나있는 등산로를 따라 한동안 내려와 포장임도를 따라 왼쪽에 철길 터널입구를 지나 2번국도에 내려서니 9시54분이다. 마루금은 구도로를 따르다 고가도로 아래서 오른쪽 박家네 가든 20m 화살표 방향으로 수로를 따라 올라간다. 안내판에 박家네가든이 20m로 되어있는데 올라가봐도 집은 없고 수로를 따라가다 왼쪽 산길로 들어서 무명봉에서 왼쪽 (동쪽)으로 능선을 가며 오르막을 올라 128봉에 올라서니 10시9분이다. 128봉은 전망이 좋아 지나온 공원묘지가 바로 건너편에 보이고 아래로 가화천이 보인다. 능선을 오르내리며 가다 묘를 지나 내리막을 내려 파란 물통을 지나고 묘목농장을 지나면 포장도로가 나오는데 넓은 공터에 승용차가 2대있다. 포장길을 건너 산판길을 따라 묘목 농장을 지나 밭 가장자리를 지나면 왼쪽에 철망을 따라가다 포장길이 나오면 포장길을 따라간다. 포장길을 따라가다 마루금은 직진이고 포장길은 왼쪽으로 내려간다. 길가 뽕나무에 오디가 많이 열려 있어 아무리 바쁘더라도 오디를 따먹고 직진으로 내려가야 하는데 길이 표시가 안나 포장길을 따라 내려와 감나무 과수원집을 지나 내려서니 유수교 1049번 지방도로다.

좌표【 N 35° 07" 47.6" E 128° 01" 12.4" 】

유수교 1049번 지방도로는 사천시 축동에서 진주시 내동면 2번국도로 연결되는 도로이고 유수교 입구 오른쪽 도로는 진주 내동 공원묘지 가는 길이다. 가화강은 낙동강 다목적 수치사업의 일환으로 남강댐이 준공되며 1970년 대 규모 인공 호수 진양호가 만들어졌다. 진양호 저수량은 3억1천만톤으로 1만 4천kw의 발전시설과 남강주변의 농경지의 관계용수와 진주와 사천의 상수원으로 사용된다. 진양호의 물줄기는 남강댐을 통하여 진주 함안 의령등 남강 일대를 거쳐 남지에서 낙동강과 합류하여 낙동강 하구원에서 바다로 유입된다.

저수량이 풍부한 남강 유역은 가뭄 걱정없이 넓은 곡창지대를 이룬다. 하지만 장마철에는 진양호의 수위를 조정하여 방류하기에 지대가 낮은 진주시와 남강유역은 물론 낙동강 하류까지 침수피해를 줄 수 있다하여 남강댐은 남강 방류의 수문외에 홍수량 조절을 위해 또 다른 수문을 만들어 고도가 낮은 낙남정맥을 인위적으로 잘라 또 다른 수로를 만들어 최단거리로 바다에 방류해 저수량을 조절하는 제수언시설(制水堰施設)로 가화강을 통하여 사천만으로 흘러간다. 이로 인해 진양호 방수를 위해 낙남정맥 산줄기를 인위적으로 끊어 가화강을 만들어 유수교를 지나며 맥이 끊겨 섬 아닌 끈긴 맥으로 이어진다. 유수교는 1996년 12월 27일 공사를 시작해 2001년 8월 11일 완공되어 정맥 종주자들이 맥이 아닌 수로 위 다리를 건너야 한다. 유수교가 건설되기 전에는 가화강을 건너는데 고생을 하였다는 선임자들도 있다. 마루금은 유수교를 건너 버드나무 캠핑장으로 캠핑장 철망울타리를 따라가다 컨테이너 박스를 지나 감나무 과수원 농가를 지나 왼쪽 능선으로 올라가며 맥을 이어간다. 오르막은 대나무 숲을 한동안 오르는데 죽순이 많이 자라고 있다. 대나무 숲길을 올라 통신 시설물(스피카가 많음)에 올라서니 10시53분이다. 시설물 철망 울타리에 수십개 리봉이 걸려있고 사방으로 여러개의 스피카가 설치되어 있다. 마루금은 시설물을 지나 오르막을 오르며 왼쪽 밤나무단지에 설치한지 감전시설물을 전기줄를 따라 계속 오르막을 올라 171봉에 올라서니 11시 8분이다.

좌표【 N 35" 07" 17.7" E 128" 01" 29.6" 】

왼쪽은 밤나무 단지로 감전 시설물을 설치해 오르막을 오르는데 전기 시설때문에 방심하여 잘못하면 전선을 잡을수도 있다. 감전위험이 있으니 주위해서 올라야 한다. 잠시 쉬며 간식을 먹고 11시23분 출발해 내리막을 전선을 따라 내려오다 산판길을 만나면서 밤나무 단지 전선시설은 왼쪽으로 이어지고 11시30분 마루금은 직진으로 매실나무 아래 샛길을 올라가는데 길가에 떨어진 매실이 늘비하다. 11시36분 매실밭을 벗어나 산판길을 따라가다 11시40분 포장길을 만나며 이정표(낙남정맥 와룡산 9.41km 낙남정맥 솔티고개 6.9km)를 지나며 숲길 능선으로 들어서 오르막을 올라 105봉에 올라서니 11시46분이다. 105봉을 지나 잡초와 가시밭길을 해치고 내리막을 한동안 내려 물통 두개 있는 곳에서 새로 개간한 밭가장자리를 지나 감나무 농장을 지나는데 쉼터에(산행에 피로회복제 무농약 감 말랭이 판매중 500g에 만원, 항상 건강하시고 행복하세요 010-2831-1207 태지농원)표지가 나무에 걸려있다. 가을철에는 이곳에서 감 말랭이 판매를 하는 모양인데 지금은 사람은 보이지 않고 왼쪽 이래 농가에서 개짓는 소리만 들린다. 감나무 농장을 지나고 임도 오르막을 올라 커다란 파란물통 3개를 지나 매실나무 농장을 지나 1049번 지방도로에 내려서니 12시3분이다.

　이도로는 유수교에서 지나온 1049번 지방도로로 상수도 시설물이 있고 이정표(낙남정맥 솔티고개 7.72km 낙남정맥 와룡산 8.02km)가 있다. 마루금은 도로를 건너 언덕을 올라서면 넓은 공터에서 공터끝에 표지기가 많이 걸려있으며 숲길로 들어서 오르막을 올라 12시9분 여양진씨(學生驪陽陳公之墓)묘를 지나 4분후 왼쪽에 묘목지 산판길을 따르다 표지기가 많이 걸려있는 곳에서 산길로 들어서 오르막을 오르내리며 128봉을 12시22분 지나고 내리막 능선을 오르내리며 감밭 사이 산판길을 따라 한동안 내려가 포장도로에 내려서니 12시43분이다.

　포장도로 삼거리 이정표에 낙남정맥 솔티고개 8.82km 낙남정맥 와룡산 7.52km이며 삼거리로 오른쪽 길은 상탑마을에서

왼쪽은 유수역으로 이어지며 직진으로 햇살농원을 지나 내동면을 넘는 포장길이다. 마루금은 황토찜질방 간판을 지나 외딴집 앞을 지나간다. 1차때는 집 주인은 없고 수도꼭지에서 물을 보충하고 소나무아래 평상에서 쉬어간 기억이 난다. 오늘은 수돗가에서 아주머니가 상치를 씻고 있다. 이집 뒤로는 널따란 과수원이다. 도로를 따르다 오른쪽 햇살농원 간판을 지나고 이정표(낙남정맥솔티고개 9.55km 낙남정맥 와룡산 6.78km)를 지나면서 잠시 왼쪽 능선으로 올라 면장 진주강씨 묘를 12시50분 지나고 잠시 능선에 올라섰다. 다시 포장길로 내려서 오르막을 오르다 8부능선에서 포장길은 왼쪽으로 가며 오른쪽 숲길로 들어서 오르막을 올라 무명봉에 올라서 북으로 오던 마루금은 오른쪽(동쪽)으로 내리막을 내려 안부를 지나며 왼쪽에 포장길을 보면서 늦었지만 1시8분 점심을 먹고 1시28분 출발하여 소나무숲길을 오르며 개복숭아 나무에 개봉숭아 열매가 주렁주렁 달려있는데 시간이 없어 따지 못하고 오르막을 올라 179봉에 올라서니 1시40분이다. 동으로 오던 마루금은 179봉을 지나며 왼쪽(북쪽)으로 내리막을 내려가 포장 임도에 내려서니 1시46분이다 포장도로를 따라 2분후 이정표를 따라 직진으로 실봉산 숲길로 들어서 가며 왼쪽 포장길은 내동 해돋이 쉼터로 연결되며 오른쪽은 정촌 심대마을로 가는 길이다. 이 포장길은 2000년도 내동 독산지구에서 신설했으며 연장 1.16km로 시행청 진주시청 시공자 진주산림조합에서 만든길이다.

조표【 N 35" 08" 02.6" E 128" 03" 33.1" 】

실봉산 이정표를 따라 숲길로 들어서 능선 오르막을 가다 급경사 오르막을 한동안 올라 심봉산 정상에 올라서니 2시 5분이다.

좌표【 N 35" 08" 17.10 E 128" 3" 56.82" 】

실봉산 정산에는 삼각점이 있고 삼각점을 알리는 표지판이 있으며 스텐래스 판에 실봉산 정상 팻말이 있으며 전망이 좋아 내동면 2번국도 진주시가지가 내려다보인다. 북으로 오던 마루금은 오른쪽(동쪽)으로 방향을 틀어 묘를 지나고 내리막을 잠시 내려 산판길을 따르다 약간에 오르막을 올라서보니 1차때는 두름밭이 있었는데 매실나무를 심어놓았다. 이정표(←실봉산정상

해돋지쉼터→)를 지나 체육시설이 있고 정자가 있으며 제석(제를 지내는 상석)도 있고 사방이 확트여 진주 시가지와 사천시가지 사천와룡산과 문산에 장군대산 멀리 함안에 오봉산 어항산 서북산이 파노라마처럼 펼쳐져 보이며 서북쪽으로는 지리산 능선이 펼쳐져 보인다. 잠시 정자에서 쉬며 갈증도 면하고 이리저리 사진도 찍고 출발한다. 마루금은 체육시설 입구로 나와 포장길을 한동안 내려 사거리에서 오른쪽으로 내려가야 하는데 이정표(←낙남정맥 실봉산 ↑산강마을 ↓함촌마을 낙남정맥 화원마을→)화살표를 보고 임도를 따라가다 길이 잘못된 것을 확인하고 능선에 다시와 찾아봐도 길이 없어 사거리에 오니 오른쪽 숲속에 리본을 확인하고 능선 비탈길로 숲속길을 따라 묘를 지나면서 능선으로 접어들어 잘나있는 능선길을 좌우로 오르락 내리락 하며 3시26분 산판길에 내려서 산판길을 지나며 오른쪽에 감나무 농장을 지나며 내리막 능선을 가다 왼쪽 아래로 통영대전간 고속도로를 내려다보며 왼쪽에 개간하여 매실나무를 심은 곳을 내려와 오른쪽에 집 한 채가 있고 집 아래 포장길이 나온다. 3시32분 마루금은 포장길을 가로질러 새로 확장한 산판길을 따라 올라가 민가 앞을 3시36분 지나고 산판길을 가다 다시 숲길로 들어서 내리막 능선을 가다 3시39분 김해김씨(學生 金海金公容億 孺人晉陽姜氏之墓)묘를 지나고 잘나있는 능선 내리막을 내려와 화원마을길에 내려오니 왼쪽에 금채연밥집이

나온다. 1차때는 임도를 따라 내려와 화원삼계탕집 앞으로 내려 왔는데 능선으로 내려오니 마을길로 바로 내려온다.

좌표【 N 35° 08" 16.5" E 128° 05" 47.3" 】

 마루금은 왼쪽으로 도로를 따라 오다 연못옆 놀이터를 지나 고속도로 굴다리를 통과해 왼쪽으로 올라서면 화원마을 표지석이 나오고 진주 사천간 3번국도 건널목을 건너 오른쪽에 중앙휀스철망 건물을 거처 송담추어탕 화살표를 따라 굴다리 두개를 지나 굴다리 끝에서 왼쪽으로 고속도로 옆길을 따라 올라가면 컨테이너건물과 과일밭을 지나 내리막을 내려서면 마을에서 왼쪽으로 굴다리를 통과하며 벽돌집이 나온다. 이곳굴다리는 길이가 길어 굴다리 속에서 시원하여 간식을 먹고 굴다리를 나오니 외딴집에서 개떼가 왕왕거리며 짖어댄다. 마루금은 집앞에서 오른쪽으로 밭둑을 따라가다 언덕에서 숲속길을 올라가는데 정맥군들만 다니는 길이라 잡풀 가시넝쿨 들이 자라서 길이 잘 안보이며 오르막을 잡풀을 헤치며 한동안 올라가 화봉산(170m) 정상에 올라서니 4시25분이다. 잠시 허리쉼을 하고 내리막을 내리며 김해김씨 종조단(姜陵金氏宗租壇)묘역을 지나 마루금은 북쪽으로 방향을 틀어 모산재에 내려서니 4시31분이다.

좌표【 N 35" 08" 39.7" E 128" 06" 29.7" 】

마루금은 도로를 건너 오르막을 오르며 4시39분 사각돌 묘에 문이 달리고 비석(景蓮堂 居士李公之墓)을 지나고 2분후 김해김씨 묘를 지나 우거진 잡풀을 헤치며 내려가 밭둑을 지나 매실농장를 지나 철탑봉에 올라서니 4시45분이다. 철탑을 지나 내리막을 내려 오다보면 과수원 파란망 울타리를 따라 가다 길이 없어지고 과수원에서 길을 막아놓았다. 이리저리 해매다 오른쪽으로 잡풀 속에 사람 다닌 흔적이 있어 찾아

내려오니 새로 만드는 도로 아래 굴다리가 나온다. 5시에 굴다리를 통과해 왼쪽으로 포장길을 따라 올라가 고개에서 오른쪽으로 밭둑을 돌아 잡풀을 헤치며 올라가 작은봉을 넘어 내려가면 포장길옆에 허술한 집과 원두막을 지나가 자그마한 집을 지나면서 왼쪽 능선으로 올라야 하는데 길이 없고 산판길을 따라 올라가 능선에서 북쪽으로 오던 마루금은 오른쪽(동쪽)으로 올라가 임도 왼쪽이 와룡산 정상이다. 와룡산 삼각점은 오른쪽에 있다고 하는데 길이 없어 산판길을 따라 대나무 숲길을 한동안 가다 5시27분 인동장씨 묘원앞을 지나 다시 대나무숲길을 가다 왼쪽에 철탑을 지나고 내려서며 삼거리에서 왼쪽길로 들어서 임도를 따라가며 왼쪽 감나무 농장을 지나 포장 임도를 따라가며 민가를 지나고 감나무밭 가운데 길을 올라 쌍분묘를 지나 통신전선줄을 따라 올라가 감나무 농장 작은봉을 넘어 능선을 가며 파란 민가를 지나 포장임도를 따라가다 갈림길에서 직진으로 오른쪽 과수원옆길 오르막을 한동안 올라 산불감시초소에 올라서니 5시 53분이다. 산불감시초소는 전망이 좋아 문산일대 진주시가지와 새로 건축되는 진주고속전철역이 내려다보인다. 마루금은 오른쪽으로 밭뚝을 따라 가다 외딴집 오른쪽 능선길로 내려가니 도로공사를 하느라 절개지가 나오며 동물 통로를 만드느라 건설중이고 길이 없어 절개지를 건너 감나무 밭을 지나 포장임도에 내려서니 6시14분이다.

　마루금은 왼쪽으로 20여미터 가다 오른쪽으로 미송사 화살표와 등산로입구 화살표를 따라가다 삼거리에서 직진은 미송사 가는길이고 왼쪽 도로를 따라가며 철탑을 지나 과일농장 민가와 창고를 6시43분 지나 새동래 마을 뒤에 도착하니 6시48분이다. 길가 밭에서 아주머니 한분이 밭에 풀을 매고 있다. 아주머니한태 물어보니 마을아래 버스가 지나간다기에 오늘은 이곳에서 마무리하기로 하고 112봉 오르는 진입로를 찾아놓고 내려와 아주머니와 같이 마을로 내려와 집에 들려 시원한 냉수를 얻어먹고 버스정류장에 와서 버스를 기다리다 지나가는 1톤차가 있어 손을 들어 사정을 이야기하니 개양 오거리까지 간다며 타라고 한다.

이분들은 60대중반으로 보이며 농장에서 일을 하고 간다며 고맙게 개양오거리에 내려주신다. 오거리에서 경상대방면 대영사우나에서 사워를 하고 개양 오거리에서 8시20분 부산행 버스로 사상터미널에 도착하니 9시30분 집에 오니 10시가 넘었다. 다음 에는 진주로 가서 고성권에 들어가 이제는 진주권은 완전히 벗어난다. 이제는 야산구간으로 수월한 반면 잡풀이 많아 어렵게 진행해야 한다. 집사람 오늘도 고생했다고 격려해준다.

제2차 낙남정맥 단독종주 5구간

새동고개 : 경상남도 진주시 문산읍 두산리 새동고개
부련이재 : 경상남도 고성군 상리면 고봉리 부련이재
도상거리 : 새동고개 22km, 부련이재
소요시간 : 새동고개 10시간 46분, 부련이재
이동시간 : 새동고개 9시간 53분, 부련이재
새동고개 6시 10분, 젓소축사 6시 23분, 계리재 7시 01분,
진주축협 7시 14분, 170,1봉 7시 33분, 217봉 7시 51분,
봉전고개 6번국도 8시 29분, 무선산 8시 56분, 돌창고개 10시 13분,
돌창고개 이정표 10시 28분, 임도 11시 37분, 임도사거리 12시 06분,
쉼터 12시 42분, 귀룡산 어정산 1시 22분, 310봉 헬기장 1시 51분,
삼배마을 삼거리 2시 04분, 객숙치(봉) 2시 54분, 봉대산 3시 39분,
양전산 4시 29분, 부련이재 4시 43분

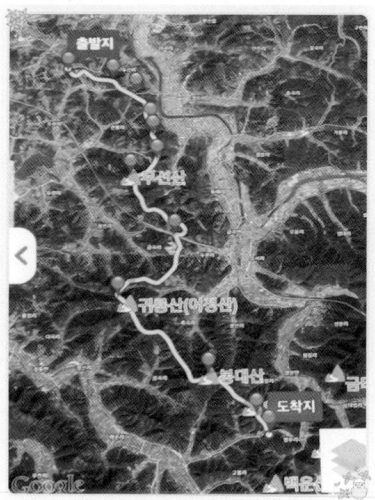

2015년 6월 14일 맑은 후 오후 약간 소낙비

　오늘도 낙남 5구간을 종주하기 위해 저녁을 먹고 사상 터미널에서 8시40분 버스로 진주터미널에 도착 드림모텔(055-745-8677)에서 자고 아침 일찍 일어나 기사식당(055-747-9074)에서 국밥 한그릇을 먹고 출발해 정촌 새동래에 도착하니 6시5분이다. 지난번 마친 진입로 입구에서 산행준비를 하고 6시10분 산행에 들어간다. 산행초입은 산판길을 따라 왼쪽 감나무 농장을 따라 올라가다 112봉에 올라서니 6시16분이다. 112봉을 넘어 왼쪽 감나무밭 농장을 따라 내려가 임도를 만나 임도를 따라 내려가 2차선 도로에 내려서니 6시23분이다.

　　　　　좌표【 N 35"08" 30.29"　E 128" 08" 13.39"】

　2차선 지방도로는 문산읍 두산리에서 정촌면 관동리를 넘는 고개로 두산리쪽(왼쪽)에 젖소축사가 있고 마루금은 도로를 건

너 농장입구 차단기를 지나 컨테이너박스 옆으로 올라가다 오른쪽 과수원집 민가로 올라 집앞을 지나면서 감나무밭 가운데로 올라가 작은봉을 넘고 잡풀을 헤치고 나가면 다시 감나무밭을 지나 작은봉들을 오르락내리락 몇 개 넘어 잘자란 소나무밭 가파른 내리막을 내려 2차선 郡道 계리재에 내려서니 7시1분이다. 이구간은 감나무 밭이 많다. 계리재는 2차선 도로가 정촌면 관봉초등학교에서 금곡면 계리교를 넘는 고개로 이정표에 ←낙남정맥 실봉산 10.9km 낙남정맥 무선산 4.4km→로 되어있고 마루금은 도로를 건너 나무계단으로 이어진다.

좌표【 N 35" 08" 07.7" E 128" 09" 12.0" 】

　2차선 도로를 건너 절계지 나무계단을 올라 가파른 능선을 한동안 올라 무명봉을 7시6분 넘고 내리막을 내리며 왼쪽에 농장 철망울타리를 따라 내려와 7시11분 오른쪽 문산 배수지 앞 도로에 내려서 2차선 도로를 따라 진주 축협앞에서 능선으로 마루금은 이어지나 과수원 농장에서 길을 막아 마루금은 도로를 따라 문산쪽으로 내려가다 농장 끝에서 오른쪽 산길로 들어선다. 7시15분 도로옆 오른쪽 산길로 들어서며 잡풀 가시길 오르막을 오르며 농장 옆길 울타리를 따라 올라 능선끝에서 작은봉을 넘으면 왼쪽에서 오르는 포장 임도를 보며 작은봉을 넘어 임도를 따르다 왼쪽에 감나무밭 갓길을 올라 작은 봉을 살짝 넘어 오른쪽에 임도 갓길을 따르다 능선으로 올라서 삼각점이 있는

170봉에 올라서니 7시24분이다. 내리막을 내리며 함안이씨(孺人咸安李氏)묘를 지나 임도를 오른쪽에 두고 오르막을 한동안 올라 잘나있는 능선길을 오르락내리락 소나무 숲길을 지나 166봉을 7시49분 지나고 소나무 능선 내리막을 내려 안부를 지나고 다시 오르막을 올라 8시2분 217봉을 넘어 잠시 내려갔다 오르막을 올라 225봉에 올라서니 8시22분이다. 마루금은 왼쪽으로 내리막을 내려가며 4분후 고압철탑(154kv 사천-개양 T/L. NO 24번)을 지나고 가파른 내리막을 한동안 내려 봉전고개 2차선 도로에 내려서니 8시29분이다.

좌표【 N 35" 06" 54.3"   E 128" 09" 45.9" 】

　봉전고개는 정촌면 관봉리 봉전마을에서 금곡면 인담리 인담마을을 넘는 2차선 지방도로가 지나며 마루금은 도로를 건너 나무계단으로 이어진다. 도로에 내려 잠시 허리쉼을 하고 나무계단 오르막을 올라 능선을 오르며 마루금은 오른쪽(서쪽)으로 능선 오르막을 한동안 올라 무선산 갈림길에 올라서니 8시 55분이다. 삼거리이정표에(←낙남정맥 진주 와룡산 9.20km↑낙남정맥 돌장고개 2.89km↓무선산 0.10km)로 마루금은 왼쪽(남쪽)으로 이어지고 무선산은 오른쪽으로 0.10km가야한다. 오른쪽으로 능선길을 올라 2분후 무선산 정상에 올라서 사진 한판 찍어둔다.

좌표【 N 35" 06" 30.61   E 128" 09" 14.61" 】

무선산 정상은 마루금에서 오른쪽으로 약간 벗어나있으며 스텐레스 판에 무선산정상 해발 277.5m 로 되어있으며 잡풀로 둘러 쌓여있고 나무판자로 만든 쉼터가 두개 있으나 포근히 안자 쉬어간 흔적이 없어 보이고 전임자들이 숲을 제거 하여 사진 찍고 바로 돌아간 흔적만 있다. 사진 한판 찍고 돌아와 이정표에서 서쪽으로 오던 마루금은 남쪽으로 이어진다. 무선산을 지나면서 왼쪽은 진주시 금곡면이지만 오른쪽은 사천시 사천읍을 경계로 이어진다. 능선 내리막을 내리며 능선을 가다 274봉을 9시25분 지나고 내리막 능선을 오르내리며 왼쪽아래 대전 통영간 고속도로에서 차가 지나가는 소리가 들린다. 마루금은 왼쪽 (동쪽)으로 능선을 오르내리며 185봉에서 오른쪽 (남쪽)으로 급경사 내리막을 내려 능선을 가다 다시 오르막을 올라 200봉에서 왼쪽으로 내리막을 내려가다 오른쪽으로 소나무 숲길을 따라오다 인동장씨 묘를 지나 1002번 지방도로에 내려서니 10시17분이다. 돌장고재는 1002번 지방도로가 사천읍에서 고성군 영오면을 넘는 고개로 2차선 도로이며 대전 통영간 고속도로가 마루금을 가로질러간다.

좌표【 N 35" 05" 38.1"   E 128" 10" 11.6" 】

마루금은 대전 통영간 고속도로 때문에 오른쪽(사천쪽)으로 도로를 따라 오골계 촌닭집을 지나 삼거리에서 왼쪽으로 내려서면 고속도로아래 굴다리가 나온다. 10시23분 굴다리를 지나 왼쪽으로 도로를 따라가다 채석장은 오른쪽으로 들어가고 직진으로 포장 임도를 따라 고속도로 옆길로 한동안 가다 10시30분 오른쪽 이정표를 따라 숲길로 들어선다. 마루금은 고속도로 위 길을 따라가다 전봇대가 있고 이정표(←낙남정맥 돌장고개 0.93km 낙남정맥 부련이재 10,37km↑)가 있는 곳에서 이정표를 따라 숲길로 올라서간다. 채석장 쪽에서 여자분 두분이 오며 인사를 하고 김해 백두산악회에서 정맥종주에 따라와서 일행들은 고성1009지방도로 백운산에서 출발하고 여자 두분은 도착지에서 기다린다고 하며 조금전 남자한사람 올라갔다고 한다. 10시30분 잡풀과 가시넝쿨을 헤치며 급경사 오르막을 올라가 오른쪽으로 능선을 가다 장태규 증조모 묘 코팅표지가 나무에

걸려있고 위에 꽃을 꽂아놓아 있는 곳을 지나간다. 아마도 장태규 증조모는 수목장으로 소나무 아래에 안장돼 있는 것 같다. 능선길을 가다 10시50분 깃대가 꽂혀있는 봉에 올라서 건너편 채석장을 바라보니 온산을 돌을 파내 황폐해지고 있다. 다행이 정맥은 벗어나 있어 다행으로 생각된다.

왼쪽에 밤나무 밭 갓길을 따라 내리막을 내려 산판길 안부에 내려서니 10시55분이다. 임도에 내려서니 앞 산판길에 김해백두산악회 대원 한사람이 올라간다. 밤나무 갓길을 따라 올라가다 나무밑에서 잠시 쉬며 갈증을 면하고 오르막을 올라 밤나무밭 갓길을 벗어나 작은봉을 11시18분 지나면서 오른쪽으로 능선을 가다 11시26분 작은봉을 넘어 능선을 가며 밤나무밭 물통 있는 봉에서 왼쪽으로 철파이프 울타리를 따라 내려가다 11시33분 능선 숲으로 접어들어 가는데 김해 백두산악회 대원을 만난다. 이분과 같이 능선을 가다 오른쪽에 임도(산판길)갓 능선길을 가다 나무의자 두 개있는 곳에서 임도를 따라야 하는데 왼쪽으로 희미한 길을 따라가다 잘못간다는 것을 확인하고 능선을 치고 넘어 임도를 따라 한동안 올라 임도산판길 삼거리에서 12시6분 오른쪽 길을 따라 오르막을 올라간다. 백두산악회 대원은 어디로 갔는지 보이지 않고 임도를 따라 올라가다 갈림길에 나무의자 쉼터 두 개있는 곳에서 잠시 쉬고 있는데 백두산악회 대원이 올라온다. 잠시 쉬고 갈증도 면하고 임도는 왼쪽으로 가고 오른쪽 능선으로 올라가는데 가시넝쿨 잡풀이 앞을 가로막아 성가시게 한다. 길이 잘 안보이는 잡풀이 많은 길을 헤치며 올라가 능선 분기점에 올라서니 12시48분이다.

좌표【 N 35" 04" 30.95"　E 128" 08" 57.15" 】

이정표가 있고 나무의자 두개 있는 곳에서 자리를 펴고 점심을 먹는데 백두산악회 대원이 올라온다. 점심을 먹고 1시11분 출발하며 마루금은 왼쪽으로 이정표(↖낙남정맥 돌장고개 4.33km, 낙남정맥 부련이재 6.87km↗)화살표 방으로 이곳부터 오른쪽은 사천읍을 벗어나 사천시 정동면과 진주시 금곡면을 경계로 이어지며 오르막을 한동안 올라 귀룡산(어정산)375봉에 올라서니 1시23분이다.

좌표【 N 35" 04" 27.58"　E 128" 09" 7.95" 】

귀룡산(어정산)정상은 아무표시를 발견 못하고 빼지가 없으면 그냥 지나칠번 했다. 오늘 무선산에 이어 두번째 빼지을 받고 마루금은 오른쪽으로 내리막을 내려가다 1시40분 안부를 지나 오르막 능선을 올라 헬기장이 있는 310봉에 올라서니 1시51분이다. 이제 하루 중 가장 산행하기 어려운 시간대다. 1시부터 3시까지 날씨가 가장 더운 시간이다. 마루금은 헬기장을 지나며 왼쪽으로 가다 다시 오른쪽으로 내려가다 삼베마을 갈림길을 2시2분 지나간다. 삼거리를 지나 내리막을 내려 2시7분 안부를 지나 오르막을 올라 261봉에 올라서니 2시24분이다. 261봉을 지나 능선을 가다 가파른 오르막을 오르는데 보통이 아니다. 날씨는 더워 숨이 막히고 가파른 오르막을 힘들게 올라 객숙치에 올라서니 힘이 쭉빠진다. 2시54분 배낭을 내려놓고 잠시 작은 바위에 누어 피로를 풀고 3시15분 출발한다.

좌표【 N 35" 03" 07.1"　E 128" 10" 27.1" 】

　객숙치(봉)은 쉴수있는 공간이 있고 자그마한 돌바위가 있으며 이정표에 ←낙남정맥 돌장고개 8.38km : 낙남정맥 부련이재 2.67km→ 이며 마루금은 왼쪽으로 능선 오르막을 올라가는데 김해백두산악회 선두 한사람이 온다. 그래도 객숙봉에서 푹쉬고 오르니 그리 힘은 안들어도 오르막이라 속도는 줄어들고 통나무 계단을 따라 올라가는데 김해 백두산악회 두번째 사람을 만난다. 젊은사람이 반바지차림으로 오는걸 보니 온 다리가 가시넝쿨에 긁혀 걱정이 된다. 가파른 오르막을 올라 봉대산 정상에 올라서니 2시 39분이다.

좌표【 N 35" 03" 12.4"　E 128" 10" 42.4" 】

　봉대산(409m)정상은 둥근(달걀모양)표지석이 있으며 오늘 산행 중 가장 높은 산으로 주위는 잡풀이 많으며 바로아래 헬기장이 있다. 마루금은 다시 헬기장으로 내려와 오른쪽 (동남쪽)으로 내리막을 내리며 이구간도 잡풀과 가시넝쿨이 계속 성가시게 하며 능선길 내리막이 이어진다. 내리막을 내려가는데 김해 백두산 산악회 대원들이 몇명씩 짝을 지어 올라온다. 51번

송전탑을 3시52분 지나고 3분후 능선분기점에 올라서 낙남정맥 사천시 등산 안내도를 지나면서 이곳부터는 왼쪽 진주시 금곡면과 오른쪽 사천시 정동면을 벗어나 왼쪽은 고성군 영현면 오른쪽은 고성군 상리면을 경계로 이어지며 이곳부터는 고성군 땅으로 진행한다. 마루금은 잡풀과 가시넝쿨이 곳곳마다 있으며 간간히 김해 백두산악회 대원들을 만난다. 일반 산행은 대략 같이 산행을 하는데 정맥 종주라 자기 능력대로 산행을 하기때문에 선두와 후미는 목적지는 같지만 시간 차이가 많이 난다. 아마도 선두는 귀룡산을 넘을 시간인데 후미는 이제 양전산을 넘어오고 있다. 능선 오르막을 올라 빼지가 들어와 양전산인가 했는데 정상에 올라와보니 (4시20분)아무 표시도 없어 다시 묘를 지나고 다음 봉에 올라서니 판자에(고성 양전산 311m)이라고 써 소나무에 걸려있고 넓은 공터에 리본이 많이 걸려있다.(4시28분)

좌표【 N 35" 02" 41.0" E 128" 11" 32.9" 】

양정산은 소나무가 있고 넓은 공터에 잠시 쉬어갈만한 공간이 있으며 주위는 소나무에 가려 잘 보이지 않는다. 잠시 허리쉼을 하고 갈 길이 바빠 내리막을 내려(處士 慶山全氏)묘 을지나 부련이재에 내려오니4시 43분이다.

좌표【 N 35" 02" 14.5" E 128" 11" 32.9" 】

부련이재에 내려서니 김해 백두산 산악회 대원들이 승용차로 식수와 간식을 조달하고 후미들은 이곳에서 하산하고 차가 떠나려고 하며 식수를 한병 준다. 오늘 추계재까지 갈려면 아무래도 늦을 것 같아 부련이재에서 조금 이르지만 마무리하기로 하고 백두산악회 대원 손을 빌여 사진 몇판 찍고 트렝글을 마무리 한다. 부련이재는 2차선 지방도로가 고성군 영현면 영부리에서 상리면 고봉리를 넘는 고개로 차량은 별로 다니

지 않으며 버스 노선은 없다고 한다.

　오늘 계획은 추계재까지 갈려고 했는데 부련이재에서 마무리하니 지나가는 차량은 간혹 있으나 태워주지 않아 한없이 기다릴 수 없고 해서 아래 고봉리 봉곡마을까지 걸어가기로 마음먹고 내려가는데 갑자기 소낙비가 온다. 많은 비는 아니지만 잠시오다 그친다. 도로를 따라 내려가는 도중에도 차가 지나가면 탈예산으로 도로를 따라 내려가 마을까지 다 내려가도 지나가는 차가없다. 봉곡마을 회관앞 정자나무(보호수) 아래서 쉬면서 노인한테 물어보니 마지막 버스가 4시에 출발 했다고 하며 여기서 고성택시는 2만원 이상이고 사천읍 택시는 일만삼천원이라기에 사천택시에 전화를 걸어놓고 회관옆 수도에서 머리도감고 몸을 대충 씻고 있으니 택시가 온다. 택시로 사천 버스터미널에 와 요금(메타12,400원) 13,000원을 주고 터미널에 들어와 물어보니 부산행 버스가 6시30분에 있다고 한다. 20여분 기다리다 6시30분 버스로 부산 사상터미널에 도착하니 7시45분 송도 집에 오니 8시20분이다. 집사람 오늘은 일찍 왔다며 반가이 맞아 준다.

제2차 낙남정맥 단독종주 6구간

부련이재 : 경상남도 고성군 상리면 고봉리 부련이재
배치고개 : 경상남도 고성군 개천면 좌연리 배치고개
도상거리 : 부련이재 23.4km, 배치고개
소요시간 : 부련이재 12시간 10분, 배치고개
이동시간 : 부련이재 10시간 34분, 배치고개
부련이재 출발 6시17분, 문고개 6시 30분, 백운산 7시 21분,
차단기 8시 5분, 배곡고개 8시 41분, 천왕산. 무량산 9시 6분,
추계재 9시 45분, 404봉 10시 17분, 대곡산 11시 40분,
농장입구 포장도로 12시 6분, 532봉 12시 50분, 화리치 1시 30분,
천왕산 2시 7분, 큰재 3시 17분, 백운산 3시 56분,
장전고개 4시 42분, 성지산 갈림길 5시 5분, 459봉 5시 39분,
떡고개 5시 59분, 덕산 6시 10분, 배치고개 6시 27분

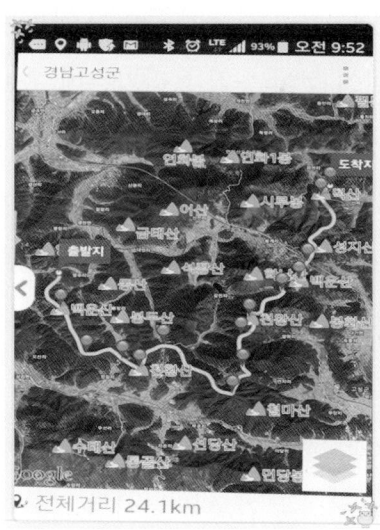

02 제2차 낙남정맥   203

2015년 6월 21일 비온 후 계속 안개비

　6월20일 저녁 날씨가 약간에 비가 온다. 내일 고성지방에 오전에 약간 비가 온다고 하나 많은 비가 아니고 오후에는 구름만 낀다는 일기예보에 저녁 8시 50분 사천행 버스로 사천에 도착 버스터미널앞 제우스모텔에서 하룻밤을 지내고 아침 일찍 일어나 보니 밤새 비가내리고 아침에는 이슬비가 내린다. 일기예보에 낮에는 비가 그친다고 하니 우선 24시 원조가마솥 해장국집에서 아침식사를 하고 나와 사천 개인콜택시(17바1000번 이종원 010-4412-4720)로 고성군 상리면 고봉리 부련이재에 도착하니 6시15분이다. 산행 준비를 하고 6시17분 산행에 들어간다. 비는 오지 않으나 밤새 비가 와서 비옷을 입고 단단히 산행 준비를 하고 산행에 들어가 가파른 오르막을 오르는데 온 나무가 비에 젖어 숲길 올라가는데 초반부터 비옷을 입었어도 옷이 비에 젖어든다. 가파른 오르막을 힘들여 올라 무명봉에 올라서니 6시26분이다. 정상에는 쌍분묘가 있고 마루금은 오른쪽으로 내리막을 내려서 문고개에 내려서니 6시 30분이다. 문고개는 포장 소로이고 농경기만 다닐 수 있다. 포장길을 지나 가파른 오르막을 오르며 왼쪽(동쪽)으로 빈 건물(농산물 작업장)을 지나 가파른 오르막을 한동안 올라 능선 분기점에서 왼쪽으로 능선을 가다 중간봉을 넘어 오른쪽으로 내리막을 내려 안부를 지나

고 왼쪽 (11시방향)으로 오르막을 올라 백운산 정상에 올라서
니 7시21분이다.

좌표【 N 35"01" 24.9" E 128" 11" 54.6" 】

백운산 정상은 (고성 백운산 391m) 판자 정상 알림판이 있고 잡목숲이 어우러져 전망은 볼 수 없고 나무사이로 33번 국도가 보이고 마루금은 내리막 능선을 내리며 안부를 지나고 오르막을 올라 426봉을 7시

37분 넘어 소나무 숲길 능선을 지나 7시45분 46번 고압 철탑을 지나 396봉 380봉을 오르락내리락 임도 차단기를 8시5분 지나 간다.

좌표【 35" 00" 29.2" E 128" 12" 33.2" 】

임도를 따라 왼쪽으로 내려 가다 능선으로 들어서 (嘉善大夫白公之墓)묘를 지나 임도를 좌측에 두고 작은봉을 넘어 다시 임도를 만나고 임도를 건너 숲길로 들어서 320봉을 넘고 잡풀이 우거진 묘를 지나 급경

사 내리막을 내려와 배곡고개에 내려서니 8시41분이다.

좌표【 N 35" 00" 22.83" E 128" 13" 12.48" 】

배곡고개는 영현면 봉발리에서 상리면 망림리를 넘는 고개로 2007년도 1차때는 포장 임도였었는데 새로 확장을 해 2차선 도로로 변해 있으며 군내 버스가 왕래한다. 마루금은 도로를 건너 가파른 오르막을 한동안 숨을 몰아쉬며 올라 천왕산 정상에 올라서니 9시6분이다.

좌표【 N 35" 00" 12.0" E 128" 13" 33.5" 】

천왕산은 새마포 산악회에서 걸어놓은 천황산 342.5m 표찰이 나무에 걸려있다. 천황이란 언어는 일제 강점기에 사용한 용어이며 전국 산이름 중 거의가 천왕으로 바꾸어 놓았는데 이곳 표팔이는 천황봉으로 되어있다. 마루금은 왼쪽(북쪽)으로 약간에 내리막을 내려 능선을 가며

왼쪽 건너편으로 지나온 마루금이 운무사이로 건너다보이며 370봉을 9시25분 지나간다. 건너편에 송구산과 아래 추계리마을을 내려다보며 북쪽으로 오던 마루금은 오른쪽(2시방향)으로 급경사 내리막을 한동안 내려 추계재에 내려서니 9시40분이다.

좌표【 N 35° 00' 04.09" E 128° 14' 00.7" 】

추계재는 상리면 부포리에서 영현면 추계리를 넘는 고개로 왼쪽 아래 추계마을이 있고 왼쪽 도로옆에 팔각정이 있고 쉼터의자도 두 개 있다. 오늘은 비는 오지 않으나 숲을 해치고 나오며 비옷을 입었어도 온통 몸은 물 범벅이고 신발도 물이 들어가 엉망이다. 잠시 쉬면서 간식을 먹고 9시54분 출발해 삼거리에서 갈전리 절골을 넘는 도로를 따라가다 3분후 도로에서 오른쪽 능선으로 들어선다. 2007년 1차때는 길도 없는 절개지를 올라와 넓은 묘터에서 쉬어간 기억이 난다.

오늘은 도로를 따라 오다 산길로 들어서 간다. 숲길로 들어서 가파른 오르막을 숨을 몰아쉬며 올라 송구산 분기점에 올라서니 10시17분이다. 방향을 오른쪽(남쪽)으로 회전하며 왼쪽은 고성군 영현면을 벗어나 고성군 대가면과 오른쪽은 고성군 상리면을 경계로 오르막을 오르며 왼쪽 산판에 풀치기와 가지치기를 한 능선을 올라 큰 바위가 있는 404봉에 올라서니 10시 23분이다. 404봉은 바위들이 있으며 오른쪽 아래로 1016번 사천 고성간 도로와 장자기 마을이 내려다보이고 조금전 지나온 천왕산 능선이 건너다보인다. 404봉을 넘어 10여미터 내려가면 인동장씨(贈嘉善大夫兵曹叅議 仁同張公 昌麟 ~ 配貞夫人慶山全氏 之墓)묘를 지나 오르막을 올라 중간봉을 지나 능선길을 가다 송전철탑을 10시53분 지나고 11시2분 489봉을 넘어 내리막을 내리며 파란망 울타리를 한 묘군을 지나 임도에 내려서니 11시 12분이다. 지도에는 임도로 표시되어있으나 산판길 안부로 되어있고 왼쪽 농장 철망 울타리가 있다. 마루금은 왼쪽(10시방향)으로 오르막을 오르며 함안이씨(孺人咸安李氏茂先之墓)묘를 지나 가파른 오르막을 올라 대곡산 정상에 올라서니 11시 40분이다.

좌표【 N 34" 59" 43.4" E 128" 15" 26.8" 】

대곡산 정상에는 삼각점 (중구401 1986.재설)이 있고 준희가 걸어놓은 (낙남정맥 대곡산 542.5m)아크릴판 표찰이 있다. 잠시쉬면서 사진한판 찍고 마루금을 따라 동으로 오던 마루금은 왼쪽(북쪽)으로 상리면을 벗어나 양쪽모두 고성군 대가면 땅을 밟으며 가파른 내리막을 내려간다. 대곡산은 통영지맥 분기점으로 통영지맥은 동쪽으로 천마산으로 이어진다. 대곡산을 내려가는 대도 길이 험하고 가팔라 잡풀을 헤치며 내려가 농장 철조망 울타리를 따라 험한 길을 내려와 농장입구 포장도로에 내려오니 12시6분이다. 험한 잡풀과 잡목사이를 내려오다 보니 비옷 바짓가랑이가 잡목에 이리저리 찢어져 엉망이다. 점심시간은 조금 이르지만 산길은 좋은자리가 없을 것 같아 농장입구 세면도로 바닥에서 자리를 펴고 점심을 먹는데 아뿔싸 농장이 가까워 각종벌레들이 여기저기 들끓는다. 그러나 밥은 먹어야기에 이리저리 피해가며 점심을 먹고 12시28분 출발해 오른쪽(2시방면)으로 산판길을 따라가다 7분후 왼쪽(10시방향)능선으로 올라서면 성주배씨(處士星州裵氏仁懌之墓)묘를 지나 숲길로 들어서 가파른 오르막을 한동안 올라가 편백나무 숲길을 올라서 532봉을 12시51분 지나간다.

좌표【 N 35" 00" 14.4" E 128" 15" 39.2" 】

마루금은 오른쪽(1시방향)으로 능선 내리막을 내려가며 철망 갓길을 내려 다시 오르막을 올라 중간봉을 1시13분 넘어 내리막을 한동안 내려와 화리치 임도 사거리에 내려서니 1시30분이다.

좌표【 N 35° 00" 51.4" E 128° 15" 33.6" 】

화리치는 임도 사거리로 빛바랜 등산 안내판이 있으며 마루금은 간판 왼쪽으로 들어서 오르며 편백나무 숲길 느지막한 오르막을 한동안 올라 다시 화리치에서 큰재로 이어지는 임도를 따르다 이정표 (←화히치0.7km ╱정상 0.5km 큰재1.5km→)에서 오른쪽 능선으로 들어서 가파른 오르막을 한동안 올라 이정표 봉화산 방향으로 마루금은 이어지고 무량산 정상은 직진으로 이어진다. 무량산(천왕산)쪽으로 오르다 전망바위에서 가야할 백운산을 건너다보며 잠시 허리쉼을 하고 오르막을 올라 무량산 정상에 올라서니 2시7분이다

좌표【 N 35° 01" 18.01" E 128° 15" 45.0" 】

무량산 정상에는 커다란 표지석 전면에 (天王山 해발 581.4m)후면에(固城人의 氣像 여기서 發源하다)라고 쓰여 있고 감시 카메라 철탑과 태양열 전기시설이 있으며 삼각점이 있고 사방에 전망이 좋아 살펴보는데 갑작스레 운무가 덮어 볼 수가 없고 잠시 배낭을 내려놓고 사진도 찍고 젖은 비옷을 벗고 쉬면서 간식을 먹고 2시31분 출발한다. 마루금은 오던 길로 다시 돌아와 2시 38분 갈림길에서 큰재 방향으로 조금 내려가니 전망바위가 나오며 오른쪽 아래로 양화저수지와 억천리 들판이 멀리보이고

고성 시가지와 남해바다가 보인다. 잠시 감상하고 오르락내리락 능선을 가다 578봉에 올라서니 2시56분이다.

578봉에서 마루금은 왼쪽으로 선회하며 가파른 내리막을 미끄러지듯 내려와 비포장 농로에 도착하니 3시10분이다. 임도를 건너 잡풀을 헤치며 철망 울타리 갓길을 내려와 포장도로를 따라 왼쪽(봉산리쪽)으로 조금 올라오니 백운산 오르는 길이 있다. (3시17분) 큰재는 대가면 척정리에서 갈전

리를 넘는 고개로 1차선 포장도로 이지만 중형차량도 다닐 수 있는 도로다.

좌표【 N 35" 01" 52.03"　E 128" 16" 24.26" 】

마루금은 도로가 옹벽을 나무에 매어놓은 끈을 잡고 올라 능선을 오르며 가파른 오르막을 한동안 올라 551봉에 올라서니 3시41분이다. 마루금은 오른쪽으로 능선을 가며 산판길을 따르다 오른쪽 능선으로 올라서 암능을 지나고 백운산 정상에 올라

서니 3시56분이다.

좌표【 N 35" 02" 07.42" E 128" 16" 45.0" 】

백운산 정상은 암산으로 전망이 좋아 고성시가지와 멀리 남해바다 섬들이 보이고 아래로 대가 저수지가 보이며 가야할 마루금 능선 459봉 오르는 철탑이 줄지어 보인다. 동으로 오던 마루금은 왼쪽(북쪽)으로 암능을 내려와 가파른 내리막을 미끄러지듯 내려와 고압철탑을 4시15분 지나며 잡풀이 우거진 길이 잘보이지 않는 길을 따라 내려 제일 가축농장입구 도로에 내려서니 4시20분이다. 농장에서 고약한 냄새(악취)가 코를 찌른다. 포장길을 따라 내려와 1009번 2차선 지방 도로에 내려오니 4시22분이다.

좌표【 N 35" 01" 29.81" E 128" 16" 54.85" 】

장전고개는 고성군 대가면 척정리에서 송계리를 넘는 지방도로이며 아래 터널로 통영 대전간 고속도로가 지나간다. 마루금은 장전 버스정류장에서 고성쪽으로 도로를 따르다 왼쪽으로 산판길을 따라가다 왼쪽능선으로 들어서 가파른 오르막을 오르며 쌍분묘를 지나고 4시35분 함안이씨 묘를 지나 가파른 오르막을 숨을 몰아쉬며 올라 4시-44분 고압 철탑을 지나고 계속해서 오르막을 오르며 10분후 고압 철탑 68번을 지나 오르막을 올라 성지산 갈림길에 올라서니 5시5분이다. 성지산은 오른쪽 능선으로 마루금에서 벗어나있고 마루금은 왼쪽(서쪽)으로 이어지며 이곳부터 오른쪽은 대가면을 벗어나 고성군 마암면이고 왼쪽은 그대로 대가면을 경계로 이어진다. 약간에 내리막 능선을 가다 5시18분 산판길을 따르다 4분후 고압철탑 69번을 지나 능선 오르막을 한동안 올라 459봉에 올라서니 5시39분이다.

좌표【 N 35" 02" 56.0" E 128" 16" 57.2" 】

마루금은 직진으로 시루봉쪽으로 조금가다 왼쪽도 대가면을 벗어나 개천면과 오른쪽은 마암면을 경계로 오른쪽(북쪽)으로 가파른 내리막을 미끄러지듯 내려 완만한 소나무숲길을 가다 약간에 오르막을 올라 324봉을 5시48분 넘어 왼쪽으로 완만한 능선 내리막을 내려 74번 고압철탑을 5시53분 지나고 밀양박씨 묘를 지나 계속해서 내리막을 내려와 떡고개에 내려서니 5시59분이다.

좌표【 35" 03" 53.62" E 128" 17" 09.90" 】

떡고개는 넓은 공터에 묘가 있고 잡풀이 우거져 있고 왼쪽에 좌련 저수지와 월곡 마을을 보며 가파른 오르막을 숨을 몰아쉬며 올라 278m 덕산정상에 올라서니 6시10분이다. 덕산정상에는 삼각점이 있고 판자에 고성 덕산 278m 팻말이 있고 마루금은 오른쪽으로 내려간다. 잠시 쉬며 마지막 갈증을 면하고 배둔

택시에 전화를 걸어놓고 느긋한 능선 내리막을 내리며 철탑을 지나고 왼쪽 밤나무밭 갓길을 내려와 2차선지방도로 배치고개에 내려서니 6시 27분이다.

좌표【 N 35" 04" 07.3"　E 128" 17" 21.6" 】

배치고개는 개천면과 마암면을 넘는 지방도로가 지나며 갑작스래 안무가 끼어 길도 잘안보인다. 내려오자 조금 있으니 택시가 온다. 오늘산행은 아침출발부터 도착까지 능선에 이슬이 맺어 옷과 신발이 엉망이고 허벅지 장단지가 잡풀과 가시넝쿨을 헤치며 와 할퀴고 쓰린 곳이 한두군데가 아니지만 택시가 와 택시좌석도 수건으로 깔며 기사에게 양해를 구하고 배둔까지 와서 (요금 만삼천원)목욕탕에 가서 샤워를 하려고 보니 양쪽 다리가 성한데가 없이 엉망이다. 샤워를 하고 옷을 갈아입고 신발

은 젖은 양발만 가라신고 젖은 신발을 그냥 신고 배둔 버스 터미널에 와 7시40분 버스로 남마산에서 8시10분 버스로 서부터미널에 와서 집에 도착하니 9시20분이다. 집사람 오늘은 일찍 왔다며 좋아하다 다리

상처를 보고 사서 고생한다며 위로해 준다. 오늘 낙남 6구간은 첫구간 산죽밭길보다도 더 험한 산행이었으며 아마도 상처가 다음주까지 완치가 될지 걱정이 된다.

제2차 낙남정맥 단독종주 7구간

배치고개 : 경상남도 고성군 개천면 좌연리 배치고개
오곡고개 : 경상남도 함안군 군북면 오곡리 오곡고개
도상거리 : 배치고개 25 km, 오곡고개
실지거리 ; 배치고개 25.9km 오곡고개
소요시간 : 배치고개 13시간 4분, 오곡고개
이동사간 : 배치고개 12시간 10분, 오곡고개
배치고개출발 6시 15분, 신고재 7시 11분, 탕근재 7시 47분,
보광산 8시 9분, 새터재 8시38분, 필두봉 9시 44분, 담티재 10시 26분,
용암산 11시 19분, 옥녀봉 11시 35분, 남성치 11시 46분, 벌발들 12시 40분,
선동치 12시 50분, 깃대봉 1시 25분, 준봉산 2시 33분, 발산재 3시 37분,
영봉산 갈림길 4시 52분, 356봉 5시 49분, 큰정고개 5시 58분,
오봉산갈림길(525m) 6시 40분, 524봉 6시 56분, 오곡재 7시 17분

2015년 6월 28일 안개 후 맑음

이번구간은 거리가 멀다 보통 배치고개에서 발산재까지 한구간을 하는데 오곡재 쌀재까지 마치려고 준비를 하고 사상터미널에서 5시50분 버스로 남마산을 거처 배둔에서 숙소를 정하고 아침밥 먹을 곳을 찾아봐도 아침 밥먹을 식당이 없어 컵라면을 사들고 돌아와 지난번 배치고개에서 타고 온 김복생 기사님께 전화를 하고 내일 일을 생각해서 일찍 잠자리에 들어간다. 단독 산행을 하다보니 아침식사가 제일 어렵다. 아침에 일어나 컵라면으로 아침을 대신하고 어젯밤 약속한 김복생 기사님께 전화를 해도 전화를 안받아 택시가 없으면 어떻게 하나 걱정을 하며 버스터미널에 오니 다행히 택시한대가 있다. 고성 개인택시 (011-557-5678 기사 구기식 1만삼천원)가있어 택시로 배치고개에 도착하니 6시10분이다. 2007년 1차때 산행기

를 보면 지난번 구간과 같이 오르내림이 많은 구간으로 오늘도 안개가 심해 걱정이 된다.

　택시기사한태 의뢰해 사진한판 찍고 비는 내리지 않지만 이슬이 많아 비옷 바지를 입고 산행에 들어간다. 산행초입은 개천면 면계 있는 곳에서 산길로 들어서 오르는데 큰 소나무밑에 잡나무들이 성가시게 길을 가로막아 비옷을 입었어도 초반부터 어렵게 오르막을 오른다. 오르막을 10분 올라 작은봉을 넘어 5분 내려갔다 잡풀이무성한 임도를 지나 다시 오르막을 올라 7분후 작은봉을 넘어 약간에 내리막을 내려가 6시46분 안부에서 왼쪽에 밤나무밭 갓길을 따라 오르막을 올라섰다. 능선 내리막을 내려 시누대(쫄대)밭을 지나 오르막을 한동안올라 매봉산 갈림길에서 7시1분 매봉산은 오른쪽에 두고 왼쪽길로 내리막을 내려오는데 잡풀이 엉켜 비옷을 입었어도 신발에 물이 들어오기 시작한다. 내리막을 내려오며 왼쪽 밤나무밭 철망길을 따라 내려와 신고개 포장 소로에 내려오니 7시 11분이다.

　　　　　　　　　좌표【 N 35" 04" 16.6"　E 128" 18" 20.8" 】

　신고개는 마암면 성정리 성전마을에서 개척면 좌연리 윗자구실 마을을 넘는 포장농로 소로이며 농경기만 다닐 수 있는 포장도로다. 이곳은 2007년12월9일 1차때와 같으며 고성군에서 입산통제 입간판이 8년이 지났는데도 그대로 있다. 마루금은 도로를 건너 입산통제 간판 왼쪽으로 오르막을 올라 5분후 대구

배씨(參奉大邱裵公諱泓奎之墓)묘를 지나고 능선을 오르내리며 6분후 작은봉을 넘어 잘나있는 능선길을 오르내리다 가파른 오르막을 10여분 숨을 몰아쉬며 올라 탕근재에 올라서니 7시47분이다. 탕근재는 367m나되는 산봉오리로 삼각점(72.10.31.-308)이 있고 준희가 걸어놓은 표찰은 낙남정맥 탕근재 369.0m로 되어있다. (지도에는 367.0m)

좌표【 N 35° 04" 54.7"   E 128° 18" 34.8" 】

언듯 보기에는 고개로 보이나 오른쪽에 시루봉으로 뻗어가는 분기점으로 이곳부터 오른쪽은 마암면을 벗어나 고성군 구만면을 경계로 왼쪽 개척면 오른쪽 구만면 경계로 마루금이 이어진다. 가파른 내리막을 내려와 9분후 안부에 내려섰다 가파른 오르막을 10분올라 봉광산정상에 올라서니 8시8분이다.

좌표【 N 35° 04" 54.85"   E 128° 18" 35.24" 】

봉광산은 숲에 가려있고 전망은 없으며 판자판에 고성봉광산 386m(지도에는 389m)가 나무에 걸려있다. 잠시 허리쉼을 하며 갈증을 면하고 내리막을 내려 철성이씨(鐵城李氏)묘를 지나고 잠시 내려와 왼쪽에 수원백씨쌍분(處士水原白公諱龍道 配 孺人金浦公氏之墓)묘를 왼쪽에 두고 내려서면 입구에(水原白氏家墓入口)비석이 있고 포장도로인 새터재에 내려서니 8시38분이다.

좌표【 N 35° 05" 32.3"   E 128° 18" 45.1" 】

새터재는 포장도로가 구만면 용외리 오룡동에서 개척면 봉치리 봉치마을을 넘는 2차선 포장도로이며 차량이 다닐 수 있는 도로다. 도로를 건너 오르막 능선을 가다 내려서 안부 옛사거리를 8시55분 지나고 9시22분 중간봉을 지나 잘자란 소나무 능선길을 오르내리다 필두산(필두봉)정상에 올라서니 9시44분이다.

좌표【 N 35" 06" 13.3" E 128" 18" 34.6" 】

필두산(필두봉)은 고성에서 걸어놓은 고성필두산 420m표지판이 나무에 걸려있고 (지도에는 418m)자그마한 돌무덤이 있으며 전망은 나무숲에 가려 볼 수가 없다. 가을 단풍철이 지나고 겨울과 봄 산행은 나뭇잎이 없어 전망이 좋은 곳도 여름 산행은 숲에 가려 사방을 볼 수 없어 아쉽다. 1차때 이곳을 지날때는 지나온 마루금과 가야할 용암산 깃대봉이 보이고 오른쪽으로 적석산과 구암면 평야지가 보인다고 되어있다. 아침에 컵라면을 먹고 와 시장기가 들어 간식을 먹고 10시2분 출발해 가파른 내리막을 내려와 고압 철탑과 송신철탑을 10시19분 지나고 산판길을 따라 내려와 담티재에 내려서니 10시29분이다.

좌표【 N 35" 06" 32.2" E 128" 19" 01.4" 】

담티재는 구만면에서 개척면을 넘는 1002번 2차선 지방도로이며 왼쪽(개척면쪽)에 파란 건물이 있는데 청심목장인가본데 확인을 안하고 오르막을 오르다 함안이씨 가족묘를 지나 능선을 오르며 왼쪽 농장풀밭을 지나며 왼쪽으로 청광리들을 내려다보고 미암산과 수리봉을 보며 왼쪽에 잡풀치기한 곳을 오르며 능선을 오르락내리락 암능봉을 지나 용암산 정상에 올라서니 11시19분이다. 용암산 정상에는 삼각점이 있고 고성에서 걸어놓은(고성용암산399.5m) 용암산 정상을 알리는 판자 표지판이 있다.

좌표【 N 35" 06" 37.32"　E 128" 19" 25,42" 】

용암산을 지나 오른쪽으로 내리막을 내려 11시9분 가시넝쿨과 잡풀이 우거진 안부길을 헤치며 지나 능선을 가며 잘나있는 소나무 숲길을 지나 옥녀봉 정상에 올라서니 11시35분이다.

좌표【 N 35" 06" 31.29"　E 128" 19" 48.33" 】

옥녀봉은 고산마루에서 걸어놓은 빛바랜 표찰(옥녀봉 338m 고산마루 <다올>)이 나무에 걸려있고 한현우 3000번 산오름이 2010년 7월17일 걸어놓은 (玉女峰 2111번쩨)봉 표찰이 나무에 걸려있으며 많은 등산객 리봉이 주렁주렁 달려있다. 옥녀봉을 지나 내리막을 내려오며 전주이씨(處士全州李公焌 配 孺人載寧李氏)묘와 경주김씨(處士慶州金氏諱道植 配孺人密陽朴氏之墓)묘 밀성박씨(學生密城朴公占遠之墓)묘를 지나며 산판길을 따라 남성치에 내려오니 11시 46분이다.

좌표【 N 35" 06" 35.1"　E 128" 20" 01.2" 】

남성치는 포장임도 삼거리로 오른쪽(남쪽)구만면 화림리 화촌 마을에서 왼쪽 선동마을을 넘는 고개로 커다란 남성치 표지석이 있고 선동마을을 알리는 표지판이 세워져 있다. 마루금은 남성치를 지나며 왼쪽도 개척면을 벗어나 좌 우 양쪽모두 구만면땅을 밟으며 선동마을 방면으로 도로를 올라서면 넓은 공터를 지나 능선을 오르며 2분후 전주최씨(學生全州崔公諱圭相之墓 配孺人咸安李氏)묘를 지나 오르막을 올라 중간봉을 넘어 잠시 내려섰다. 능선 오르막을 오르는데 사람소리가 들린다. 올라가보니 정맥팀이 점심을 먹고 있다. 해운대 동기산악회라고 들었는데 집에 와서 카페를 찾아봐도 찾을 수 없다. 시장기가 들었는데 이분들이 주는 막걸리와 김밥이 허기를 채워준다. 이분들은 발산재에서 올라왔다며 모두 한군데서 점심을 먹고 있다. 오르막을 오르는데 술기운인가 오르기가 수월하다. 가파른 오르막을 올라 벌밭들 418.5봉에 올라서니 12시40분이다.

좌표【 N 35" 06" 39.8" E 128" 20" 35.2" 】

벌발등 418.5봉은 삼각점이 있으며 오른쪽 건너편에 적석산이 숲사이로 보이고 앞으로 가야할 깃대봉이 건너다보인다. 이곳에서 점심을 먹으려고 했는데 조금 더 가서 밥을 먹어도 되겠기에 바로 출발해 능선을 가다 적석산 분기봉을 지나 왼쪽(동북쪽)으로 내리막을 내려간다. 마루금은 오른쪽은 구만면을 벗어나 마산시 진전면과 왼쪽은 구만면을 경계로 이어지며 왼쪽에 외딴집을 보며 철망 울타리를 따라 이정표가 있는 선동치에 내려서니 12시50분이다.

좌표【 N 35" 06' 39.59" E 128" 20' 52.82" 】

　선동치는 선동마을에서 음나무재 적석산으로 이어지는 고개로 이정표에 준봉산(깃대봉)0.7km 음나무재 0.6km 선동마을 1.2km로 되어있는데 선동마을쪽은 나무로 길을 막아놓았다. 선동치에서 오른쪽에 적석산이 높이 솟아있고 마루금은 왼쪽(북동쪽)으로 가파른 오르막을 숨을 몰아쉬며 올라 중간봉을 지나 능선을 가며 깃대봉에 올라서니 1시25분이다.

좌표【 N 35" 07' 06.51" E 128" 21' 14.01" 】

　깃대봉 528m 정상에는 자그마한 표지석이 있고 이정표가 있으며 전망이 뛰어나 남쪽으로 적석산 구금다리가 보이고 멀리 거제도 섬과 남해바다가 보이며 가야할 여항산 서북산 줄기가 보인다. 이정표에 일리암 공영주차장 2.2km 선공치 0.7km 충령공 고종후 묘소입구(발산재)2.6km이며 건너편으로 준봉산과 양촌앞 들판이 보인다. 마루금은 깃대봉을 지나면서 내리막을 내려 능선을 가면서 암능을 오르내리며 전망이 좋은 널다란 마당바위에서 쉬면서 점심시간을 이용해 양말도 말리고 신발창도 말려놓고 점심을 먹고 2시26분 출발한다. 마루금은 오던길로 10여미터 가다 내려서는데 1차때는 전망바위에서 쉬고 바로 직진으로 내려가 50여분 허비하고 돌아온 기억이 난다. 이곳부터 약간에 내리막을 내려 능선 오르막을 올라 정상석이 있는 준봉산에 올라서니 2시 33분이다.

좌표【 N 35° 07" 24.9"　E 128° 21" 06.0" 】

　　준봉산 520m 정상석 사진을 몇판 찍고 바로 내려간다. 이곳부터는 왼쪽도 고성군을 벗어나 진주시 이반성면 오른쪽은 마산시 진전면을 경계로 이어진다. 내리막 암능을 이리저리 한동안 내려 전망바위에 올라서니 2시55분이다. 바위 위에는 이동식 책상과 의자가 있으며 전망이 좋아 아래로 발산재 도로와 수발사 계곡과 건너편 가야할 능선과 여항산 서북산이 건너다 보이며 이름모를 산들이 펼쳐져 전망이 뛰어나 보인다. 마루금은 왼쪽으로 암능 사이를 내려와 능선을 가며 4분후 능성구씨 (綾城具公諱然文之墓)묘를 지나 내리막을 내리며 직진길이 히미하게 있어 리봉이한게 걸려있는데 아마도 짐승 통로로 연결되는 길 같은데 잘아는 길로 내려간다. 오른쪽으로 내리막을 잠시 내려가면 정2품 고흥장씨 묘가 있으며 돌계단을 옆에 1차때는 없던 비가 있다. {流芳百世}【민족의 영산인 지리산을 기점으로 이루어진 낙남정맥(落南正脈)의 중앙에 孝烈公高諱從厚(1554-1593)묘소가 있다. 효열공은 忠烈公 高 諱 敬命의 장남으로 詩와 서화(書畫)에도 뛰어났으며 문과에 급제하여 현령에 이르렀다. 임진왜란시에는 復讎義兵將으로 진주성에서 싸우다가 성이 함락되자 金千鎰 崔慶會와 남강에 순절하게 되니 民族忠魂의 化身으로 流芳百世하리라, 2009년 4월 25일】 비내용이다. 비를 지나 조금 내려오면 1차때는 봉분묘들이 많이 있었는데 새로 만든 비석들이 줄을 지어 있는 것으로 보아 근래에 새로 정돈한 장흥고씨 종중 합동 묘소로 아래에 많은 묘가 들어갈 수 있는 공지가 있으며 아래 커다란 제단을 만들어 놓았다. 마루금은 묘아래에서 포장길을 따라 내려오면 효열공(孝烈公) 고종후 장군 신도비가 있다. 이비는 임진왜란시 복수의 병장으로 400여명의 의병을 인솔하여 진주성 전투에서 분전하였으나 성이 함락되자 김천일 최경회 장군과 함께 남강에 투신. 장열하게 최후를 마치신 진주성 삼장사 고종후 장군의 공적을 기록한 신도비 이다. 1592년 임진왜란이 일어나자 부친 충열공(忠烈公) 고경명과 동생 의열공(義烈公)인후와 같이 거병(擧兵)하여 충남 금산군 와서토벌 전투에서 부친과 동생이 같이 순절하자 귀가 하였다가 1593년 제2차 진주성 전투에서 순절하였다. 장군은 사후정2품 숭정원도승지, 예문관 직제학 등에 추중되고 진주 창열사, 광주 표충사에 배향되었다. 고종후 장군 신도비를 내려서면 구도로가 나오며 2007년 1차때는 이곳에서 마무리하였으나 오늘은 진주방면으로 도로를 따르다 절계지 중간에서 새로난 4차선 2번국도 중앙분리대를 넘어간다.

좌표【 N 35" 08" 09.6"　E 128" 21" 19.6" 】

　마루금을 따라 2번국도 중앙 분리대를 차가 없는 사이 넘어 옛날 휴게소 쪽으로 가다 목조 천하대장군이 있는 곳에서 산행

입구를 따라 올라간다. 옛날에는 짐승 통로가 없었는데 지금은 짐승 통로 위로 오는게 조금 빠를 것 같다. 등산로 입구에서부터 가파른 오르막이 시작되며 9분후 남양홍씨(處士南陽洪公諱鍾極 配孺人 鐵城李氏 之墓)묘 3기를 지나 가파른 오르막을 올라 중간봉에서 오른쪽(동쪽)으로 잠시 내려 안부를 지나며 능선 오르막 소나무 숲길을 한동안 올라 326봉 분기점에서 4시4분 왼쪽(북쪽)으로 방향을 틀어 내리막 능선을 내려 10분후 고압철탑을 지나면서 왼쪽 (서북쪽)으로 내려가 왼쪽 포장 임도에 내려서니 4시20분이다.

왼쪽에 임도를 따라 능선을 한동안 가다 포장 임도는 오른쪽으로 가고 왼쪽 잘자란 소나무 능선 오르막을 한동안 올라 작은 봉을 넘어 잠시 내려 다시 오르막을 오르며 이정표가 있는 영봉산 갈림길을 4시52분 지나가고 영봉산은 왼쪽 비탈길로 가고 마루금은 직진으로 능선 오르막을 한동안 올라 작은봉을 올라서 잘자란 소나무 능선길을 오르내리며 363봉을 5시18분 지나면서 능선에 잘자란 소나무는 계속되며 오르락내리락 이구간은 326봉 분기점을 지내면서부터 등산로가 오르내림이 심하지 않은 좋은길이 계속 이어진다. 능선길을 좌로 우로 들락거리며 오르락내리락 356봉에 올라서니 5시59분이다.

좌표【 N 35" 11" 13.8 E 128" 22" 41.1" 】

마루금은 356을 지나며 가파른 내리막을 내려 큰정고개에 내려서니 5시18분이다. 큰정고개는 진주시 이반성면 하곡리 새밭골에서 마산시 진전면 고사리를 넘는 고개로 옛날에는 사람이 넘는 고개였는데 지금은 사람 다닌 흔적이 없고 잡풀만 무성하다. 마루금은 큰정고개를 지나 소나무 능선을 오르며 잘나있는 길을 오르다 20분후 가파른 오르막을 한동안 올라 전망바위에 올라서니 6시30분이다. 전망바위는 여항산 서북산이 가까이 보이고 지나온 능선이 줄지어 보인다. 잠시 허리쉼을 하고 가파른 오르막을 때로는 암능을 오르기도 하며 527봉에 올라서니 6시40분이다.

좌표【 N 35" 11" 38.94" E 128 22" 04.3" 】

삼거리 이정표에 오봉산 2.14km 여항산 5.20km 낙남정맥 발산재 7.39km 이며 오봉산은 왼쪽으로 이어지고 527봉 정상은 10여미터 전방에 있다. 527봉은 전망이 좋아 가야할 524봉 557

봉 743.5봉 여항산 서북산 능선이 줄지어 보인다. 마루금은 정상을 지나면서 왼쪽은 진주시를 벗어나 함안군 군북면을 경계로 이어지며 정상에서 오른쪽 동쪽으로 급경사 내리막을 내려 능선을 가다 오르막을 올라 524.4봉에 올라서니 6시56분이다.

좌표【 N 35" 11" 37.58"   E 128" 22" 23.78" 】

524.4봉은 삼각점(함안 414- 2002년 복구)이 있으며 준희가 걸어놓은 낙남정맥 524.4m 표찰이 있고 전망이 좋아 여항산 능선과 진전면 여항리 고사리 양촌리 계곡이 줄지어 보이고 군복면 오곡리가 내려다보인다. 오늘 종주에 마지막 봉으로 이제 내려가면 오곡재다. 524.4봉을 지나면서 군복개인택시에 전화를 걸어놓고 내리막을 내리는데 계속해서 억새잡풀이 우거져 길이 잘 안보일 정도로 풀숲길을 한동안 내려와 오곡재에 내려서니 7시17분이다.

좌표【 N 35" 11" 55.4"   E 128" 22" 41.1" 】

오곡재는 마산시 진전면 여항리에서 함안군 군북면 오곡리를 넘는 고개로 비포장도로이며 이정표에 오봉산 3.6km 여항산 3.74km이며 왼쪽은 오곡리 오른쪽은 마산 산서 비실방향 화살표가 있다. 오곡재에 내려오면 택시가 와 있을 줄 알았는데 군북 택시에 전화를 걸으니 벌써 갔다는 택시가 보이지 않는다. 집에 전화를 걸어 하산을 알리고 한참을 기다려도 택시가 안와 날은 점점 저물어가고 해서 마침 지나가는 승용차에 물어보니 바로 아래 오곡마을까지 간다며 가는 데까지 태워 준다고 해 승용차를 타고 내려가는데 택시가 올라온다. (함안 개인택시 서태호 기사 010-9506-1331) 오곡재는 군북면에서 오곡재 100여미터 아래까지 포장이 되었으나 고개는 비포장도로이며 진전면쪽에서도 고개 아래까지는 포장이 되어 있다고 택시기사 말해준다. 오늘 산행 거리가 거의 25.9km산행을 하다 보니 피로가 와 먼저 숙소를 정해 샤워를 하고 시장부근 뼈다귀 해

장국 집에서 저녁식사를 하고 내일아침 일찍 식사할 곳을 알아 놓고 숙소로 와 집에 전화를 걸고 내일 산행을 생각해서 일찍 잠자리에 들어간다.

제2차 낙남정맥 단독종주 8구간

오곡고개 : 경남 함안군 군북면 오곡리 오곡고개
쌀재고개 : 경상남도 창원시 마산회원구 내서읍 감천리 쌀재고개
도상거리 : 오곡고개 22.8km, 쌀재고개
소요시간 : 오곡고개 13시간 50분, 쌀재고개
이동사간 : 오곡고개 12시간 10분, 쌀재고개

오곡재출발 6시 50분, 557봉정산 7시 15분, 미봉산분기봉 7시 42분, 미산령 7시 55분, 743.5봉 정상 8시 35분, 돌탑봉 정상 8시 47분, 헬기장 9시 06분, 여항산정상 (10분휴식) 9시 15분, 소무덤봉 9시 46분, 헬기장 9시 58분, 질매재 갈림봉 10시 18분, 마당바위 10시 29분, 마당바위출발 10시 51분, 별천삼거리 11시 08분, 서북산정상 11시 31분, 감체고개 12시 06분, 쉼터 12시 27분, 쉼터점심후출발 1시 17분, 평지산 갈림길 1시 46분, 대부산정상 2시 04분, 봉화산 2시 13분, 음양골고개 2시 42분, 한치고개 3시 10분,10분휴식후출발 3시 20분, 내곡갈림길 4시 38분, 광려산삿갓봉 4시 56분, 광려산정상 5시 28분, 쉼터 5시 51분, 657봉 정상 6시 07분, 대산정상 6시 41분, 광산먼동정상 6시 46분, 608봉 정상 7시 14분, 윗바람봉 산불초소 7시17분, 바람재고개 7시 45분, 바람재고개 휴식후출발 7시 55분, 447봉 정상 8시15분, 쌀재고개 8시35분

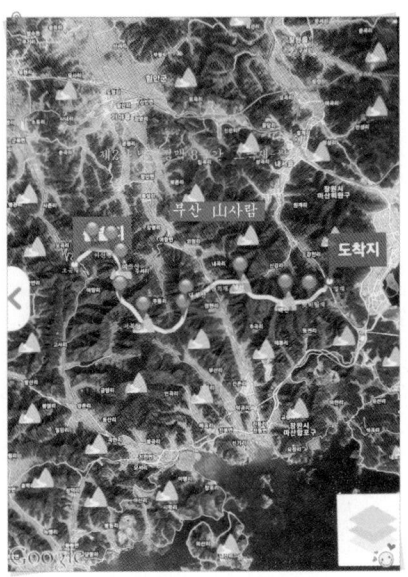

2015년 6월 29일 맑음

　오늘은 어제에 이어 이틀째 산행을 한다. 어젯밤은 배터리 충전이 잘안돼 설잠을 자고 아침에 일어나도 배터리가 85%밖에 충전이 안되었다. 5시30분 숙소(군복 기린모텔)를 나와 시장입구 25시 김밥집에 아침식사(떡국)을 시켜놓고 배터리 나머지충전을 하고 택시(군북친절택시 055-585-7777)에게 6시 20분 식당앞으로 오라고 전화를 해놓고 떡국으로 아침을 먹고 그래도 충전이 덜된 상태에서 택시가 와(함안택시 경남 22바 1014)택시로 오곡재에 도착하니 6시44분이다.(요금 13,000원) 택시기사에게 부탁하여 사진한판 찍고 산행준비를 하고 6시50분 산행

에 들어간다.

　초입을 어제 찾아놓고 하산하여 바로 산행에 들어간다. 마루금은 고개 중간에 초입으로 산행이 시작되며 오늘도 안개가 심해 풀숲 오르는데는 어려움이 있을 것 같으나 다행히 일반 등산객들이 여항산 오르는 길이기 때문에 길이 잘나있어 다행이다. 오늘 산행도 초반부터 가파른 오르막으로 시작된다. 가파른 오르막을 한동안 올라 557봉에 올라서니 7시15분이다. 잠시 허리쉼을 하고 내리막을 약간 내려가 다시 오르막을 오르며 왼쪽으로 미봉산 암능이 나무사이로 보이고 오르막을 한동안 올라 사랑목갈림길에 올라서니 7시42분이다. 이정표에 ← 오봉산 5.03km 발산재 10.28km ↑ 군북 사촌(사랑목) 4.48km → 오봉산 2.31km 로 되어있고 조금 올라가면 미봉산 분기봉이다.

좌표【 N 35" 12" 24.68" E 128" 23" 21.61" 】

동북쪽으로 오던 마루금은 오른쪽(4시방향)으로 급경사를 내리며 왼쪽은 군북면을 벗어나 함안면을 경계로 이어지며 미산령에 내려서니 7시55분이다.

좌표【 N 35" 12" 17.22" E 128" 24" 3.25" 】

미산령은 둔덕녹색농촌체험 마을에서 함안 파수리를 넘는고개로 비포장 농로이며 산짐승 통로를 만들어 놓았고 함안방면은 차단기로 가로막아 놓았으며 둔덕쪽으로 팔각 정자가 있고 낙남정맥 등산로 간판이 있으며 6·25 전사자 유해발굴장소를 알리는 안내판이 있다. [이곳은 6·25 전쟁당시 군인, 경찰, 학도병 등 다수가 국가를 지키기 위해 장렬히 산화한 장소로 제39보병사단이 국방부 유해발굴 사업의 일환으로 2013년 4월 8일부터 5월3일까지 유해를 발굴하여 국립묘지에 안장하였습니다. 하지만 아직도 발굴하지 못한 유해가 많을 것으로 생각되며 그분들을 위해 잠시 묵념을 올립니다. ! 전투산 유해발굴결과 : 유해 19구 유품 1000여점 ! 야반산 유해발굴결과 : 유해 11구 유품 500여점] 마루금은 이정표를 따라 오르며 이곳은 등산로를 통나무 계단을 만들어 놓아 계단길을 한동안 오르고 가파른 통나무 계단과 돌계단 능선길을 숨을 몰아쉬며 한동안 올라 전망바위에 올라서니 8시24분이다. 잠시 허리쉼을 하고 다시 오르막을 올라 성터길을 따라 743.5봉에 올라서니 8시35분이다.

　734.5봉을 지나면서 동으로 오던 마루금은 오른쪽(남쪽)으로 능선을 오르내리며 암능을 이리저리 돌아가며 능선길을 가다 돌탑봉을 8시47분 지나고 내려서 능선을 오르내리며 미산삼거리(배능재)를 8시55분 지나간다. 이정표에 여항산 0.5km 미산령1.3km 미산 2.7km이며 돌을샘 1.2km로 되어있고 능선 오르막을 올라 삼거리 이정표(좌촌 3코스 2.5km 미산령 1.5km 여항산 정상 300m 서북산 4.2km)에서 오른쪽으로 올라서면 헬기장이고 앞에 쉼터가 있으며 평상이 놓여있고 헬기장을 지나면서 왼쪽은 함안면을 벗어나 여항면을 경계로 오른쪽은 진전면 이다. 헬기장을 지나면 좌촌 2코스 삼거리다. 이곳부터는 능선을 가며 나무의자가 있는 쉼터를 지나 암능을 넘어 왼쪽 암능을 오르지 않고 오른쪽 사면길 나무계단길을 따라가 오르막 계단을 올라 여항산 정상에 올라서니 9시 17분이다.

좌표【 N 35" 11" 45.47"　E 128" 24"m 23.12" 】

　여항산 정상에는 1997년 2월16일 함안산악회에서 세운 커다란 표지석에 여항산(770m)라고 쓰여 있다. 여항산은 낙남정맥 지리산을 벗어나며 고도가 낮아지며 진주사천구간은 고도가 200m를 오르내리다 고성땅에 접어들면서 300m 400m 500m를 오르내리다 미산령을 지나면서 700m를 넘어 낙남정맥 중 지리산을 벗어나며 가장 높은 산으로 전망이 뛰어나 지나온 능선과 경남 일대 산들을 조망할 수 있고 멀리 지리산까지 보인다고 하나 오늘은 날씨관계로 지리산은 보이지 않아도 가까운 산들은 전부 보인다. 산도 높지만 암봉이라 전망이 뛰어나 멀리 남해바다 까지도 눈에 들어온다. 잠시 쉬며 갈증을 면하고 사방을 관망하고 출발해 암능을 내려서면 바로 나무계단이다. 옛날 1차때는 혼자 이곳을 내려가는데 밧줄을 잡고 20여 미터나 내려갔는데 이번에는 나무계단이라 위험하지 않고

쉽게 내려간다. 내리막을 내려와 9시26분 삼거리 이정표(여항산 정상 0.2km 미산령 우회등산로 2.0km 서북산 3.7km 좌촌 1코스1.8km)를 지나고 5분후 평상이 있는 쉼터를 지나 능선을 내리며 암능 나무계단을 9시 37분 내려서 능선을 가다 '이곳은 급경사 지역이므로 등반 중 추락사고가 생길 수 있어 위험하오니 돌아가시오'라는 안내문이 있어 1차때는 비탈길로 미끄러지듯 내려갔었는데 지금은 나무계단이 설치되어 있어 쉽게 내려

간다. 계단을 내려서 암능 아래 오른쪽을 돌아 나와 능선을 가다 오른쪽에 쉼터를 9시46분 지나 잘나있는 능선길을 오르내리다 헬기장이 있고 이정표 (여항산 1.5km 서북산 2.5km)를 9시 58분 지나며 능선 오르막을 한동안 올라 질매재 갈림봉에 올라서니 10시18분이다. 이정표에 여항산 2.0km 마당바위 0.4km 진전면(질매재) 6.0km이며 마루금은 왼쪽으로 이어지며 능선을 가다 마당바위에 올라서니 10시29분이다.

좌표【 N 35" 10" 46.8" E 128" 24" 33.5" 】

　여항산을 지나면서 길이 양호해 산행하기 좋으며 곳곳에 쉼터가 있어 쉬어갈 수 있는 곳이 많다. 마당바위에도 쉼터가 있어 잠시쉬면서 간식을 먹고 편히 쉰다. 마당바위는 여항산 서북산 중간지점으로 이정표에 여항산 2km 서북산 1.9km 내촌(나뭇골) 3.1km 별천(상별내) 2km 로 되어있다. 어제 오늘 계속 산행이라 약간에 피로가 와 신발도 벗어 발에 통풍을 하고 10시51분 출발해 능선을 오르내리며 별천 삼거리에 내려서니 11시8분이다. 이정표에 별천(적십자연수원) 3.5km 여항산 3.3km 서북산 0.6km.을 지나 2분후 평상이 있는 쉼터를 지나고 가파른 오르막을 한동안 올라 서북산 정상에 올라서니 11시 31분이다.

좌표【 N 35" 10" 08.4"　E 128" 24" 11.0" 】

　이곳 서북산은 625 한국전쟁 중 낙동강 방어전투가 치열했던 1950년 8월에 미제 25사단 예하 제 5연대 전투단이 북괴군을 격퇴하여 유엔군의 총반격작전을 가능케 하였던 격전지며 이 전투에서 전사한 미군 중대장 티몬스 대위 외 100여명의 넋을 기리기 위해 그 아들 주한 미8군사령관 리치드 티몬스 중장과 제39사단장 하재평 소장을 비롯한 사단장병 및 지역주민들이 뜻을 모아 1995년 11월 전적비를 건립했습니다. 이국의 자유민주주의를 수호하고자 용열히 산화한 이들의 고귀한 희생을 기리기 위해 2013년 11월 29일 이비를 현충시설로 지정했습니다. 2007년 12월 23일 1차때보다 전적비를 잘 정돈해 놓았으며 시설물도 설치해 놓았다. 전적비위에 함안군 산악회에서 세운 커다란 서북산 738.5m 표지석이 있고 정상에는 널따란 헬기장과 삼각점이 있다. 서북산 이정표에 봉화산 3.5km 여항산 3.9km인데 또 하나의 이정표에는 대부산 봉화산 2.8km 여항산 4.8km

배내이재 가야산 2.1km란 이정표가 있다.

　서북산은 전망이 확트여 북쪽으로 여항산 동쪽으로 대부산 봉화산 너머로 광려산 무학산이 보이고 남해바다가 보인다. 마루금은 서북산을 지나면서 오른쪽은 진전면을 벗어나 마산시 진북면으로 접어들고 마루금은 왼쪽(4시방향)잘나있는 등산로를 따라 급경사를 내려오다 능선으로 접어들면서 바위에서 잠시 쉬며 갈증을 면하고 내려와 쉼터(나무의자 5개가 나란히 있음)를 지나 오른쪽에 돌로 둘러쌓인 묘를 지나고 감채고개에 내려서니 12시6분이다. 이정표에 서북산 0.9km 봉화산 2.6km 미천 5.3km 버드내 1.5km이다. 감채고개는 함안군 여항면 주동리에서 마산시 진북면 영학리를 넘는 고개로 비포장 농로이며 농경기가 다닐 수 있는 농로다.

　임도를 건너 통나무 계단으로 올라서 가파른 오르막을 4분쯤 올라 작은봉을 넘어서며 잘나있는 등산로를 따라가다 산판길을 따라 10여분 가니 넓은 공터에 쉼터가 나온다. 12시27분 쉼터에서 점심을 먹고 신발창을 꺼내 햇빛에 말리고 양발도 말리고 50분이 지나 1시17분 출발한다. 잘나있는 산판길을 따라가다 산판길 오르막을 올라 가파른 내리막을 내려 왼쪽에서 오는 산판길과 합류해 산판길을 따라가다 삼거리에서 오른쪽은 출입을 금한다는 안내판이 있고 왼쪽길 직진으로 올라가다 숲길로 들어서며 가파른 오르막을 숨을 몰아쉬며 한동안 올라 이정표가 있는 평지산 갈림길에 올라서니 1시46분이다. 이정표에 여항산 5.3km 서북산 1.4km 봉화산 2.1km이며 누군가 이정표에 매직으로 대부산 649.2 라고 써놓았다. 잘못된 표현이다.

좌표【 N 35" 10" 11.87" E 128" 26" 38.27" 】

마루금은 왼쪽으로 잘나있는 능선길을 가다 오르막을 한동안 올라 대부산 정상에 올라서니 2시4분이다.

좌표【 N 35" 10" 36.6" E 128" 26" 44.7" 】

대부산 정상은 평평한 위치에 판자표지판에 대부산 649.2m 와 자그마한 삼각점이 있고 전망은 좋으나 나뭇잎에 가려 잘 보이지 않는 편이다. 마루금은 직진 봉화산 방향으로 약간에 내리막 능선을 가다 오르막을 올라 능선 분기점인 한치재 갈림길에서 봉화산은 직진이고 마루금은 오른쪽(동쪽)으로 가파른 내리막이 이어진다. 삼거리 이정표에 서북산 2.6km 봉화산 0.9km 청암 3.3km 한치(진고개휴게소)1.8km 이다.

12시13분 삼거리에서 가파른 내리막을 내리며 통밧줄 설치한곳을 지나 급경사 내리막을 한동안 내려 음양골 고개에 내려서니 2시42분이다. 음양골 고개에는 쉼터 의자가 두 개 있고 이정표에 봉화산 1.9km 한치(진고개휴게소) 0.8km 봉곡 0.8km이며 앞에 봉오리 하나가 앞을 가로 막는다. 사각 통나무계단 가파른 오르막을 한동안 올라 335봉에 올라서니 2시52분이다. 335봉을 넘어 가파른 내리막을 내려 한치(진고개휴게소)79번

국도에 내려서니 3시10분이다.

좌표【 N 35° 11' 12.17"　E 128° 27' 44.2" 】

한치(진고개)는 함안군 여항면에서 마산시 진북면을 넘는 79번 국도로 여항면쪽에 휴게소가 있고 도로 옆에 忠烈公 李芳實將軍 胎城碑가 있으며 건너편에 여항산 한우전문식당이 있는데 요즘은 장사가 안돼서인지 문을 닫아놓았다. 도로 옆 정자나무 아래에 애국지사 안재휘선생 묘 안내판이 있고 마루금은 정자나무 뒤 식당 옆으로 초입이 있다.

李芳實 將軍 略史

公은 李姓으로 咸安人이니 光祿 大夫巴山君尙의 아들 兄弟에서 長은 門下侍郞同 平章事이신 淸이요 次는 版圖 判書源이다. 公은 源의 아들로 忠烈王 24년(1298년)에 이곳 艅航面 內谷에서 出生하였다. 어려서부터 智勇이 過倫하고 武術이 能하였다. 恭愍王 3年(1354년)에 大護軍에 올라 魯連祥 反亂 平定을 爲始 同王 8年에 일어났던 紅巾賊의 殘d한 侵略에 對抗 百戰百勝으로 나라를 危難에서 安定케 하고 百姓을 救濟한 豊功偉積은 國乘野使에 ○載되어 있다. 그러나 不幸히도 不意의 橫包를 당했으니 때는 同王 壬寅 二月二十八日(1362년)이고 時年은 60 이였다. 墓는 京畿道 加平 椿洞에 있다.

恭讓王 3年(1391년)에 贈諡忠烈하고 朝鮮 文宗 2年(1451년)壬申에 崇義殿에 配亨하였고 後에 忠烈祠와 南岡祠에 亨祠하였다.

意라 世代의 錦選 으로 公의 壯烈한 偉積이 漸至浸湮됨을 慨歎하여 本會에서 政府의 厚한 配慮에 힘입어 追慕事業의 一環으로 公의 胎巖을 表揚하는 바이다.

1994 年 12 月 日

忠烈公 李芳實 將軍 追慕事業 推進 委員會

식당앞 평상에 앉자 쉬며 간식을 먹고 3시19분 출발한다. 마음같아서는 이곳에서 마무리 할까 생각도 해보지만 조금 늦더라도 쌀재까지 가기로 했으니 어제에 이어 조금 힘이 들지만 출발해 파란망 울타리를 지나면서 잡풀이 무성한 등산로를 따라 올라가 묘를 지나고 수렵금지구역 안내판을 지나 능선오르막을 오르다 왼쪽 옆에 개간지 사면길로 가다 개간지끝에서 가파른

오르막이 시작되며 지친 몸으로 너널길 가파른 오르막을 지나고 계속해서 숨을 몰아쉬며 몇번을 쉬어가며 내곡 갈림길에 올라서니 4시38분이다. 2007년 1차때 기록을 보니 45분에 올라왔는데 무려 1시간19분이나 걸려 세월은 막을 수 없이 8년이란 세월이 흐르면서 건강도 조금은 약해지고 그래도 74세 나이로 이만큼 간다는 것도 다행으로 생각한다. 삼거리 이정표에 왼쪽은 내곡마을 화살표이고 오른쪽은 광려산 1km 광려산삿갓봉 0.3km 여항산 10.41km 한치고개 1.4km이다. 잠시 배낭을 내려놓고 쉬며 갈증도 면하고 앞으로는 능선길이라 그리 힘들지 않을 것으로 생각하고 능선 오르막을 올라 광려산 삿갓봉에 올라서니4시 56분이다.

좌표【 N 35" 11" 15.7" E 128" 28" 44.2" 】

정상에는 광려산악회에서 세운 표지석에 광려산 삿갓봉 720m이고 왼쪽 능선은 쌍투봉으로 이어지는 화개지맥이다. 광려산 삿갓봉은 전망이 좋아 지나온 건너편에 봉화산 대부산 넘어로 서북산 여항산이 보이고 북쪽으로 쌍투봉 동쪽으로 대산 동북쪽으로 무학산등이 보인다. 마루금은 동남(4시방향)으로 내리막을 내려 전망바위에서 사진 한판 찍고 능선을 오르내리다 오르막을 올라 광여산 정상에 올라서니 5시28분이다. 광려산 표지석에 광려산 정상이라 표시되어있고 아래 누군가 752라고 써놓았다. 1차때 사진에는 이곳도 720m였었는데 누군가 지우

고 지도에 있는 752m로 고쳐 놓았다. 아직도 대산이 멀리보이고 쌀재고개까지는 가마득하다. 바쁘게 서들어 내리막을 내리며 대산 2.2km지점을 5시36분 지나고 쉼터가 있는 안부에 내려오니 5시51분이다. 능선 오르막을 오르내리며 쓰러진 등산안내판을 6시10분 지나고 오르막을 한동안 올라 암능을 밧줄을 잡고 올라서 능선 오르막을 3분쯤 올라가 대산정상에 올라서니 6시41분이다.

좌표【 N 35" 10" 43.3" E 128" 30" 23.1" 】

대산(大山) 정상에는 사방이 확트여 전망이 그만이고 동서남북 사방에 그림같이 산줄기가 펼쳐져 있다. 시간은가고 길은 멀고 마음은 바쁘고 대충관망하고 사진 몇판 찍고 능선을 조금 가니 匡山(광산 먼등)727m 표지석이 있고 능선 내리막을 내려 6시46분 쉼터가 있는 안부를 지나 암능길을 좌우로 들락거리며 능선을 오르내리다 능선 오르막을 올라 608봉에 올라서니 7시 14분이다. 해가 길대로 길어 아직도 해는 서산에 걸쳐 있고 마음은 바쁘다. 가파른 내리막을 내리며 잡풀이 우거진 길을 따라 한동안 내려오니 윗바람재다. 약간 오르막을 오르니 산불 감시 초소가 있는 윗바람재 봉이다.(7시 19분)

좌표【 N 35° 10" 40.5" E 128° 31" 15.7" 】

윗바람재봉 정상에는 넓은 공터(헬기장)에 삼각점이 있고 산불감시초소와 마산 합포산악회에서 2013년 4월7일 세운 표지석 (윗바람재봉 570.5m)이 있고 전망대가 있다. 윗바람봉 전망대에는 남마산 일부가 보이고 건너편에 거제도가 보인다. 마루금은 왼쪽으로 숲길 가파른 내리막을 내려 바람재에 내려서니 7시45분이다. 바람재는 넓은 공터에 육각정자가 있고 쉼터의자가 있으며 산악자전차대원 한사람이 내려간다. 해는 서산으로 기우러지고 어둠이 닥쳐온다. 이제 앞산 447봉을 넘어야 한다. 쉼터의자에 앉아 마지막 간식을 먹고

있는데 산악자전차 대원 두사람이 올라온다. 이분들한테 부탁해 사진 한판 찍고 나니 어느새 어두워진다. 손전등을 꺼내 잘 나있는 길을 따라 가다보니 오른쪽 비탈길이라 다시 돌아와 이리저리 찾아봐도 길이 잘안보인다. 숲속을 해쳐 들어가니 길윤곽이 나타난다. 가파른 오르막을 한동안 올라 447봉 정상에서 오른쪽으로 내리막을 내려 쌀재에 내려서니 8시30분이다.

좌표【 N 35" 11" 15.6" E 128" 31" 59.0" 】

쌀재에 내려오니 주위는 깜깜하고 전화기 배터리는 깜박거리고 간신히 마산 콜택시에 전화를 걸어보니 쌀재 올라오는 택시가 없다고 한다. 휴대폰 배터리가 없어 전화도 할 수 없고 왼쪽 아래 집을 찾아가니 마침 주인이 대문 앞에 있고 큰개 두 마리가 대문 앞에 앉아있다. 주인이 있어서 인지 개 두마리는 가만히 앉아있다. 주인한테 물어보니 택시가 밤에는 잘 안온다고 하며 마산쪽으로 도로를 따라가면 삼거리에서 왼쪽에 만날공원이 있고 공원을 지나면 시내로 내려간다며 약20분가면 된다기에 할 수없이 도로를 따라와 삼거리에서 왼쪽길을 가다보니 만날고개 도로가 나온다. 저녁인데도 운동하는 사람들이 왔다갔다 한다. 고개를 넘어 도로를 따라가 공원

입구 음료수 대에서 대강 씻고 머리도 감고 지나가는 학생한태 부탁해 택시를 불러놓고 대충 챙기고 주차장에 내려와도 택시가 없다. 조금 있으니 택시가 와 택시기사한태 부탁해 잠시라도 충전을 하고 집으로 전화를 하고 마산시외버스터미널에서 10시20분 심야버스로 사상 터미널에 오니 10시50이다. 그래도 161번 버스가 있어 버스로 집에 오니 11시40분이다. 오늘은 배터리가 없어 집에 전화를 늦게 걸어 집사람 걱정을 많이 했다고 하며 잠도 안자고 기다리고 있다. 연달아 이틀동안 산행을 하고 나니 피로해 샤워를 하고 바로 잠자리에 들어간다.

제2차 낙남정맥 단독종주 9구간

쌀재고개 : 경상남도 창원시 마산회원구 내서읍 감천리 쌀재고개
용강고개 : 경상남도 창원시 의창구 도계동 용강마을입구 용강고개
도상거리 : 쌀재고개 22.1km – 용강고개
소요시간 : 쌀재고개 11시간23분 – 용강고개
이동시간 : 쌀재고개 9시간 18분 – 용강고개

쌀재 출발 6시 55분, 대곡산 8시0분, 안개약수 8시 32분,
무학산 8시 53분, 시루봉 9시 15분, 마재고개갈림길 9시 42분,
마재고개 10시 13분, 마티고개 10시 34분, 송정고개 10시 55분,
중리고개 11시 19분, 내서.중리갈림길 12시 8분, 장등산정상 12시30분,
안성고개 1시 29분, 제2금강갈림길 1시 59분, 천주산정상 2시 52분,
만남의광장 3시 27분, 천주봉 4시 12분, 굴현고개 4시 41분,
검산(북산) 5시 6분, 고속도로굴다리 5시 24분, 신평고개 5시 30분,
망호등 쉼터 5시 50분, 용강마을입구 6시6분, 광신주유소 6시 10분

2015년 7월 5일 맑음

　이번구간은 마산권으로 접어들면서 집에서 아침을 먹고 5시 40분 사상시외버스터미널을 출발해 남마산에서 택시로 쌀재고개에 도착하니 6시45분이다. 이제 나머지구간은 당일코스로 이어진다. 아침 일찍 도착했는데 푸른내서 마라톤 회원들이 줄지어온다. 산행준비를 하고 사진 몇판 찍고 6시56분 출발한다. 마루금은 쌀재삼거리고개에서 왼쪽으로 150m에 있으며 외딴집을 지나 등산로 입구 안내판 있는 곳에서 오른쪽 나무다리를 건너 시작된다. 쌀재삼거리 임마농원앞 이정표에 바람재 1.5km 대산 3.5km 대곡산 0,8km 무학산 3,5km 감천 1.2km 내서읍 7.6km 만날재 1.4km 합포구청 4.2km 이며 농장 주인이 길을 없애 150m왼쪽에 등산로 입구가 있다.

마루금은 초입부터 오르막이 시작되며 통나무 계단을 올라 가파른 오르막을 한동안 올라 헬기장에 올라서 리봉을 달려고 보니 리봉과 나침판이 떨어져 없다. 배낭을 내려놓고 다시 내려가 산행입구에 내려가니 풀섶에 떨어져 있다. 입구에 리봉을 하나달고 오면서 끈이 풀리면서 떨어진 줄도 모르고 올라가 30여 분 소모하고 헬기장에 올라서니 7시50분이다. 헬기장을 지나면서 능선길을 따라올라 돌탑이 있는 만날재 삼거리를 지나 대곡산 정상에 올라서니 7시57분이다.

좌표【 N 35" 11" 15.6" E 128" 32" 25.2" 】

대곡산 정상에는 삼각점이 있으며 대곡산 516m 정상석이 있고 이정표(무학산 2.6km 안개약수터 2.0km 쌀재고개 0.8km 만날재 1.0km)가있다. 마루금은 왼쪽으로 잘나있는 능선길을 내려서 8시10분 학룡사 갈림길을 지나간다. 이정표에 대곡산정상 0.8km 무학산정상 1.8km 학룡사 위 등산로 입구 1.8km 수선정사 0.9km이며 마루금은 능선 오르막을 오르며 아침인데도 벌써 무등산에서 내려오는 사람들이 있으며 올라가는 사람들도 여러명 있다. 능선 오르막을 오르며 완월폭포 갈림길을 8시24분 지나가며 리봉을 긴줄에 달아놓아 마산 근교산이라 리봉을 아무데나 달지 않고 한곳에 모아서 달아놓아 보기가 좋다. 갈림길 이정표에 대곡산 정상 1.5km 무학산정상 1.0km 학룡사 위 등산로입구 1.8km이다.

무학산 쪽으로 조금가면 삼거리에서 오른쪽은 663봉으로 이어지고 왼쪽길은 안개약수로 가는 길이다. 오늘은 왼쪽 안개약수쪽으로 사면길을 가다 안개약수에서 약수로 갈증을 면하고 이정표를 따라 오른쪽으로 올라간다. 물안개 약수 부근에는 쉼터도 여러개 있고 이정표에 대곡산정상 2.0km 무학산정상 0.6km 이며 오르막을 한동안 올라 오른쪽 등산로와 합류하여 가파른 오르막을 오르며 727봉 오른쪽으로 판자길을 따라 능선을 가며 앞에 무학산 정상을 바라보며 한동안 올라 무학산정상에 올라서니 8시 53분이다.

좌표【 N 35" 12" 35.8" E 128" 32" 08.2" 】

무학산 정상은 암봉으로 사방이 확트여 전망이 좋아 아침인데도 등산객들이 많이 올라와있으며 정상아래 넓은 헬기장이 있고 마산시내가 한눈에 들어오나 안개 때문에 희미하게 보이고 가야할 천주산도 운무속에 희미하게 모습을 드러낸다. 정상에서 등산객에게 부탁해 사진을 찍고 헬기장에 내려가 이정표에서 오른쪽 나무계단은 마산여중 서원곡 주차장으로 내려가고 정맥길은 왼쪽에서 중리역 쪽으로 내려간다. 이정표에 만날고개 3.6km 서원곡 주차장 1.9km 마산여중 3.9km 내서중리역 5.8km 낙남정맥 마재고개는 4.7km이다. 8시57분 출발해 왼쪽 중리역 방향으로 능선 내리막을 내려가며 좌우로 오르락내리락 잘나있는 능선길을 내려가며 시루바위 갈림길을 지나며 오르막

을 올라 시루봉에 올라서니 9시15분이다. 무학산 정상에서 내려오는 데는 많은 사람들이 간간히 올라오고 시루봉 정상에도 등산객들이 쉬고 있다.

　시루봉 이정표에, 무학산정상 1.3km 시루바위 0.7km 내서원계 2.3km 중리역 4.5km이다. 내리막 능선을 내리며 원계-중리역 갈림길을 9시21분지나(이정표 내서원계 2.0km 무학산정상 1.6km 마재고개 3.1km 중리 4.2km)고 2분후 쉼터를 지나며 5분후 523봉에 올라 이정표(무학산 정상 2.2km 시루봉 갈림길 1.0km 중리입구 3.6km)를 지나고 내리막을 한동안 내리며 마재 갈림길을 9시42분 지나간다. 이정표에 무학산 정상 3.5km 중리입구 2.3km 마재고개 1.2km 이며 마루금은 오른쪽 능선으로 내려간다. 잘나있는 능선길을 내려가 325봉을 9시49분 지나며 가파른 내리막을 미끄러지듯 내려와 고압전기철탑(154kv. 마산T/L NO31)이 있는 안부사거리에 내려오니 9시49분이다. 사거리 이정표에 마재고개 0.7km 정상 4.65km 중리역 3.4km 서원곡 9.5km 이며 마루금은 능선으로 이어지다. 온양정씨(處士溫陽鄭公諱學奉之墓)묘를 지나 내리막을 한동안 내려와 등산로 입구에 내려서니 10시9분이다. 등산로입구 이정표에 무학산정상 4.7km 시루봉갈림길 4.1km 무학산둘래길 0.6km이며 빛바랜 등산 안내도가 있다. 마루금은 지방도로를 따라가다 삼거리에서 왼쪽으로 도로를 건너 고속도로 위 도로를 따라가다 건널목에서 신호를 받고 건너면 신호대아래 길가에 마재고개 표지석이 있다.

좌표【 N 35° 14" 31.7" E 128° 32" 11.7" 】

등산로 입구는 마재고개 버스 정류장 뒤쪽으로 장등산 이정표를 따라 올라간다. 10시13분 등산로 입구를 올라서며 2007년 1차때는 이 길이 없고 절계지에서 철계단을 올랐는데 언제인가 등산로가 잘되어있어 많은 사람들이 다닐 수 있게 좋은길로 변해있다. 오르막을 조금 올라가면 최씨묘(慶州崔公諱堃錫墓 配金海金氏合窆)를 지나 오르막을 오르며 쉼터에서 잠시 쉬며 참외를 한개 먹고 능선을 올라 구룡산 갈림길에 올라서니 마루금은 오른쪽으로 내려간다.

삼거리 이정표에 구룡산 정상 1.1km 마재고개 0.3km 평성소류지 1.6km이다. 10시30분 구룡산 갈림길에서 오른쪽으로 잘나 있는 길을 따라 내려가 4분 후 임도 구(舊) 마티고개를 지나 잘나 있는 능선길을 한동안가다 삼거리에서 왼쪽은 평성소류지 가는 길이고 마루금은 오른쪽으로 간다. 삼거리 이정표에 평성소류지 1.3km 마재고개 0.9km 장등산 4.0km이다. 삼거리에서 쉬는 등산객이 혼자 산행에 고생한다며   복숭아 한개를 준다. 복숭아 하나를 먹고 사면길로 송정고개에 도착하니 10시54분이다.

좌표【 N 35" 15" 4.11" E 128" 32" 55.92" 】

송정고개는 마산시 회성동에서 내서읍 평성리을 넘는고개로 1차(2007년)때는 2차선 도로였는데 언제인가 4차선으로 확장하면서 짐승 통로를 만들어 도로에 내려서지 않고 건너가 오른쪽으로 나무계단과 판자길을 따라가다 왼쪽으로 절개지통나무 계단을 올라 가파른 오르막을 한동안 올라 11시6분 오른쪽으로 능선을 가다 11시10분 202봉은 오른쪽에 두고 왼쪽으로 가파른 내리막을 내려 기독교인 서상윤 묘를 지나 중지고개에 내려서니 11시19분이다.

이정표에 마재고개 2.65km 장등산 2.2km (천주산 5.25km)이며 중지고개는 포장 농로로 소형 차량은 다닐 수 있고 마루금은 포장길을 따라가다 제골농장(TEL 055-293-5905)앞으로 간다. 제골농장을 지나 임도는 직진이고 오른쪽으로 나무다리를 건너 가파른 오르막을 한동안 올라 천주산 누리길 이정표를 11시35분 지나간다. 이정표(천주산 누리길 마재고개 3.6km 낙남정맥 마재고개 2.6km 천주산누리길 전망대 3.3km 제2금강산 1.4km)를 지나 오르막을 오르며 2분후 인천이씨묘(學生仁川李公諱瑾碩之墓 配孺人盆城裵氏雙墳)를 지나 가파른 오르막을 올라 11시56분 분기봉에서 오른쪽으로 능선을 오르내리며 425봉에 올라서니 12시18분이다. 정상에는 이정표가 있으며 직진은 케이트볼장이고 마루금은 왼쪽으로 내리막을 내리며 5분후 약수터 삼거리에 내려선다. 이정표에 케이트볼장 2.0km 장등산 0.2km 약수터 0.8km이며 오르막을 한동안 올라 장등산 정상에 올라서니 12시30분이다.

좌표【 N 35" 15" 23.2"　E 128" 33" 47.3" 】

장등산 정상에 올라서니 40대 젊은이 부부가 점심을 먹고 커피를 먹으며 한잔을 준다. 장등산 정상에는 걸터앉자 쉴 수 있는 통나무로 만든 자리가 있고 별다른 표시가 없고 넓은공터에 쉴 수 있는 공간이 있으며 구급 비상약 비치함이 있고 이정표에 금강사 1.9km 금강산계곡 2.7km 매직으로 낙서하듯 낙남정맥 화살표가 있고 이정표 아래 장등산 정상이라 쓰여 있다. 젊은이 한테 커피한잔 얻어먹고 잠시 쉬면선서 숨을 돌리고 점심을 먹고 있는데 60대 중반 부부가 올라와 자리를 펴고 점심을 먹는다. 점심을 먹고 1시2분 출발해 가파른 내리막을 한동안 내려 잘나있는 능선을 가다 348봉에 잠시 올라 가파른 내리막을 한동안 내려 안성고개에 내려오니 1시29분이다.

안성고개에는 등산로 양쪽에 평상이 두개 있으며 이정표에 현위치 제2금강산 등산로 능선이라 쓰여 있으며 천주산 1.8km 장등산 1.5km 제2금강산 주차장 2.3km 이다. 지도에는 제2금강산이 표시되지 않았는데 제2금강산과 금강산계곡이 있는 것으로 보아 오른쪽 아래에 있는 것 같다. 안성고개 에서 2분 오르면 315 공원묘지 갈림길이다. 이정표에 315 공원묘지는 오른쪽 화살표이고 뒤로는 금강계곡 화살표 앞으로는 천주산 화살표이다. 갈림길에서 6분쯤 올라가면 삼거리에서 왼쪽길은 장대산 계곡이고 오른쪽으로 가파른 오르막을 숨을 몰아쉬며 한동안 올라 이정표 (천주산 1.3km 금강계곡 주차장 2.8km 장등산 2.0km 칠원계곡 5.4km)를 1시58분 지나 능선 분기봉에 올라서니 2시2분이다. 분기봉을 지나면서 왼쪽은 내서읍을 벗어나 함안군 칠원면을 경계로 이어지며 잘나있는 능선을 가며 왼쪽에 벌목지(개간지)를 건너다보며 1시 방향으로 능선을 오르며 소계. 구암 갈림길에 올라서니 2시12분이다. 이정표에 소계체육공원 1.8km 천주산 0.4km 제2금강산능선 1.4km 구암 펜백욕장 2.5km 칠원계곡 6.3km이며 소계 구암 갈림길을 지나면서 천주산까지 가파른 오르막이 시작된다. 오늘산행은 천주산만 오르면 큰 오르막은 없다. 시간대로 1시부터 3시까지는 낮 시간으로 가장 힘든 시간이며 천주산 오르는 길은 가장 가파르다. 잠시 그늘에서 쉬며 갈증을 면하고 가파른 오르막을 힘들여 올라 돌탑이 있는 천주산에 올라서니 2시 52분이다.

좌표【 N 35" 16" 16.6" E 128" 35" 27.2" 】

천주산 정상에는 천주산 638.8m란 표지석이 있고 커다란 표지석에 龍池蜂이라 쓰여 있고 전망이 좋아 마산시 창원시가 내려다보이는데 날씨가 흐려 멀리 잘 보이지 않는다. 정상이정표

에 소계체육공원 2.8km 만남의 광장 1.5km 천주산 입구(천주로)3.0km 함안경계 0.4km 달천계곡주차장 3.3km 이며 천주산을 기점으로 왼쪽은 함안군을 벗어나 창원시로 오른쪽도 마산시를 벗어나 창원시로 이어지며 정상아래 널따란 헬기장이 있고 헬기장아래 전망대 정자가 있다. 정자아래에는 봄에 철쭉단지로 봄 산행때 천주산 철쭉능선으로 많은 등산객이 즐기는 곳이다. 천주산은 낙남정맥의 두척산 무학산과 첨산(북산)사이에 있다. 18세기중엽경에 제작된 [해동지도](1736-1760) [여지도](1736-1767)지승(1776이후)등에 천주산으로 나오며 [호구총수](1789)에는 천주리(天株里:소계동일원)라는 이름이 실린 것으로 보아 이 무렵부터 불렀을 것으로 추정된다.

그 이전에는 청룡산(靑龍山)이라 했는데 이즈음에 이르러 하늘(天)을 받치는 기둥(柱)과 같은 산이라는 뜻을 담아 천주산으로 고쳐 부른듯하다. 청룡산은 ≪경상도 지리지≫(1425)에 처음 나타나고 [동국여지승람](1486)을 개정 보완한 [신 증동국여지승람](1530) 에는 청룡산이 창원도호부 서쪽1리에 있다고 했으니 지금의 천주산을 이르는게 틀림없다. 천주산은 달리 용지봉(638.8m)이라고도 한다. 앞선 이름인 청룡산이 용지봉으로 이어진 것으로 보이며 예전에 이곳에서 기우제를 지낸 자취가 지명에 담겨 있는 것으로 여겨진다. 북면 외감리에서는 동쪽봉오리 (482.9m)를 천주산이라 하여 용지봉과 구분하기도 하지만 오래전부터 천주산으로 아우러져 왔다. 천주산북쪽 달천(達川) 계곡에는 미수 허목(許穆)(1595~1682)이 쓴 달천동(達川洞)이란 새김 글씨와 유허비가 있고 외감리 새터마을에는 샘에 거북이 모양의 돌이 있는 달천구천(達川龜泉)이 있다.

마루금은 정자를 지나 가파른 내리막을 내려 3시7분 돌탑이 있고 무인카메라와 송신철탑이 있는 612봉을 넘어 2분후 두 번째 헬기장을 지나고 내리막을 내리며 장승이 있는 3번째 헬기장을 3시13분 지나 왼쪽에 잘자란 잣나무 능선을 내리다 이정표가 있는 4번째 헬기장 534봉을 3시18분 지나간다. 이정표에 천주산 1,1km 만남의 광장 0.4km이며 헬기장을 지나며 내리막을 한동안 내려 만남의 광장에 내려서니 3시 27분이다. 만남의 광장에는 곳곳마다 쉼터가 있고 왼쪽은 달천계곡 주차장 오른쪽은 천주암방향이다. 이정표에 ←천주산 1.5km ↑달천계곡 주차장 2.2km 함안경계 1.5km 달천약수터 0.4km ↓천주샘 약수 0.3km 천주산입구(천주암) 1.5km 천주산팔각정 0.7km→ 로 되어있고 화장실도 있으며 팔각정(天株 만날亭)정자가 있다. 이제는 천주봉을 내려서면 능선길이라 힘든 곳은 다지나 정자에서 편히 쉬며 마지막 간식을 먹고 3시53분 출발해 능선 오르막을 오르며 팔각정 전망바위에 올라오니 4시5분이다. 팔각정에서 잠시 허리쉼을 하고 능선을 오르내리며 천주봉 정상에 올라서니 4시12분이다.

천주봉 정상에는 산불감시 초소가 있고 암봉으로 전망이 좋아 앞으로 가야할 능선과 정병산등 창원시내가 내려다보인다. 천주봉 정상에서 사진 한판 찍고 굴현고개를 향해 내려가는데 가파른 내리막을 내리며 급경사 밧줄을 잡고 내려 계속해서 급경사를 내려 공동묘지를 지나 굴현고개에 내려서니 4시41분이다. 굴현고개는 2차선 도로이며 아래로 79번국도 굴현 터널이 있다. 마루금은 굴현고개 버스정류장 앞에서 왼쪽 지개리쪽 절개지 철조망 끝에 리봉이 걸려있어 올라가는데 옛날길이라 대나무 밭(숲)길을 한동안 올라가 능선에 올라서니 오른쪽에서 올라오는 잘나있는 길과 연결된다. 옛날에는 정맥길을 따라 왔는데 언제부터인가 천주산 누리길이 생겨 많은 사람들이 왕래해 길이 잘 정돈되어있다. 잘나있는 길을 따라 능선을 오르며 천주산 누리길 이정표를 4시55분 지나 계속해서 능선 오르막을 올라 소담동 갈림길 능선 분기점에 올라서니 5시1분이다. 이정표 (←천주산 4.1km 천주산누리길 굴현고개 0.8km ↗구룡산 2.2km 천주산 누리길 용강마을 뒤 갈림길 0.9km ↓소담동 1.4km)에서 오른쪽 소담동쪽으로 이어지며 갈림길에서 잘나있는 길을 버리고 소로길로 들어서 능선 오르막을 올라 검산(북산)정상에 올라서니 5시6분이다. 284m인 검산(북산)은 삼각점이 있으며 이정표에 굴현고개 1020m 신풍고개 980m이다.

검산(북산)

낙남정간(洛南正幹)줄기에 걸터앉은 검산(293m)은 창원도호부시절 창원을 아우르던 진산인데 지금은 그 이름을 잊어 북산(北山)이라 부른다. 옛이름은 검산(檢山)이라 하다가 담산(擔山)이라고도 했다. 검산은 신(神)을 이르는 우리말'검'과 산이 결합된 이름으로 그 속에 품은 뜻이다. 창원향교앞의 '부사 이윤덕 이교불망비' 에는 이곳을 태을산(太乙山)이라 했다. 태을은 우주의 본체를 인격화한 천제를 이르며 도교에서는 그가 머문다고 믿는 태일성(太一星:북극성)을 일컫는다.

마루금은 왼쪽으로 내리막을 한동안 내려오면 감나무밭 농장을 지나 고속도로 굴다리를 5시24분 통과해 왼쪽으로 비포장 임도를 따라오면 2차선 도로가 나온다. 도로건너편 이정표에 현위치 신풍고개, 검산 980m 망호등 660m 이며 마루금은 도로

를 건너 이정표를 따라 올라간다. 지도에는 14번국도가 지나가는 고개가 신풍고개인데 이곳에 신풍고개 안내판이 있다.

신풍고개

검산과 망호등 사이의 잘록이에 자리한 이 고개는 조선시대 자여도(自如道)에 속한 신풍역(新豊驛)과 창원을 오가는 관도(官道)가 지나던 곳이다. 창원에서는 신풍고개라 부르고 역이 있다. 동읍에서는 동문고개라 불렀으니 길손들이 그들의 목적지를 드러낸 이름이다. 달리 혈치(穴峙) 혈티. 혈재. 구덩-터라고도 했는데 이는 경전선 철도의 개설에 따라 고개 밑으로 굴이 뚫리면서 그리 부르게 된 것이라 여겨진다.

5시30분 신풍고개 이정표 망호등으로 능선 오르막을 한동안 올라 체육시설이 있고 정자가 있는 백옥산 망호등 정상에 올라서니 5시50분이다. 마루금은 쉼터에서 왼쪽 산판길을 따라 내려오면 왼쪽에 농장을 따라오다 농장입구를 지나며 산판길을 따라오다 절개지에서 왼쪽으로 포장길을 따라 내려오면 용강마을 용화정 식당앞에 내려선다. 이 도로가 조금전 지나온 신풍고개로 연결된다. 6시3분 용화정앞 2차선 도로를 따라 오른쪽으로 나가면 용강마을 입구 이정표를 지나 고가도로 아래길을 통과한다.

좌표【 N 35° 16' 05.2" E 128° 38' 25.0"】

　용강마을 입구 이정표에 천주산 누리길 (도계안골) 1.55km 천주산 누리길(굴현고개) 3.9km이며 마루금은 고가도로 아랫길을 통과해 오른쪽으로 나가면 광신주유소 앞에서 오른쪽 포장길로 올라간다. 오늘산행은 이곳에서 마무리하고 주유소 앞에서 창원콜택시에 전화를 걸어 택시를 불러놓고 조금 있으니 택시가 온다. 택시기사한태 목욕탕을 물어보니 터미널 부근에는 목욕탕이 없다고 해 터미널 화장실에서 염치를 무릅 쓰고 머리도 감고 상의도 벗고 씻어 옷을 갈아입고 나오니 부산행 버스가 있어 부산 사상에 도착하니 해가 남아있다. 집에 오니 저녁 먹을 시간이다. 집사람 빨리 왔다며 앞으로는 부산에서 얼마 안 돼 마음이 놓인다고 한다.

제2차 낙남정맥 단독종주 10구간

용강고개 : 경상남도 창원시 의창구 도계동 용강고개
냉정고개 : 경상남도 김해시 부곡동 냉정마을 냉정고개
도상거리 : 용강고개 21.8km 냉정고개
소요시간 : 용강고개 12시간16분 냉정고개
이동시간 : 용강고개 10시간 36분 냉정고개
휴식시간 : 용강고개 1시간40분 냉정고개

용강고개 출발 7시19분, 산마루카페 입구 7시22분, 176.2봉 7시33분, 고압 전기박스 7시52분, 204.8봉 8시07분, 부치고개 8시14분, 봉림산정상 8시53분, 서목고개 8시59분, 정병산정상 9시58분, 독수리봉 10시25분, 내정병봉정상 11시04분, 용추고개 11시28분, 415봉정상 11시5분, 비음산 갈림길 1시52분, 남산치 2시12분, 내대암봉정상 2시54분, 대암산정상 3시39분, 삼정봉정상 4시38분, 용제봉정상 5시33분, 장유사사갈림길 6시01분, 임도사거리 6시29분, 504봉정상 6시47분, 471.3봉 6시52분, 임도 산행초입 7 21분, 냉정고개 1042번도로 7시27분

2015년 7월 19일 아침 이슬비 낮에는 맑음

이번구간은 차츰 부산에서 거리가 가까워진다. 사상에서 6시 20분 마산행 버스로 마산에서 택시로 (7000원)용강고개 광신주유소 앞 산마루카페 입구에 도착하니 7시15분이다. 산행준비를 하고 7시19분 출발해 산마루카페입구 포장도로를 3분가면 산마루카페(산마루 가든)건물 앞에서 왼쪽이 진입로다. 건물아래 공터에 돌탑이 줄지어 많이 있고 주차장 안에 2층 건물이 있다. 마루금은 산마루가든 왼쪽 진입로를 따라가면 더러는 통나무계단과 오른쪽 파란망 울타리를 따라올라 이정표가 있는 삼거리

에 올라서니 7시29분이다. 이정표(←사격장 약수터 4km ↗숲속나들이길 도계체육공원 1.2km ↘천주산 누리길 용강마을회관 0.9km ↘천주산 누리길 용강마을 뒤 갈림길 3.3km)가 있으며 마루금은 직진 사격장쪽으로 2분쯤 가면 벤취가 있고 정상에 있어야할 낙남정맥 176.2m 준희 표찰이 소나무 등컬에 놓여 있다. 오르막을 2분 올라가니 넓은 공터에 체육시설이 있는 176.2봉 정상에 올라서니 7시33분이다. 정상 오른쪽 아래로 창원C.C(골푸장)이 내려다보이고 벤취와 체육시설이 있다. 마루금은 왼쪽으로 내리막을 내리며 능선을 가다 대나무밭 숲길을 가며 왼쪽에 감나무 농장과 건너편에 남해고속도로가 내려다보이고 고속도로 뒤로 구룡산이 건너다보인다.

능선을 오르내리며 고압전기박스를 7시52분 지나고 오른쪽에 골프장을 나무사이로 힐긋힐긋 보면서 잘나있는 능선을 오르내리며(낙남정맥 204.3m 준희) 표찰이 나무에 걸려있는 곳을 지나며 지도에는 198m로 되어있고 커다란 바위틈새에 거목이 자라고 있으며 바위가 버러질까 쇠줄로 바위를 동여매 있어 자세히 살펴보고 8시7분 내리막을 내려 부치고개에 내려서니 8시14분이다. 부치고개는 고개로 명칭만 있고 골프장으로 철문이 있으나 잠겨있고 사람이 다닌 흔적은 없고 철망 쪽문 위 경고문에 (골프장내에 무단출입하여 골프공이나 골프채를 습득하는 자는 경찰에 고발조치하겠습니다. 주 창원 컨트리클럽 대표 이사백)이라 쓰여 있고 마루금은 왼쪽 사면길로 이어진다. 잠시 왼쪽 골짜기를 내려섰다 올라 왼쪽은 탱자나무 울타리가 계속되며 능선을 오르내리며 오른쪽 골프장에는 벌써 골프 치는 사람들이 많이 와 있다. 오른쪽에 골프장을 나무 사이로 보며 능선을 가다 안내문 [1. 본 골프장은 ㈜창원 컨트리클럽 사유 재산이므로 무단출입을 금합니다. 2. 무단출입 시 발생되는 모든 사고의(골프공에 맞는 사고 등)책임은 본이에게 있음을 알려드립니다. 3.골프장내 출입을 원할 경우 아래 전화번호로 연락 하신 후 직원의 안내를 받으시기 바랍니다. 055-288-4112-6 주 창원 컨트리클럽]을 지나고 작은봉을 넘어가는데 멧돼지 지나간 흔적이 있으며 멧돼지를 만나면 대처요령 안내판이 있는 것으로 보아 이곳에 멧돼지가 살고 있는 것 같다.

　골프장을 지나 능선을 내려서니 용강고개 갈림길 삼거리가 나오며 이정표에 오른쪽은 숲속 나들이길 가마골 약수터 1.8km 천주산 8.5km 용강고개 1.2km 숲속나들이길 사격장 약수터 1.2km 이다. 삼거리를 지나면서 대나무밭이 계속되며 시누대밭을 10분 지나 봉림산 갈림길을 8시46분 지나간다. 봉림산 갈림길 이정표에 숲나들이길 가마골 약수터 2.4km 숲나들이길 사격장 약수터 0.6km 봉림산 정상 0.2km 이며 왼쪽길은 소목고개로 이어지며 오른쪽은 봉림산 정상에 올라섰다 소목고개로 내려선다. 마루금을 따라 오르막을 한동안 올라 봉림산 정상에 올라서니 8시53분이다.

좌표【 N 35" 15" 28.3"　E 128" 41" 00.0" **】**

　봉림산 정상에는 옛날에 있던 묘뒤에 자그마한 철탑이 있고 쉼터가 있으며 오른쪽에 체육시설도 옛날그대로다. 휴일이라 그런지 벌써 등산하는 사람들이 많이 올라와있고 왕래하는 사람들이 있다. 이곳에서부터는 정병산 오르는 사람들이 많아 외롭지는 않다. 마루금은 왼쪽으로 내리막이 이어지며 잘나있는 길을 한동안 내려와 쉼터가 있는 소목고개에 내려서니 8시59분이다. 오늘은 어쩐지 속도를 낼 시간인데도 힘이 없다. 어찌된 일일까? 소목고개에는 오른쪽에 창원 사격장 방면에서 올라오는 등산객들이 있고 벤취에서 쉬는 사람도 몇 명 있다. 소목고개 사거리이정표에(←봉림사 1.7km 정병산 1.2km→ ↑소목마을 1.2km ↓사격장 1.3km)이며 아래로 진영에서 창원시 외각 도로가 지나는 터널이 있으며 정병산 오르는 길은 사람들이 많이 다녀 등산로가 잘되어있다. 등산로를 따르다보면 오른쪽에 순흥안씨(順興安氏)종종 묘를 지나고 철탑을 지나 가파른 오르막이 시작되며 통나무계단길이 이어진다. 계단을 오르는데 오늘은 어쩐지 힘이 없다. 단숨에 올라갈 수 있는 길을 곳곳에 쉼터가 있어 몇번을 쉬며 올라가 나무계단을 올라 정자가 있는 곳에 올라서니 9시52분이다. 마루금은 오른쪽이고 정병산정상은 왼쪽에 있으며 암능을 올라 정상에 올라서니 9시56분이다

좌표【 N 35" 15" 48.3" E 128" 41" 31.0" 】

정병산 정상에는 암봉으로 정상석이 있고 전망이 좋아 창원 시내가 한눈에 들어오고 진영들판이 내려다보이며 가야할 능선 마루금이 줄지어 보인다. 오늘은 컨디션이 안좋아 힘들게 올라

왔으나 이제 능선이기에 잠시 배낭을 내려놓고 사진 몇판 찍고 10시2분 출발해 능선을 가다 7분후 헬기장을 지나고 계단을 내려 다시 오르막을 올라 513봉을 넘어 다시 나무계단을 내려 안부를 10시22분 지나며 이정표에 대암산정상 7.9km 비음산정상 5.7km 용추고개 2.4km 정병산 1.1km이며 암능을 오르지 않고 왼쪽 우회길로 돌아 448m 독수리 바위에 올라서니 10시25분이다.

좌표【 N 35" 15" 18.8"　E 128" 42" 03.6" 】

이곳에 정상석(정병산 수리鷲 봉峰 460m 명일산악회)이 있으며 전망이 좋아 창원시내가 앞에 내려다보이고 창원시내에서 보면 독수리같다하여 독수리바위(수리鷲 봉峰)이라 부른다고 한다. 사진 한판 찍고 출발해 가파른 내리막 계단을 한동안 내려와 능선을 가다 오르막을 올라 희괴한 소마무봉을 10시52분 지나 내리막을 내려 2분후 길상사 갈림길에 내려선다. 이정표에 대암산정상 6.8km 비음산정상 4.6km 용추계곡 1.2km 정병산정상 2.2km 길상사 1.4km 이며 오르막을 한동 안올라 내정병봉 정상에 올라서니 11시3분이다.

좌표【 N 35" 14" 58.2"　E 128" 42" 26.7" 】

내정병봉은 전망이 좋아 이곳도 창원시내가 훤히 내려다보이고 정상석에 內精兵峰 (俗名) 內鳳林峰 (古名) 493m 로 되어 있다. 정상에서 사진한판 찍고 내리막을 내려오니 체육시설이 있는 길상사갈림길이다. 이정표에 대암산정상 6.4km 비음산정상 4.2km 용추고개 0.8km 정병산 2.6km 길상사 1.5km 이며 통나무계단을 내려 11시17분 용추주차장 2.1km 갈림길을 지나고 우곡사 갈림길에 내려서니 11시19분이다. 이정표에←정병산정상 2.9km ↑우곡사 0.7km ↓길상사 1.6km 대암산정상 6.1km 비음산정상 3.9km 용추고개 0.5km→이며 잘나있는 능선길을 한동안 지나가 체육시설이 있는 용추고개에 도착하니 11시28분이다. 용추고개에는 많은 등산객이 올라와 운동을 하고 있고 비음산 오르는 등산객들도 많이 있다.

좌표【 N 35" 14" 45.5" E 128" 42" 52.3" 】

용추고개 이정표에 ←대암산정상 5.6km 비음산정상 3.4km ↓용추계곡 0.8km 정병산정상 3.4km→ 이며 운동기구가 여기

저기 설치되어있다. 용추고개를 지나 잘나있는 능선길을 가다 우곡사갈림길을 11시34분 지나간다. 우곡사 갈림길 이정표에. ←정병산정상 3.7km 용추고개 0.3km ↑우곡사 0.7km ↓용추7교 0.5km 대암산 5.3km 비음산 3.1km→이며 갈림길을 지나면서 왼쪽은 창원시를 벗어나 김해시 진영읍 우동리를 경계로 가파른 오르막이 시작된다. 가파른 오르막을 숨을 몰아쉬며 한동안 올라 415봉 능선분기점에 올라서니 11시45분이다.

좌표【 N35" 14" 39.22" E 128" 43" 18.80" 】

415봉 정상에는 능선 분기점으로 왼쪽은 노티재와 남해고속도로 김해터널로 연결되며 이정표에 ←정병산 정상 4.0km ↖노티재방면(진례시례하촌마을) 대암산정상 5.6km 비음산정상 2.8km↘이며 동으로 오던 마루금은 오른쪽 (남쪽)으로 이어지며 왼쪽은 김해시 진영읍에서 진례읍으로 경계를 이룬다. 잘나있는 능선을 따라 5분쯤 가다보면 두갈래 소나무에 누군가 목장군을 만들어놓았다. 이번구간은 등산로가 아주 양호해 산행하는데 어려움은 없고 주로 능선길이라 쉽게 접근한다. 잘나있는 능선 소나무밭길을 오르내리며 12시에 넓은 공터가 있는 575봉을 넘고 12시6분 이정표 ←정병산 정상 4.8km용추고개 1.4km 대암산 정상 4.1km 비음산 정상 1.9km↗를 지나 485.7봉에 올라서니 12시31분이다. 사진 한판 찍고 내리막을 내려 다시 오르막을 올라 505봉에 올라서 오른쪽 용추계곡과 비음산 왼쪽에 진례읍과 가야할 청라봉 대암산 용제봉 냉정고개까지 한눈에 들어온다. 사진 몇판 찍고 내리막을 내리며 왼쪽에 성(城)을 따라 내려오다 1시2분 자리를 잡고 점심을 먹고 잠시 바위에 누워 푸근히 쉬고 1시43분 출발해 용추계곡 갈림길 진례산성 동문에 내려서니 1시46분이다.

진례산성 동문지

진례산성은 포곡식(包谷式)축석 산성으로 성벽(城壁)은 주변에서 쉽게 구해지는 할석으로 지세(地勢)를 최대한 활용하여 축조(築造)하였다. 성벽(城壁)의 기초(基礎)는 구릉(丘陵)을 의지하여 바로 쌓아올린 육축(陸築)이며 성벽(城壁)은 구릉(丘陵)의 경사도에 따라 내탁식(內托式)과 협축식(俠築式)을 혼용 하였다. 시설물의 구축에 있어서도 지형적(地形的)조건에 맞추어 구릉(丘陵)사이에 낮게 형성된 고개에는 문지(門址)를 능선의 꺽임 부분에는 치(雉)를 조영하였고 이밖에 능선의 고도와 군데군데 드러난 암벽(岩壁)은 망대(望臺)등으로 이용 되었을 것으로 추정된다. 성(城)은 제4구간으로 나누어져 제2구간의 동문지는 성벽(城壁)보존이 가장 양호한 곳으로 다른 구간에 비해 경사가 완만하다. 동문지는 성벽에서 김해로 통하는 고개에 위치해 있으며 양쪽으로 거대한 자연암괴가 포진해있다.

삼거리 이정표에 ←정병산정상 6.1km ↓ 용추계곡입구 3.2km

비음산정상 0.6km→ 이며 이곳부터 조금 올라가면 계단길이 잘 돼있으며 계단길을 따라 비음산 삼거리에 올라서니 1시52분이다. 이정표에 ← 비음산정상0.4km ↑ 정병산정상 6.3km 대암산 정상 2.6km→이며 마루금은 왼쪽으로 이어진다. 잘나있는 길을 따라 3분후 517봉 청라봉에 올라서 다시 오른쪽 남쪽으로 마루금은 이어진다. 청나봉은 517m로 사방이 확트여 동북쪽으로 진례읍과 서쪽으로 창원시가 내려다보이며 멀리 마산시내가 보이며 무학산이 아련히 보인다.

  창원 진례산성(昌原 進禮山城)은 경상남도 기념물 제128호로 경상남도 창원시 토월동과 김해시 진례면의 경계인 비음산 정상 부분에 있는 성으로 가야시대에 쌓은 것으로 알려져 있다. 성의형식은 비음산 능선 위에서 골짜기를 안고 있는 포곡식(包谷式)이다. 사방이 높은 산으로 둘러싸여 있고 외부를 관측하고 성을 지키기에 유리하여 군사요새로서는 천혜의 지형이라 할 수 있다. 돌을 쌓아 만든 성벽의 둘레는 4km였다고 하나 지금은 대부분이 붕괴되었으며 동남쪽에만 일부가 남아있다. 자연석으로 쌓은 성의 높이는 1-2m이며 폭은 1m 내외이다. 성터주위로 산림이우거저 성의시설물을 확인하기 어렵지만 성문터 세곳이 확인되었다. 신증동국 여지승람(新增東國 與地勝覽)과 김해읍지(金海邑誌)에는 김해부(金海府)의 서쪽 약 26km지점에 진례산성이 있는데 옛터만 남아있다 신라시대에는 김인광(金仁匡)

으로 하여금 진례의 군사를 맡게 하였다 라고하는 기록이 있다. 또 여지집성(與地集城)에는 수로왕(首露王)때 한 왕자(王子)를 봉하여 진례성의 왕이 되게 하였으며 토성과 천문을 관측하는 첨성대(瞻星臺)가 있었는데 지금도 흔적이 남아있다 라고 하였다. 이러한 기록을 통해 볼때 이 성은 가야시대(伽倻時代)에 쌓은 것이라 추정된다. 마루금은 묘 아래로 잠시 내려 오르막을 올라 암봉 전망바위에 올라서니 2시2분이다.

 이곳은 전망이 뛰어나 창원시내가 한눈에 들어오고 진례일대와 가야할 대암산 용지봉등 전망이 아주 뛰어나다. 잠시 사방을 관망하고 사진도 몇판 찍어 둔다. 전망봉을 지나면서 철계단을 내려와 헬기장을 지나고 내리막을 내려와 남산치에 내려서니 2

시12분이다.

좌표【 N 35" 13" 28.7"   E 128" 43" 10.7" 】

　　남산치이정표에 ←정병산 정상7.0km ↑비음산정상 1.1km ↓굴반쉼터 1.3km 대암산정상 1.9km→이다. 남산치를 지나 오르막을 한동안 올라 철계단을 2시 33분 지나고 암능과 사면길을 한동안 올라 중간봉 쉼터를 지나 암능을 통과하고 올라서 소나무아래 쉼터가 있고 내대암산 550봉에 올라서니 2시54분이다. 내대암산이정표에 ←정병산 정상 7.7km 비음산정상 1.7km 대암산정상 1.2km 용제봉 3.9km→이다. 내대암봉 정상앞에 위험하오니 우회하라는 경고문이 있고 왼쪽으로 철계단을 내려오니 바위아래 삼거리 이정표가 있다. 삼거리 이정표에 ←정병산 정상 7.7km 비음산정상 1.7km ↓대방체육공원 1.8km 대암산정상 1.2km 용제봉 3.9km→이며 암능 사이를 통과해 오르막을 오르며 607.4봉에 올라서니 3시18분이다. 607.4정상에는 삼각점이 있으며 (낙남정맥 608.1 m 준희) 표찰이 나무에 걸려있고 리본이 많이 걸려있다. 마루금은 잠시 내리막을 내려 다시 오르막을 오르며 철계단을 올라 장군바위를 3시28분 지나간다. 장군바위는 높은 곳에 서서 부하들을 호령하는 기세를 엿볼 수 있는 바위로 장군바위라고 명명하였으며 엄지손가락을 치켜세운 모양과도 같아서 엄지바위라고도 한다. 장군바위를 지나 오르막을 오르며 3시36분 이정표를 지나간다. 이정표(←정병산정상

8.9km 비음산정상 2.9km 용지봉→)가 있으며 돌무덤을 지나 암능을 올라서니 3시29분 대암산 정상이다.

좌표【 N 35" 12" 22.6" E 128" 43" 45.3" 】

　대암산정상은 둥근 축대위에 자그마한 정상석이 있으며 사방이 확트여 전망이 좋으며 오늘은 일요일이라 등산객들이 많이 있으며 사진들을 찍느라 야단이다. 나도 젊은이에게 부탁해 사진을 여러장 찍고 잠시쉬면서 전망을 살펴보고 3시41분 출발해 능선분기 오른쪽길 왼쪽길 양쪽길에서 왼쪽길로 들어서 남으로 오던 마루금은 동쪽으로 암능 삼거리에서 오른쪽은 대방 나들목 입구이고 좌측이 용지봉 방면이다. 이정표에 ←용지봉 2.5km ↓ 대암산 0.2km 대방나들목 2.3km →이며 가파른 내리막

을 한동안 내려 안부삼거리에 내려서니 3시56분이다. 삼거리에는 쉼터가 있고 삼거리이정표에 ←비음산정상 3.8km 대암산정상0.6km ↙대방나들목 2.4km 용지봉 2.1km→이며 능선 오르막을 오르는데 오른쪽 사면길로 오르막을 한동안 올라 돌탑이 여기저기 여러개 있는 곳을 4시16분 올라서 잠시 쉬며 갈증도 면하고 허리쉼을 하고 암능 오른쪽 사면길을 돌아올라 이정표 ←비음산 4.5km 대암산 1.2km 용지봉 1.4km→위에 신정봉 704봉에 올라서니 4시38분이다. 신정봉정상은 돌탑(돌무덤)위에 신정산708m 라 쓰여 있고 앞에 용지봉이 올려다 보인다. 능선 내리막을 약간 내리다 오르막을 오르며 이정표 대암산 1,7km 용지봉 0.9km를 4시 51분 지나 3분후 쉼터 평상이 있는 682봉을 지나 오르막을 오르며 4분후 고압 철탑을 지나 가파른 오르막을 오르며 삼거리 이정표(←대암산 2.0km ↓삼정자동 4.4km 용지봉0.6km→를 지나 가파른 오르막을 숨을 몰아쉬며 한동안 올라 용지봉 정상에 올라서니 5시31분이다.

좌표【 N 35" 12" 05.1"   E 128" 45" 04.8" 】

용제봉의 유래

용제봉는 장유면과 진례면 그리고 창원시 불모산 등에 걸쳐 있는 산이다. 용제봉은 한자로 龍祭峯 龍蹄峯 龍池峯으로 여러 유래가 있다. 龍祭峯이란, 비를 관장하는 용에게 기우제를 지내는 봉우리라고하여 龍祭 봉이라 명명했을 것으로 추정되며 조선시대에는 祈雨壇이 있었다고 전해지고 있고 龍蹄峯은 진례 신안무송의 龍沼에서 용이 승천하면서 잠간 쉬었다 간 발자욱이 바위에 남아있다고 하여 龍蹄峯으로 유래되고 있다. 龍池峯은 龍祭봉, 龍蹄峯,의 자음 용제봉이 용지봉으로 변이 된 것을 그렇게 차차 표기한 것으로 보여지며 위의 여러 유래에서 보듯이 龍祭峯 龍蹄峯 龍池峯 모두 사용이 가능하다고 사료되어 어느 지명을 사용하느냐 하는 것보다 누구나 즐겨찾는 용제봉이 될 수 있도록 마음이 중요 하다고 하겠습니다.

용제봉(744m) 정상에는 검은 오석에 용제봉(龍祭峰海拔 723m)라고 쓰여 있고 뒷면에 飛龍上天形이라 쓰여 있다. 그리고 화강석 제단이 있고 넓은 공터 이정표에 ←비음산 5.8km 대암

산 2.7km ↗전경부대 5km 불모산정상 4.7km 상점령 2.0km 장유사 1.1km 윗상점 5.4km↘이며 불모산은 오른쪽 능선이고 낙남정맥 마루금은 왼쪽 정자쪽으로 내려간다. 이제는 내려가는 길이고 저녁때라 그렇게도 무덥던 날씨도 선들바람이 불어온다. 냉정고개까지는 두시간 이상 내려 가야기에 바쁘게 서들어 가파른 내리막을 내려와 장유사 삼거리에 내려오니 6시2분이다. 이정표에 ←용지봉 1.4km 장유사 1.4km↓ 전경부대 3.6km →이며 잘나있는 등산로를 따라 잘자란 잣나무 숲길을 따라 능선길을 한동안 내려 523봉을 지나 가파른 내리막을 내려와 임도사거리에 내려서니 6시28분이다. 임도에는 쉼터도 있고 왼쪽에 자그마한 사각정자도 있으며 이정표에 ←용지봉 2.4km ↑ 진례평지 ↓ 장유대청 전경부대 2.6km→이다. 잠시 쉼터에서 쉬면서 배터리를 갈아 끼우고 시간이 없어 바로 출발해 능선을 가다 오르막을 한동안 올라 504봉에 올라서니 6시47분이다. 전망바위에서 잠시 냉정고개 내려가는 길을 가름해보고 능선을 내려와 6시50분 장유체육공원 삼거리를 지나 왼쪽길로 2분쯤 가니 삼각점이 있는 473.2봉이다.

좌표【 N 35" 12" 38.3" E 128" 46" 46.3" 】

마루금은 473.2봉을 지나 능선을 가다 6시54분 고압철탑을 지나면서 마루금은 왼쪽(북쪽)으로 급경사로 내려가며 3분 후 두번째 철탑을 지나고 7시3분 갈림길에서 왼쪽에 리본을 따라

내려와 가파른 계곡길을 한동안 내려와 보니 아마도 삼거리에서 능선길이 좋은길 같은데 옛길을 따라 내려오다 보니 길이 험하다. 능선에 접어들어 내려와 이정표가 있는 임도에 내려서니 7시21분이다. 임도 이정표에 ←용지봉 5.0km 황새봉 6.1km → 이며 이제부터 임도를 따라간다. 임도를 따라 내려오다 오른쪽 과수원을 지나면서 포장길을 따라 오다 오른쪽에 커다란 물탱크를 지나 7시27분 전경련 정문앞을 지나면서 포장도로를 따르다 젖소농장을 지나 내려오니 4차선도로다. 1차때는 구도로였는데 냉정마을은 오른쪽으로 구도로를 따라가고 4 차선 도로는 고가도로 로 바로 장유로 간다.

좌표【 N 35° 13" 21.4" E 128° 46" 51.3" 】

　도로에 내려오니 마침 택시가 온다. 부랴부랴 마무리를 하고 택시로 장유에 와서 목욕탕에 들려 샤워를 하고 버스 정류장에 나오니 버스가 없어 20여분 기다리니 부산행 버스가 온다. 버스로 사상 터미널에 도착하니 8시40분 집에 오니 9시20분이다. 이제 앞으로 2구간 남았고 부산과 가까워 시간 나는 데로 해도 된다.

제2차 낙남정맥 단독종주 11구간

냉정고개 : 경상남도 김해시 부곡동 냉정마을 냉정고개
나팔고개 : 경상남도 김해시 삼계동 나팔고개
도상거리 : 냉정고개 17.5km 나팔고개
소요시간 : 냉정고개 9시간 31분. 나팔고개

냉정고개 출발 7시 02분, 고속도로 굴다리 7시 10분, 국악연수원 7시 17분, 매봉산 갈림길포장도로 7시 47분, 338봉 체육시설 8시 03분, 불티재 8시 12분, 396봉 8시 28분, 332봉 철탑 8시 41분, 황새봉 9시 03분, 누룽내미재 9시 47분, 김해추모공원 추차장 9시 57분, 쇠금산 10시 27분, 낙원공원묘지 11시 12분, 성원 ENT주 11시 39분, 망천고개 13시 06분, 상리고개 15시 45분, 392봉 17시 13분, 나팔고개 17시 56분

2015년 8월 2일 맑음

　오늘이 날씨가 더울 것 같아 아침에 잠간 볼일을 보고 사상터미널에서 6시30분 진영행 버스로(요금 2,300원) 장유를 경유 냉정고개에 도착하니 6시55분이다. 산행준비를 하고 7시2분 출발한다. 1차때는 철탑능선을 가다 길이 없어 해매며 고생한 게 생각나 전임자들 기록대로 마을 앞 농로를 따라가 남해고속도로 지하통로(굴다리)를 통과한다. 굴다리를 지나 가축 축사앞에서 왼쪽으로 포장도로를 따라가다 삼거리에서 오른쪽 국악연수원길로 들어서 올라가다 국악연수원은 왼쪽에 정문이 있고 직진으로 조금가면 이정표가 나온다. 이정표에←전경부대 1.1km 등산로입구→를 7시17분 지나 밭둑에 올라서 2분후 밭 끝에서 숲길로 들어선다. 등산로 입구에 리봉이 몇게 걸려있고 허술한 통나무 계단을 올라서면 길다란 줄에 표지기가 여러개 걸려있어 나도 리봉을 걸고 숲길을 한동안 올라 7시26분 능선에 올라선다. 이곳이 단고개인 모양인데 아무 표시도 없고 오른쪽 능선길을 따라 2분 후 고압철탑을 지나며 오르막을 한동안 올라 묘 옆길을 지나 철탑아래 이정표＼국악원1.0km 황새봉 4.0km ╱에서 7시28분 고압 철탑을 오른쪽에 두고 오르막을 올라가 임도를 건너 숲길 오르막을 올라 매봉산 분기봉에 올라서니 7시44분이다. 보통 종주자들은 이곳을 통과하는 사람이 별로 없고 임도를 따라갔는지 이길이 숲풀에 덮여 잘보이지 않는다. 매봉산 능선분기봉에서 왼쪽으로 풀숲길을 헤치고 내려와 임도에 내려서니 7시47분이다. 임도를 따라가다 7시59분 임도는 오른쪽으로 가고 마루금은 직진으로 돌계단 6개를 올라서 가파른 오르막을 풀숲을 헤치며 올라 체육시설이 있는 338봉에 올라서니 8시4분이다.

좌표【N 35" 14" 33.8"　E 128"47' 37.6"】

2007년 3월 6일 일차때는 체육시설을 이용하는 사람이 많았는데 지금은 사용을 안해 시설물이 많이 훼손되고 정맥종주하는 사람조차 이곳을 통과하지 않고 거의가 임도로 다녀 잡풀이 우거저 헤쳐 나가는데 보통 힘든 게 아니다. 이정표에←국악원 2.4km ↑양동산성 1.0km 황새봉 2,6km→이며 체육시설아래 인동장씨묘도 풀섶에 무쳐있고 묘를 지나 풀섶길을 헤치고 내려와 임도에 내려서 불티재를 8시12분 지나 삼거리 이정표 ↑왼쪽(진례쪽)이 미륵암 방향이고 직진에 황새봉 2.0km →이다. 불티재를 지나면서 임도는 오른쪽으로 가고 직진으로 오르막을 오르는데 포클레인으로 길을 만들어 오르기가 수월하다. 가파른 오르막을 한동안 올라 396봉에 올라서니 8시28분이다. 지도에는 396m인데 준희가 걸어놓은 표찰에는 낙남정맥 395.7m로 되어있다. 396봉에서 왼쪽 11시 방향으로 내려가 내삼 저수지 삼거리를 8시37분 지나간다. 이정표에 ←냉정고개 4.9km ↓내수저수지 1.6km 황새봉 1.2km→이며 긴의자(쉼터) 2개가 있다. 갈림길을 지나 오르막을 올라 332봉에 올라서니 8시41분이다. 이곳도 준희가 걸어놓은 표찰에 낙남정맥 종주하시는 산님들 힘.힘.힘내세요.란 팻말을 보고 모두들 힘냈으리라 생각된다. 332봉 조금아래 왼쪽에 (154kv 신계 T/L 15번)송전철탑이 있으며 내리막을 3분내려 안부에서 다시 오르막을 올라 (154kv 신계 N/D16번)송전철탑을 지나 오르막을 한동안 올라 황새봉정상에 올라서니 9시3분이다.

좌표【 N 35" 15" 43.3" E 128" 47" 44.4" 】

황새봉정상에는 삼각점이 있으며 이정표에 황새봉 ←냉정고개 6.1km 추모의 공원 1.9km 금음산 정상 2.9km→이며 이정표 중간에 준희 표찰이 낙남정맥 황새봉 393.1m가 걸려있다. 잠시 배낭을 내려놓고 사진 몇 판 찍고 허리쉼을 하며 갈증을 면하고 9시16분 출발해 오른쪽 2시 방향으로 가파른 내리막을 내려 체육시설이 있고 쉼터가 있는 곳을 9시20분 지나 잘나

있는 능선길을 가며 3분후 내삼폭포 갈림길을 지나간다. 이정표←황새봉 0.4km 내삼폭포 1.5km↓ 추모의공원 1.5km→를 지나면서 왼쪽으로 능선을 가다 3분후 덕암 갈림길을 지나간다. 이정표에←황새봉 0.6km 덕암↓ 추모의공원 1.3km→ 를 지나고 좌우로 능선을 가며 9시32분 고령마을 갈림길을 지나간다. 이정표에←황새봉 1.1km 고령마을 0.4km↑ 추모의공원 0.8km →이며 잘나있는 길을 따라 오르막을 올라 3분후 작은봉을 지나면서 왼쪽은 진례면을 벗어나 한림면과 오른쪽은 주촌면을 경계로 마루금은 이어지며 이정표←황새봉 1.2km 추모의공원 0.7km↑를 지나 잘나있는 길은 왼쪽으로 가고 표지기가 걸려있는 직진소로로 들어서 능선에 올라서니 9시42분이다. 건너편에 추모공원이 내려다보이며 가파른 내리막을 한동안 내려와 조금 전에 갈여간 길을 만나 이정표 ←황새봉 1.6km 추모의 공원 0.3km이며 준희님이 소나무에 걸어놓은 표찰에 '여기가 누룸내미재입니다'라고 되어있고 임도를 따라 6분 내려오니 추모공원 포장도로다. 이곳은 아래로 14번 국도터널이 지나가고 포장도로를 따라 오르막을 올라 김해추모의집 앞을 지나 주차장 앞 김해추모의 공원 표지석을 지나면서 오른쪽으로 공원내 도로를 따라 올라가 비포장농로를 따라 능선을 돌아 오른쪽으로 내려오니 다시 큰길이 나오며 큰길을 따르다 오른쪽 공원묘지 계단을 한동안 올라 10시19분 금음부락 갈림봉에 올라선다. 이정표에 ←추모의 공원 0.8km ↑금음부락 1.6km 낙원묘지 2.3km→ 이며 준희님이 걸어놓은 표찰에 낙남정맥 376,1m로 되어있고 어떤 지도에는 365.3m로 되어있는데 헷갈린다. 마루금은 오른쪽으로 내리막을 내려 다시 오르막을 올라 10시27분 금음산(쇠금산)정상에 올라선다.

좌표【 N 35" 16" 26.1" E 128" 48" 50.4" 】

금음산 정상에는 검정색 오석에 쇠금산 350.8m로 되어있어 지도에 376m가 지나온 봉이 맞는 것 같다. 정상석에서 사진 한 판 찍고 내리막을 내려와 운동기구가 있는 쉼터에서 잠시쉬면서 간식을 먹고 10시44분 출발해 내리막을 한동안 내려가 11시 1분 신천마을 삼거리를 지나간다. 이정표에 ←추모의공원 2.2 km 신천마을 0.6km↑ 낙원묘지 0.9km→를 지나 2분후 낙원공원묘지를 오른쪽에 두고 왼쪽으로 비포장도로를 따라 내려와 11시9분 공원묘지 도로에 내려선다. 도로를 따라 공원입구 전광판 앞에 도착하니 11시12분이다.

좌표【 N 35° 16" 02.2" E 128° 49" 50.4" 】

　전광판 도로옆 나무그늘에서 잠시 쉬며 갈증을 면하고 11시16분 출발해 도로를 따르다 공원묘지 왼쪽 돌계단을 한동안 올라 공원묘지 뒤 271.9봉에 올라서니 11시30분이다. 정상에서 왼쪽 숲길로 들어서 5분후 28번 송전철탑을 지나고 내리막을 내리며 2분후 허씨묘(處士盆城 許公之墓)를 지나고 내리막을 내려오며 11시39분 왼쪽에 잘 정돈된 납골당을 지나 성원ENT 주식회사 공장 앞 포장도로에 내려서니 11시49분이다. ※[마루금은 주식회사 명송 입구에서 오른쪽으로 포장도로를 따라가다 삼거리에서 왼쪽길로 들어서 해성그린환경 앞을 지나 주 KJ 케미컬 끝에서 포장길을 따르다 왼쪽으로 등산로를 따라 오르면 정맥길과 만나 능선길 오르막을 올라서면 237.9봉이다. 참조하기 바란다.] ≪이곳은 1차때도 길을 가로막아 해매다 길을 찾아 올라갔는데 이번에는 무조건 공장안으로 들어가 능선에 올라서니 흙더미가 앞을 가로막아 주위를 살펴보니 왼쪽에 길이 보여 다시 내려와 공장기계 있는 왼쪽길로 올라가 숲길을 올라가 흑덤이 위에서 가름해보니 건너편 철탑으로 가야 하는데 잡풀과

가시넝쿨이 얽혀있어 어디로 가야할까 생각하다 무조건 가시덤불을 헤치고 들어가 송전철탑위로 올라서니 길이 나온다. 약 500m 거리를 30분가량 걸어 오다보니 힘이 빠진다. 능선길을 찾아 오르막을 올라 237.9봉에 올라서니 12시 29분이다.≫

정상에는 준희님이 걸어놓은 낙남정맥 237.9m 표찰이 있고 다른 표식은 없다. 237.9봉을 지나면서 오른쪽은 주촌면을 벗어나 김해시 삼계동과 한림면을 경계로 마루금은 정상에서 왼쪽으로 내리막을 한동안 내려와 송전 철탑을 12시44분 지나 급경사 내리막을 내려 망천고개 LPG 셀프 주유소 앞에 내려서니 12시58분이다.

좌표【 N 35" 16" 23.9"　　E 128" 60" 56.6" 】

망천고개는 김해시 삼계동에서 한림면 신천리를 넘는 4차선 도로이며 절계지 끝 철망 옆 전봇대 아래로 내려서면 왼쪽에 LPG 셀프가스 충전소가 있다. 건널목은 한림쪽으로 자이언트 가구점 아래에 있을 것 같아 차가없는 사이 중앙 분리대를 넘어 건너편 김해 천연가스 충전소 사무소에서 시원한 물 3컵을 먹고 나니 갈증이 면한다. 충전소를 지나 충전소위 도로나무그늘에서 점심을 먹고 2시에 출발해 가파른 오르막을 한동안 올라 작은봉에 올라서니 2시16분이다. 이제는 산행하기가 가장 힘든 시간이다. 잠시 쉬고 철탑을 지나 내리막을 내려서니 포장도로다. 이도로는 망천고개에서 상리고개로 이어지는 도로다. 2시 29분 도로를 건너 44번 송전탑을 2시40분 지나고 오르막을 오르며 11번 철탑봉에 올라서니 2시48분이다. 철탑봉에 올라서니 아래로 산을 무참히도 깎아내려 벌거숭이산으로 변해있고 왼쪽 건너편에 공사하는 포클레인 2대가 있으며 마루금은 왼쪽으로 내리막을 내려가 임도를 따라가 포클레인 옆 나무그늘에서 포근히 쉰다. 나무그늘에서 포근히 쉬고 갈증도면하고 3시20분 공사도로를 따라가다 오른쪽으로 도로를 따라가 고압철탑 44번을 지나면서 예전 마루금은 11번 철탑봉에서 직진 능선으로 이어졌었는데 왼쪽능선으로 돌아 올라와 능선을 따라 산판길을 따라가며 13번 고압철탑을 지나고 내리막을 내려 42번 철탑을 지나며 오른쪽으로 가파른 내리막을 내려가다 산판길은 오른쪽으로 가고 직진으로 자세히 보면 숲속에 리봉이 걸려있어 힘한 길을 내려서니 희미한 길이 나타난다. 숲길 가파른 내리막을 내려 상리고개에 내려서니 3시40분이다. 이 구간은 공사가 끝나면 길이 정돈되어 변할 것으로 본다.

좌표【 N 35" 18" 19.3" E 128" 51" 13.1" **】**

상리고개는 김해시 삼계동 가분마을에서 한림면 상리를 넘는 포장도로가 지나간다. 낙원공원 271.9봉을 지나면서 길이 힘하고 날씨도 더워 산행하기 힘들어 진전이 안된다. 상리고개에서 피로가 너무 심해 마칠까 생각하다 그래도 나팔고개 까지 가기로 마음먹고 포근히 쉬고 4시에 출발해 희미한 리봉을 따라 올라가다보니 길이 나타나지 않아 이리저리 해매며 능선을 치고 올라 40번 철탑이 있는 산판길 임도에 올라서니 4시31분이다. 없는 길을 찾아 올라오다 보니 얼마되지 않은 거리를 반시간 넘게 올라와 힘이 쭉 빠진다. 자갈 임도에서 5분간 쉬고 나무계단을 오르면서 길이 잘 나타난다. 아마도 이곳까지는 임도를 따라 올라 오고 정맥꾼들만 올라오다보니 확실한 길이 없어 나름대로 올라와 이곳에서 합류해 계단도 잘 만들어 놓았으며 오르는데도 로프로 잘되어 있어 오르기가 수월하다. 계속해서 밧줄을 잡아가며 가파른 오르막을 힘들게 올라 5시8분 16번 철탑을 지나 능선 오르막을 올라 392봉에 올라서니 5시13분이다. 마루금은 392봉을 지나면서 오른쪽으로 내리막을 내려 다시왼쪽으로 내리막을 한동안 내려 안부에서 5시38분 오른쪽으로 급경사 내리막을 내려와 포장도로에 내려서니 5시49분이다. 마루금은 오른쪽으로 포장길을 따르며 오른쪽에 운동장을 지나고 왼쪽에 물탱크를 지나 오른쪽에 김해수련원 건물을 지나고 영업을 안하는지 허술한 모텔건물을 지나 내려와 나밭고개인 58번국도에 내려서니 5시56분이다.

좌표【 N 35" 17" 23.9" E 128" 52" 07.8" 】

나밭고개는 한림대로 왕복 6차선 도로이며 김해시 삼계동에서 한림면을 넘는 고개이고 마루금은 도로를 건너 천리교 입구 도로에서 천리교 도로를 따른다. 마침 도로가에 오니 택시가 있어 정리도 않고 택시로 가야대학 전철역에 오면서 택시기사가

수왕 사우나에서 내려주어 사우나에서 사워를 하고 나와 가야 대학역에서 경전철로 사상에서 161번 버스로 집에 오니 집사람 일찍 왔다며 고생 했다고 격려 해준다. 이제는 낙남정맥도 마지막 구간만 남겨놓았다.

제2차 낙남정맥 단독종주 12구간

나팔고개 : 경상남도 김해시 삼계동 나팔고개
생명고개 : 경상남도 김해시 대동면 주동리
도상거리 : 나팔고개 9.5km 생명고개
소요시간 : 나팔고개 4시간 13분
나팔고개 출발 7시 10분, 옥선봉 7시 50분, 수로봉 8시 16분,
천문대 갈림길 8시 46분, 영운리고개 다리위 8시 56분,
가야 칸트리클럽 광장 9시17분, 신어산서봉 10시 34분,
신어산정상 11시 04분, 신어산동봉 11시 35분, 생명고개 12시 05분

생명고개 : 경상남도 김해시 대동면 주동리 생명고개
고암나루 : 경상남도 김해시 상동면 매리 동신우산 고암나루
도상거리 : 생명고개 8,6km 고암나루
소요시간 : 생명고개 5시간43분, 고암나루
이동시간 : 생명고개 4시간11분, 고암나루
생명고개 출발 9시 57분, 터실앞산 10시 9분, 452봉 정상 10시 34분,
장척산 정상 10시 51분, 시래봉정상 11시 51분, 예덕산 12시 20분,
소망마을 갈림길 12시 30분, 선무봉 백두산 갈림길 12시 41분,
덕산갈림길 13시 15분, 새부리봉 13시 40분, 동신어산정상 14시 25분,
267봉 15시 09분, 180봉 15시 33분, 매리교고암나루 15시 46분

 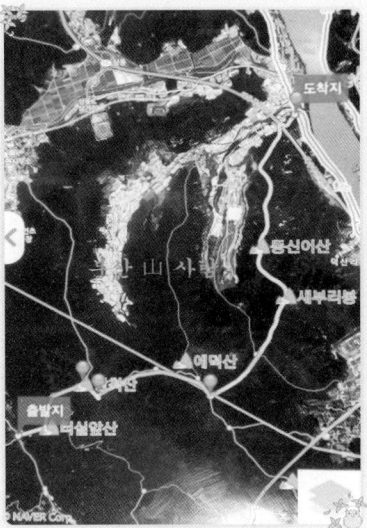

2015년 8월 7일 맑음

  오늘은 김해구간이고 오전산행으로 일찍 마쳐야 하기에 아침을 먹고 사상에서 경전철로 김해 가야대역에서 택시(28,000)로 나팔고개에 도착하여 산행준비를 하고 7시10분 출발한다. 마루금은 삼거리에서 천리교 한국전도청 도로를 따라가다 나팔고개 마루에서 오른쪽 숲길로 들어선다. 마루금은 347.4봉에서 이곳으로 능선이 이어지는데 채석장이 산을 깎아내 맥이 아닌 도로를 따라오다 이곳에서 다시 맥을 이어간다. 진입로는 일명 나팔고개에서 오른쪽 숲길로 들어서 묘를 지나고 능선에 올라서면 왼쪽 아래로 천리교 한국전도청 한국교단 건물을 보며 능선으

로 올라서 임도를 따라가다 7분후 오르막을 오르며 가파른 오르막을 숨을 몰아쉬며 올라 7시29분 암능을 올라서 계속해서 가파른 오르막을 올라 378봉에 올라서니 7시37분이다.

　잠시 허리쉼을 하고 동으로 오르던 마루금은 오른쪽(남쪽)으로 능선을 가며 능선 왼쪽 편백나무 숲을 따라 오르락내리락 청주한씨 묘를 지나고 잘나있는 능선길을 가며 계속해서 왼쪽 편백나무숲을 따라가며 잠시 오르막을 올라 옥선봉(337m)에 올라서니 7시50분이다. 옥선봉은 누군가 지은 이름이고 예전에는 돌무덤만 있던 곳인데 돌무덤 위 노란 풋말에(낙남정맥 옥선봉 320m 광발산악회)가 있으며 쉬어갈수 있는 공터로 되어있다. 옥선봉을 지나 내리막을 3분 내려 다시 오르막을 올라 소도마을 갈림길을 지나고 가파른 오르막을 올라 삼각점이 있는 402.9

봉에 올라서니 8시3분이다.

좌표【 N 35" 16" 39.0"　E 128" 52" 42.4" 】

　402.9봉을 지나 능선 내리막을 내려 안부 사거리에 입산금지 표지석을 지나 오르막을 한동안 올라 수로봉 정상에 올라서니 8시16분이다. 수로봉 정상에는 김해 한울타리 상악회에서 2015년 5월31일 세운 오석(검은돌)에 수로봉 418m 표지석이 있으며 넓은 공터에 많은 리봉이 걸려있다. 수로봉은 지도에는 나와 있지 않으나 근래에 지은 이름이며 많은 등산객들이 이곳을 지나며 쉬어가는 곳으로 앞으로는 수로봉으로 인정하며 정상빼지도 등록되어있다.

좌표【 N 35" 16" 27.26"　E 128" 52" 54.28" 】

　잠시 쉬면서 사진 한판 찍어두고 8시26분 출발해 내리막을 내려 사거리 갈림길을 지나고 능선을 오르내리며 임도에 내려서니 8시39분이다. 임도에는 쉼터도 있고 등산객들이 여러명 올라와 쉬고 있다. 마루금은 직진(남쪽천문대방향)으로 오르막을 올라 철탑봉 분기점에서 왼쪽으로 내려가야 하는데 길도 희미하고 아무런 표시가 없어 천문대쪽으로 3분정도가다 다시 돌아와 희미한 길을 찾아 들어가니 표시기가 나뭇가지에 걸려있다. 낙엽이 지면 전망이 잘보여 금세 알 수 있지만 사방이 숲으로 가려 잘보이지 않아 잠시 헛걸음을 했다. 이 길은 정맥꾼 외에는 다니지 않아 길이 협소하다. 남으로 오던 마루금은 동쪽으

로 건너편 신우산을 보며 내리막을 한동안 내려 골프장 2번홀에 내려서니 8시54분이다. 다행히 아침이라 골프 치는 사람이 없어 2번홀을 가로질러 영운리 고개 골프장 고가도로를 8시56분 지나면서 아래로 김해시 상방리에서 생림면 나전리를 넘는 도로를 내려다보며 육교를 건너 9번홀 끝을 지나 8시58분 8번홀에서 왼쪽길을 따라가다 8번홀 끝에서 오른쪽으로 8번홀을 넘어서 3번홀을 지나면서 9시5분 능선 숲길로 들어서 능선을 오르는데 길이 희미하고 잡풀이 엉켜 가까스로 올라서니 가야 C.C 클럽하우스 창고로 가는 임도가 나오며 9시10분 창고 건물을 지나면 주차장이 나온다. 정맥은 하우스 뒤편으로 이어지나 길이 없고 주차장을 지나가야 C.C 클럽하우스 본부 건물 앞을 지나면 왼쪽으로 낙동정맥가는 길 이정표가 있다. 이곳을 지나는 정맥은 낙남 정맥인데 등산로 길안내판에 낙동정맥이라 잘못되어 있어도 고치는 사람이 없고 그대로다. 9시18분, 왼쪽으로 조금가면 등산로 안내판이 있으며 도로를 따라가다 오른쪽 9번홀 위쪽으로 세면 포장도로를 따라 가다 능선으로 올라 412을 넘어야 하는데 능선을 왼쪽에 두고 오른쪽 아래 9번홀을 내려다보며 포장길을 따라 한동안 올라가다 커브길에서 오른쪽으로 숲길로 들어서 내리막을 내려간다. 1차때에는 골프장 물탱크가 있는 412봉을 통과했는데 오늘은 길이 없어 도로를 따라와 이곳에서 정맥길로 들어서 길이 잘나타나지 않은 잡풀숲길을 헤치며 내리막을 내려 8번홀에 내려서니 9시 32분이다. 8번홀에는 남녀 한팀이 골프를 치고 있다. 8번홀 오른쪽 갓갈을 따라가다 임도를 만나 8번홀 오른쪽에서 능선으로 들어서면서 오르막이 시작된다. 잠시쉬면서 갈증을 면하고 9시39분 출발해 가파른 오르막을 좌우로 올라 10시9분 암능을 지나고 계속해서 가파른 오르막을 숨을 몰아쉬며 올라 신어산 서봉에 올라서니 10시30분이다.

좌표【 N 35° 16' 30.9"   E 128° 54' 35.3" 】

신어산 서봉은 능선 분기봉으로 왼쪽은 상동면 묵방리로 이정표에 상동 묵방리 1.7km 신어산 헬기장 0.3km이며 돌무덤이 있으며 화강석 표지석에 신어산 서봉 630m이며 마루금은 오른쪽으로 이어진다. 잠시 쉬면서 갈증도 면하고 배낭을 내려놓고 사진 몇판 찍고 10시37분 출발해 암능 능선을 지나고 10시45분 헬기장에 내려선다. 헬기장 이정표에 영운리고개 3.0km 은하사

1.3km이며 은하사는 오른쪽으로 내려가고 마루금은 직진으로 능선 내리막을 내려 구름다리를 10시54분 지나면서 오르막을 한동안 올라 영구암 갈림길 쉼터에 올라서니 10시58분이다. 쉼터에는 여러개의 평상이 있고 신어산 안내간판이 있고 영구암은 오른쪽 300m 지점에 있다. 삼거리를 지나 2분후 헬기장을 지나고 신어산 전망대 팔각정을 지나 나무 계단을 한동안 올라 신어산 정상에 올라서니 11시5분이다. 신어산 전망대(展望臺)는 김해시민의 안락한 휴식과 아름다운 신어산 감상을 위해 경남은행이 건축하여 2007년 9월 김해시에 기증하였으며 展望臺 이름은 神魚亭이라 되어있다.

좌표【 N 35" 16" 11.8" E 128" 55" 35.5" 】

신어산은 서쪽으로 서봉 630m 중앙에 신어산 정상 631.1m

동쪽에 신어산 동봉605m로 신어산 정상이 가운데 봉으로 제일 높은 봉이고 정상에는 삼각점이 있고 산불 감시초소가 있으며 오석(검은돌) 표지석에 신어산 631.1m로 되어있고 전망이 확 뛰어나 사방이 잘보이고 오른쪽에 김해시내가 내려다보이며 서 부산 일대 낙동정맥 금정산 백양산 구덕산등 많은 산과 들 시내가 한눈에 들어오고 가야할 장척산 동신어산 등 낙남정맥 끝자락이 보인다.

신어산 정상 이정표에 매리10.3km 선암다리 6.4km 영운리고개 4.0km이다. 정상에서 사진 몇판 찍고 갈증을 면하고 11시19분 출발해 내리막을 내려 철쭉 군락지를 지나 선암다리 갈림길을 11시24분 지나간다. 삼거리 이정표에 상동 매리 10.0km 신어산 정상 0.3km 선암다리 6.1km 천불사 3.8km 이며 선암다리

는 오른쪽으로 내려가고 마루금은 직진으로 동봉을 향해 올라간다. 신어산은 일반 산행으로 여러번 오른 산이라 길이 익숙하며 신어산 동봉에 올라서니 11시35분이다. 신어산 동봉에도 서봉과 같이 김해 가야산악회에서 2006년 8월 세워놓은 화강석 표지석에 신어산 동봉 605m로 표기되어 있다.

좌표【 N 35" 16" 1.16" E 128" 55" 24.77" 】

동남으로 오던 마루금은 왼쪽(동북쪽)으로 이어지며 가파른 내리막을 한동안 내려 생명고개에 내려서니 12시4분이다.

좌표【 N 35" 16" 19.6" E 128" 55" 50.7" 】

생명고개는 대동면 주동리에서 상동면 내동골을 넘는 고개로 임도가 세면포장이 되어있으며 임도를 건너 예전에는 없던 신발털이 앞에서 오늘산행은 마무리한다. 9월16일 모아산악회 회원들의 낙남정맥 마무리 기념 산행을 하기로 약속이 되어있어 길도 알기겸 대동으로 내려간다.

2015년 8월 16일 맑음

　오늘 낙남정맥 마지막 구간은 지난번 8월7일 오전 산행을 하고 모아산악회 완주 환영 산행으로 마지막 구간을 회원10명과 함께 산행을 한다. 오전 9시 사상 경전철역에서 9시 출발해 불암역에서 택시로 생명고개에 도착하니 9시43분이다. 참석자 명단(회장 민보식, 산뫼산행부회장 김병채, 허임석, 자문위원 이병용, 자문 하히순, 부회장 문미숙, 총무 김기남, 부총무 모순분, 황유선, 임태경) 초입은 임도삼거리에서 시작한다. 단체사진과 개인 사진을 찍고 산행준비를 하고 9시55분 출발한다. 초입 이정표에 신어산 정상 1,6km 백두산 6.4km이며 숲길로 들어서 오르막을 오르며 2분후 포장 임도를 건너 다시 숲길로 들어서 오르막을 오르며 9시59분 다시 임도를 지나 가파른 오르막을 숨을 몰아쉬며 올라 터실앞산(405m)정상에 올라서니 10시9분이다. 터실앞산은 삼거리로 오른쪽 능선길은 까치산 가는 길이고 마루금은 왼쪽길이다. 정상에서 사진 몇판 찍고 허리쉼을 하고 왼쪽 내리막을 내려서 10시13분 다시 임도를 건너 묘를 지나 가파른 오르막을 나무계단을 올라 묘 있는 곳에서 일행과 함께 잠시 허리쉼을 하고 갈증도 면하고 능선 오르막을 올라 452봉에 올라서니 10시24분이다. 북쪽으로 오던 마루금은 오른쪽(동쪽)으로 내리막을 내려 안부에 내려서니 10시33분이다. 안부에는 쉼터(긴의자2개)가 있고 잘나있는 길을 따라가다 오르막을 올라 장척산 정상에 올라서니 10시51분이다.

좌표【 N 35" 16" 43.96" E 128" 56" 23.79" 】

　장척산은 531로 전망이 좋으며 장척산 표지 푯말만 있고 이정표는 지워져 있다. 오늘은 모아 회원님들과 같이 산행을 하기에 사진 찍느라 시간이 걸리고 버섯 따느라 늦어진다. 장척산에서 사진 몇판 찍고 11시에 출발해 마루금은 오던 길로 20여미터 돌아 나와 오른쪽(동남쪽)으로 급경사 내리막을 한동안 내려와 안부를 지나고 다시 가파른 오르막을 숨을 몰아쉬며 올라 522.8봉에 올라서니 11시51분이다.

좌표【 N 35" 16" 38.26" E 128" 56" 31.69" 】

　522.8봉 이정표에 신어산 3.2km 백두산 4.8km이다. 522.8봉을 지나며 모두들 영지버섯 찾느라 야단이다 이병용 회원이 영지버섯을 채취해 시간가는 줄 모르고 버섯 찾느라 야단이다. 동남으로 오던 마루금은 왼쪽(동북쪽)으로 내리막을 한동안 내려 안부 삼거리에서 왼쪽은 애덕봉 오르는 길이고 오른쪽은 비탈길(사면길)로 지름길이다. 이정표에 왼쪽은 소감마을 오른쪽은 백두산 뒤로는 신어산이며 오늘은 회원들과 같이 오른쪽 사면길로 간다. 사면길은 비탈길이라 곳곳에 밧줄로 설치해 놓았다 비탈길을 한동안 가다 소감마을 삼거리 이정표에 도착하니 12시25분이다. 삼거리에는 긴의자가 있어 의자에 앉자 잠시 쉬고

후미가 도착하자 출발한다. 마루금은 오른쪽 동쪽으로 오르막을 오르다 정자에서 점심을 먹고 바로 출발해 오르막을 올라 선무봉 턱밑에서 마루금은 왼쪽(북쪽)으로 이어지고 선무산에서 백두산은 남쪽으로 이어진다.

좌표【 N 35" 16" 37.64" E 128" 57" 26.96" **】**

이정표에 신어산 5km 백두산 3km 매리 5km이다. 혼자가면 2시간 거리인데 여성 회원들과 같이 갈려면 바삐 서둘러야 한다. 내리막을 내리며 낙동강 건너편 금정산과 화명동 양산시가지를 보며 전망바위를 지나고 감천고개에 내려서니 1시8분이다. 감천고개는 안부사거리로 왼쪽은 매리 소감마을 명신산업단지 오른쪽은 덕산리로 내려가고 마루금은 직진으로 가파른 오르막으로 이어진다. 가파른 오르막을 한동안 올라 전망바위에서 되돌아보니 지나온 마루금이 한눈에 들어오고 낙동강 건너편 금정산 장군봉 양산시내가 보이고 시원한 바람이 불어 땀을 식히고 오르막을 오르며 영지버섯을 따느라 산을 해매며 암봉인 새부리봉 정상에 올라서니 1시40분이다.

좌표【 N 35" 17" 19.83" E 128" 58" 4.26" **】**

새부리봉은 암봉으로 전망이 뛰어나 회원들 사진 찍느라 시간가는 줄 모르며 사방이 확트여 지나온 정맥이 한눈에 들어오고 가야할 동신어산 매리마을이 내려다보인다. 산은 내려갈때는 힘들지 않지만 올라 올때는 숨을 몰아쉬며 헐레벌떡거리며 올라와 정상에 올라서 사방을 바라볼때 그 황홀함은 산꾼만이 느낄 수 있다. 새부리봉도 전망이 아주 그만이다. 마루금은 북쪽 동신어산을 바라보며 암능을 내려 안부를 지나고 다시 오르막을 한동안 올라 동신어산 정상에 올라서니 2시25분이다.

좌표【 N 35" 17" 43.89" E 128" 57" 52.69" 】

동신어산(459.1m)에 표지석이 1차 때는 아래 길가에 있었는데 누군가 뽑아서 바위위에 얹어 놓았으며 바위에서 사진 찍기도 좋아졌다. 오늘 낙남정맥 끝부분 같이 산행하며 격려해준 모아회원님들께 감사드린다. 마지막 동신어산에서 같이 기념사진을 찍고 있는데 민회장님 전화가 온다. 오늘 회장님은 몸이 안좋아 생명고개에서 하산하고 우리가 매리에 도착할쯤 만나기로 약속했는데 벌서 매리에 왔다고 한다. 바삐 서둘러 내려간다고 하고 2시39분 출발해 암능 능선을 지나고 암능을 따르다 오른쪽으로 가파른 내리막을 한동안 내리고 267봉을 3시9분 지나면서 오른쪽으로 급경사를 쏟아지듯 내려와 고속도로 배수로에 내려오니 3시24분이다. 배수로에서 왼쪽으로 내려오면 고속도로 아래에서 다시 오른쪽 고속도로 옆길로 올라가, 이곳은 정맥 종주자 외에는 사람들의 발길이 없어 희미한 길을 따라가다 능선에 올라서 왼쪽으로 오르막을 올라 180봉에 올라서니 3시33분이다. 180봉에는 (NO:153)삼각점이 있고 준희가 걸어놓은 낙남정맥180.0m 표찰이 걸려있다. 이곳에서 사진 한판 찍고 내려오는데 보통 험한 게 아니다. 1차때는 그래도 길이 있었는데 요즘은 길이 없어 암능 내려오는데 조심해서 간신히 내려온다. 아래에 민회장님이 택시를 불러 같이 와 기다리며 화이팅 소리를 지르며 격려해준다. 가시밭 덤불을 해지며 매리 2교 60번 지방 도로에 내려오니 3시45분이다.

좌표【 N 35" 18" 41.84"   E 128" 58" 11.09" 】

오늘 낙남정맥 마지막 구간까지 장장 253.6km를 아무 사고없이 무사히 마무리했습니다. 오늘 마지막 구간 끝자락에 모아산악회 회원님들 산행 마무리 함께해주시어 감사하다는 말씀을 드립니다. 그리고 모아산악회 회장님이 미리 준비한 김해곱창집까지 택시로 와 민회장님이 주시는 낙남정맥 완주패와 격려에 말씀 환영식까지 해주시어 다시 한번 고맙다는 말씀을 드립니다.

| 제2차 낙남정맥을 마치고 |

  낙남정맥을 종주하며 가장 어려웠던 곳은 외삼신봉에서 고동재구간 산죽으로 힘들었던 곳이고 보통 낮은산으로 이어지며 가시덩굴 길이 많아 고생했던 일 부련이재에서 천황산 대곡산 무량산 배치고개까지 우중 산행을 하다 보니 온몸이 할퀴고 피투성이가 되어 오래 고생하였고 쌀재고개에서 차가없어 밤에 마산 대곡공원까지 내려왔던 게 가장 어려운 산행이었다. 지난 5월 5일 지리산 영신봉를 출발해 낙동강 매리 2교까지 12구간으로 정맥거리 253.6km 부속거리 8.7km 접속거리 17.6km 총 277.9km 소요시간 133시간48분에 걸려 완주를 했고 산높이 1500m이상 1개, 1000m이상 5개, 700m이상 16개, 500m이상 46개, 400m이상 27개, 300m이상 26개, 100m이상18개,를 지나고 령이 1곳, 치가 7곳, 재가 24곳, 고개 30곳, 을 지나 8월16일 동신어산을 끝으로 매리에서 모아산악회 회장님과 임원들의 환영을 받으며 마무리했다. 먼저 그동안 낙남정맥 단독종주에 끊임없이 염려해주며 도와준 집사람을 비롯해 가족과, 주위에서 지켜보며 격려해준 친우들, 처음부터 끝까지 많은 성원과 격려로 힘이 되게 해주신 모아산악회 회장님과 임원 여러분과 회원

여러분 모두에게 감사에 말씀을 드립니다. 앞으로도 힘있을 때까지 열심히 산행할 것을 약속드립니다.

낙남정맥은 조선시대의 조상들이 인식하던 한반도의 산줄기 체계는 하나의 대간(大幹)과 하나의 정간(正幹), 13개의 정맥(正脈)으로 이루어진 것으로 산과물이 조화를 이루어야한다는 사상에서 비롯된 이들 맥은 10대강의 유역을 가름하는 분수(分水) 산맥(山脈)을 기본으로 삼고 있어 대부분의 산맥 이름이 강 이름과 밀접한 관련을 가진다.

낙남정맥은 낙동강 남쪽에 위치한 정맥(正脈)으로, 백두산에서 시작된 백두대간(白頭大幹)이 끝나는 지리산의 영신봉에서 동남쪽으로 흘러, 동북쪽으로 이어지며 북쪽의 남강, 진주와 남쪽의 하동·사천 사이로 이어지며 동쪽으로 마산, 창원 등지의 높고 낮은 산으로 연결되어 낙동강 매리 2교 고암나루 에서 끝난다. 서쪽에서는 섬진강 하류와 남강 상류를 가르고, 동쪽에서는 낙동강남쪽의 분수령산맥이 된다. 연결되는 산은 영신봉을 출발해 삼신봉(1289m) 천왕봉(602m)를 지나며 급속도로 낮아지며 태봉산(190m) 실봉산(185m) 진주 와룡산(94m)으로 낮아지며 무선산(278m)지나며 사천 고성으로 들어서며 낮아졌던 산이 조금씩 높아지기 시작하여 봉대산(409m) 고성에 낙남정맥 최남단 대곡산(543m)을 지나며 북쪽으로 백운산(486m) 무량산(579m) 여항산(744m)에서 치솟으며 서북산(739m) 광려산

(720m) 무학산(761m) 천주산(639m)를 지나며 고도가 낮아져 북산(284m)로 낮아졌다. 정병산(567m)를 지나며 다시 고도가 높아져 대암산(670m) 용제봉(744m)으로 치솟고 냉정고개로 고도가 낮아지며 황새봉(339m) 금음산(376m)로 이어지다.

신어산(631m)으로 치솟다가 다시 낮아지며 동신어산(460m)를 끝으로 매리 2교 고암나루까지(트랭글지페스 253.6km) (약 230km-260km)이다. 이 산줄기는 시종일관 경상남도의 남강 남쪽 바닷가를 달리는 산줄기. 지리산 천왕봉 북쪽에서 흐르는 경호강을 따라오다 경호강이 산청군 단성면 에서 남강 이라는 이름으로 바꿔달고 김해 북쪽 낙동강으로 흘러들어 잠시 낙동강이 되었다가 바다로 흘러들게 된다.

낙남정맥은 전라도 지방의 호남정맥(湖南正脈)의 남쪽 산줄기와 더불어 경상남도 남해안 지방과 내륙지방을 자연스럽게 분계하고 있다. 이 산줄기의 남쪽 해안지방은 연평균 기온이 제주도 다음으로 따뜻한 14℃이며, 난온대산림대(暖溫帶山林帶)를 형성하고 있다.

지리산군을 제외하고는 함안 여항산(770m)이 최고봉이 될 정도로 대부분 낮은 산으로 이어지지만 남해바다와 인접한 산줄기인 탓에 시야가 확트이는 조망이 일품이며 남녘의 산 특유의 멋을 즐길 수 있는 정맥이라 하겠다.

신낙남정맥

　낙남정맥은 백두대간의 지리산 영신봉에서 시작하여 김해 매리동 신어산으로 이어지는 분수령으로 232km(트랭글지페스 253.6km)에 이르는 산줄기를 말한다. 그런데 산자분수령 개념으로 볼때 분수령(分水嶺)이란 둘 이상의 수계를 가르는 분수계(分水界) 산등성이를 말하는 바, 김해 매리에서 정맥이 끝나는 것은 잘못 되었다는 이론(異論)이 제기되면서 신상경표가 등장한다. 낙남정맥이란 낙동강 남쪽에 있는 정맥으로서 큰 수계로 낙동강과 섬진강 또는 남해바다의 분수령이 되어야 하는데 용제봉을 지나면서 황새봉, 신어산, 동신어산 등의 산줄기에 떨어진 빗물은 어느 쪽이던 모두 낙동강으로 흘러드는 것이다. 따라서 신상경표에서는 낙남정맥은 창원 용제봉에서 상점령, 불모산, 화산, 굴암산, 보배산, 봉화산을 이어 녹산으로 떨어져야 한다는 것이다.

　낙남정맥은 산경표에 의하면 지리산 영신봉에서 김해분산(盆山)에 이르고 그 아래 김해부 관아가 있다고 되어있다. 분산은 지금의 김해북쪽 분성산을 이르는 것으로 추정 된다. 산경표 전체를 관통하는 대원칙은 산자분수령(山自分水嶺)(산은 물을 건너지 못하고 물은 산을 넘지 못함)이치로 주맥(主脈)은 반듯이 바다에서 끝나야 한다는 것이다. 김해 분성산은 물과 연결되지

앉아 정맥 종주자들을 혼란에 빠트렸다. 산경표에 원칙을 고수하는 정맥 종주자들은 분성산 동쪽 신어산을 넘어 동신어산 아래 매리 낙동강으로 끝을 맺는다. 매리고암나루로 정한대는 옛날에는 하구 수문이 없어 바다물이 물금까지 올라오고 배가 드나들 때는 고암나루도 바다로 연결되었으나 지금은 낙동강 하구가 생기면서 낙동정맥은 금정산 고당봉에서 다대포 몰운대로 낙남정맥은 봉화산으로 옮기는 게 옳다고 생각 된다.

	부산山사람 등산	
날짜	2015-08-16	
위치	경남 김해시	
소모열량	2533.0 kcal	
거리정보	전체거리 9.58 km 운동거리 9.58 km	
소요시간	04:58:03	
운동시간	04:13:06	
휴식시간	00:44:57	
속도정보	최고 8.4 km/h 평균 2.2 km/h	
고도정보	최저 170 m 최고 665 m	
LAPS 구간속도 및 시간		

	부산山사람 등산	
날짜	2015-08-16	
위치	경남 김해시	
소모열량	1745.9 kcal	
거리정보	전체거리 8.62 km 운동거리 7.25 km	
소요시간	05:43:10	
운동시간	04:11:17	
휴식시간	01:31:53	
속도정보	최고 15.0 km/h 평균 1.6 km/h	
고도정보	최저 30 m 최고 563 m	
LAPS 구간속도 및 시간		

03

금강기맥(신 금남정맥)

우리나라 1대간 9정맥중 하나인 금남정맥은 백두대간 영취산(1075m)에서 분기하여 금남호남정맥으로 장안산(1237m) 사두봉(1016.9m) 팔공산(1151m) 성수산(1059.2m) 마이산(687.4m) 부귀산(806m) 주화산(조약봉)(565m)에서 호남정맥은 남쪽으로 금남정맥은 북쪽으로 갈라진다.

　금남정맥은 주화산에서 분기되어 연석산(928.2m) 운장산 서봉(1126m) 장군산(742m) 금만봉(755m)에서 금남정맥은 북쪽으로 이어지고 금강기맥은 서쪽으로 갈라진다.

　금강기맥은 신 금남정맥으로 기록도 있다. 신 금남정맥은 삼경표에 기록할 당시 바닷물이 군산 강경 부여 귀암까지 들어와 배가 강경까지 왕래하여 강경에서 논산 대전 청주 등 물류가 운반된 시기였지만 지금은 바닷물이 군산 장항간 하구 설치로 금강물이 진안 금만봉을 기준으로 남쪽으로는 만경강을 분기하며 신금남 정맥으로 기록되어 있다. 금강기맥(신금남정맥)은 금만봉(755m)을 시작으로 왕사봉(718m) 칠백고지(701m)를 지나면서 고도가 낮아지며 불명산(480m) 시루봉(428m) 장재봉(487m) 남당산(376m) 작봉산(419.6m) 까치봉(456m) 옥여봉(411.7m) 함박봉(403m) 천호산(501.1m) 용화산(342m) 미륵산(430.2m)을 지나면서 고도가 낮아지며 삼기면석불사를 지나면서 거의 도로를 따르며 삼기면 함열면 함라면까지 도로 또는 수로를 따라가며 함라면소재지를 지나 고도가 200m전후로 함라산(239.8m)

봉화산(236.3m) 망해산(230m) 축성산(215m) 용천산(135.8m) 대명산(128.5m)만경산(129m) 고봉산(147.6m) 대초산(109.4m)을 지나 도로를 따르며 용화산(103.8m) 청암산(118.8m) 금성산 125.5m) 돗대산(91m)를 지나 시가지를 지나고 월명공원을 지나 장계산(108.3m)에서 마무리 군산 금강하구에 맥을 다하는 약 120km로 끝을 맺는다.

도착시간	지 명	고 도	특 기 사 항	비고
06시30분	싸리재	620m	진안군 주천면 중리에서 비포장 도로 올라감	
07시05분	금만봉	750m	금남 신금남 분기점, 금남정맥 동북쪽 新금남 서북쪽	10분휴식
07시45분	왕사봉	718m	통신 안테나에서 오르면 삼각점이 있고 전망이 좋음	10분휴식
08시53분	칠백고지	700.8m	스텐레스 표지판이 있고 좌 우 전 후 전망이 좋음	10분휴식
10시56분	선녀봉	665.9m	천등산 대둔산이 가까 보이고 전망이 좋음	13분휴식
11시46분	용계재		비포장 도로 자갈이 깔려 있고 농기차량이 다닐 수 있음	5분휴식
12시21분	불명산	480m	암봉으로 갈림길에서 마루금은 오른쪽으로 이어진다	5분휴식
13시21분	시루봉	427.6m	운주면 소재지 천등산 대둔산이 건너다 보임	7분휴식
13시38분	장선리재		임도 로 자갈이 깔려 있으며 농기차량 다닐 수 있음	
14시42분	분기봉	420m	오른쪽(북쪽)으로 급경사로 내려감	30분휴식
15시46분	막골재		11번국도 오른쪽으로 간이 차량 찻집 사각 정자 있음	

금강기맥(新 錦南正脈) 1구간

금만봉 ~ 말골배

도상거리 16km 소요시간 9시간40분. 운동시간 7시간46분.
휴식시간 1시간30분. 싸리재 출발 6시30분. 금만봉 분기점 7시5분.
금만봉 출발 1.7km 왕사봉 7시45분, 왕사봉 출발 2.8km 칠백고지 8시53분
칠백고지 출발 4.2km 선녀봉 10시56분, 선녀봉 출발 2.1km
용계재 11시46분, 용계재 출발 1.8km 시루봉 13시21분,
사루봉 출발 3.4km 말골재 15시46분

2010년 4월 23일

부산 서부 터미널에서 전주행 버스로 전주에서 진안 주천행 버스로 진안을 지나가는데 갑작스레 소낙비가 쏟아지며 우박이 내려 버스 유리창이 우박으로 범벅이 되어 내일 산행에 지장이 없을까 고민을 하였는데 기상청 일기예보에 내일을 맑은 날씨가 예상된다고 하니 마음이 놓인다. 주천면 소재지에 도착하여 숙소가 없어 대불리까지 개인택시 36바2526(6000원)로 대불리

운일암 휴게소 운일암 관광 식당에서 민박 (3만원)을 정해 저녁을 먹고 내일 일을 생각해서 일찍 잠자리에 들어간다. 운일암 관광 식당은 민박을 겸하며 김영서 박기선 60대 두 부부가 운영하며 요즘은 쉬어가는 사람이 없어 경기가 없다고 하며 반가이 맞아준다.

2010년 4월 24일 맑음

4월 24일 아침 일찍 일어나 아침을 먹고 식당주인 김영서 씨가 싸리재 까지 올라가려면 길이 험해 일반 개인택시는 못간다고 하며 쌍용 렉스턴 개인택시를 불러줘 5시40분 출발하여 중

리마을을 지나면서 비포장도로로 꼬불꼬불 외딴집 한채가 있는 윗 진동마을 뒤로 작은 싸리재에 도착하니 6시9분이다. 큰싸리재는 임도로 올라가는 도중 좌측 산길로 올라야 하며 작은 싸리재는 전북 진안군 주천면 대불리 중리에서 전북 완주군 운주면 고당리 를 넘는 임도인데 작은 싸리재 까지는 길이 험하여 힘들여 올라오니 고개를 넘으면서 운주면에는 세면으로 포장이 되어 있다. 고당리에서 올라오면 길이 조금 좋은 편이며 택시도 쉽게 올라 올 수 있을 것 같다. 쌍용 차 렉스턴 개인택시 박래섭 전화 (063)432-1547, (063)432-6672, 휴대폰 011-655-××××, 차량 번호 전북(36바 2547) 기사에게 부탁하여 사진한판 찍어둔다.

　6시12분 간단한 준비운동으로 몸을 풀고 싸리재를 출발한다. 마루금은 남쪽 피암목제 방향으로 처음부터 가파른 오르막이다. 오르막을 한동안 치고 올라가니 금만봉 분기점이다. 건너편 (동쪽)에 금남 정맥때 지나간 신선봉이 뾰쪽하게 건너다보이고 안무가 가득 차있어 멀리는 보이지 않아 아쉽지만 금강기맥 첫 발을 들어놓아 앞으로 왕사봉 칠백고지 남당산 청호산 용화산 미륵산 함나산 봉화산 망해산 축성산 용천산 대명산 만경산 고봉산 청암산 금성산 월명산 군산에 장계산까지 무사 산행을 기원하여 금강기맥을 시작한다. 시작이 반이라고 시작하면 끝맺는다는 게 기정사실이다. 어려운 여건에도 완주를 기원하며 출발한다.

작은 싸리재 2010.4.24.6.10.

　금만봉은 금강과 만경강을 나누는 분수령으로 전북사랑회 진안 문화원에서 세워놓은 표시판에 유래 금강과 만경강의 분수령 (750M)로 쓰여 있으며 위쪽에는 본래 글자는 지워져 있고 누군가 적어놓은 금만봉 이라고 적어 놓았으며 작은싸리재 금남정맥 화살표와 왕사봉 화살표가 그려져 있다. 금만봉은 금강과 만경강을 가른다고 붙여진 이름 같으며 싸리봉은 양쪽에 싸리재가 있고 가운데 봉오리라 싸리봉이라 붙여진 이름 같다. 이곳부터 장계산까지 약109km 가야 하기에 이곳에서 첫 산행에 들어간다. (7시5분) 마루금은 서북쪽으로 진행하며 잠시 가파른 내리막을 내려가 능선을 오르내리며 안부를 지나고 7시24분 무명봉을 지나면서 서북쪽으로 가던 마루금은 (오른쪽)동북쪽으로 방향을 틀어 5분 후 키가 넘는 산죽밭을 지나는데 어제 내린 비가 마르지 않아 옷을 흠뻑 적시며 통과하여 7시37분 통신 안테나를 지나 오르막을 올라 왕사봉 정상에 올라서니 7시45분이다. 왕사봉에는 삼각점이 있으며 삼각점에 진안 411 1984 재설로 되어있으며 <왕사봉 해발 718.3m 다음까페 새마포산악회 NO 44>가 나뭇가지에 걸려있으며 안무가 조금씩 걷히면서 육백고지 능선이 시야에 들락거린다. 마루금은 고압 철탑을 보며 내려서(철탑 진안 NO28) 철탑을 지나 동북쪽으로 가던 마루금은 서북쪽으로 방향을 틀며 능선을 오르내리며 10분후 암능을 지나고 진달래 참꽃을 감상하며 오른쪽에 칠백고지 능선을 가끔씩 건너다보여 좌로 우로 오르락내리락 운암산 분기점을 지나 칠백고지 정상에 올라서니 8시53분이다. 정상에는 내고장 우리 전북을 가장 소중히 여기는 매일상호 저축은행에서 새운 스텐래스 표지에 칠백이고지 운문3.0km 피목리 3.3km 되어 있으며 시야가 트이면서 오른쪽에 육백고지 인대산 북쪽으로 천등산 대둔산이 오락 거리며 보인다. 오른쪽 아래로 피목리 싸리재 오르내리는 세면 도로가 힐끗힐끗 보이며 좌측으로 세재와 봉수대 산이 보인다.

 마루금은 서북쪽으로 헬기장으로 내려서 능선길을 오르내리며 645봉인 봉수대산 분기점을 9시5분 지나간다. 마루금은 더러는 암능을 지나가며 좌로 우로 오르내리며 왼쪽에 신흥리 계

선녀봉 좌측 암봉들이 줄지어 있다.

곡과 새재를 오르는 도로가 꼬불꼬불 내려다보이고 봉수대산 능선이 왼쪽으로 선명하게 보인다. 선녀봉을 오르는데 아주 좋은 전망바위에서 잠시 쉬며 선녀봉 좌측 암봉을 카메라에 담아본다. 아주 암능 능선이 위력을 과시하듯 뾰쪽뾰쪽 치솟아 있고 황새말 나리목 계곡을 감상하며 610봉을 지나고 칼등같은 암능을 오르내리며 선녀봉에 올라서니 10시56분이다.

선녀봉은 아무 표시가 없으며 석축흔적이 있는 게 모두이며 천등산과 뒤로 대둔산이 가까워 보이며 뒤쪽으로는 칠백고지 왕사봉 싸리봉 분기점이 능선으로 이어지며 멀리 연석산 운장산 구봉산 능선이 동서로 이어져 보인다. 마루금은 오른쪽(북쪽)으로 내려가다 다시 서북쪽으로 내려서며 좌우로 오르내리다 용계재에 내려서니 11시46분이다.

　돌계단을 내려서 자갈이 깔려있는 용계재는 짚차 정도는 통과 할 수 있는 도로가 완주군 용계원에서 경천면 가천리을 넘나들고 있다. 지도에는 740번 지방 도로로 표시되어 있으나 아직 도로라기보다 임도 역할을 할 뿐이다. 잠시 휴식을 취하고 도로를 가로질러 가파른 오르막을 한동안 오르니 나무판자에 완주 불명산 480m 표지판이 나뭇가지에 걸려있다. 불명산은 지도에 산명이 없으며 암봉으로 되어있다. 마루금은 오른쪽으로 내려가야 한다. 잘못하여 좌측으로 내려가면 화암사 방면이다.

　급경사를 내려가 좌로 우로 능선을 오르내리며 대부분 단풍이 쌓여 잘못하면 미끄러져 조심조심 능선길을 가며 더러는 암능을 지나고 봉분없는 묘를 지나고 화암사 갈림길을 지나 시루봉에 올라서니 오후1시21분이다. 시루봉에서 바로 건너편에 천등산이 잡힐 듯 가까워 보이고 아래로 운주면 소재지가 내려다 보이고 17번 국도에서 자동차 지나가는 게 보인다. 시루봉에는 삼각점이 있으며 마루금은 왼쪽으로 내려선다. 내리막을 내려서 임도인 장선리 고개에 내려서니 오후1시38분이다. 장선리재는 지도에는 고개로 표기되어 있고 도로 표시는 없는데 내려서 보이 자갈이 깔린 임도로 되어 있다. 운주면 장전리에서 경천면 가천리 동향동으로 넘는 임도가 근래에 확장 했는지 지도에는 없다. 임도를 건너 오르막을 올라 암능을 지나면서 남서쪽

으로 능선을 오르내리며 400봉에 올라서 마지막 간식을 먹고 잠시 누어 휴식을 취하고 오후 3시에 출발한다.

　마루금은 남서쪽에서 오른쪽(북쪽으로 가파른 내리막을 내려 암능을 감아 돌며 급경사 내리막을 내려와 막골재에 도착하니 3시46분이다. 막골재는 17번 국도가 통과하며 화산 전주와 운주 금산으로 이어진다. 오늘 산행은 물도 없고 피로도 하여 내일 일을 생각해서 여기서 마무리하기로 한다. 오른쪽으로 50여미터 내려가니 간이 이동 찻집이 있어 칡즙을 두 컵을 마시고 정자에 누어 피로를 풀고 운주 개인택시를 부르니 금새 택시가 올라온다. 운주에는 숙소가 없어 대둔산 관광지까지(12,000원) 나들목산장에서 일찍 취침에 들어간다. 오늘 산행은 입산부터 하산까지 사람 하나 못보고 진짜 외로운 산행 이지만 단독 종주 경험이 많아 무사히 마치고 앞으로 마지막 까지 외로운 산행이 많으리라 생각한다.

금강기맥 2구간 말목재 ~ 고내곡재

도착시간	지 명	고 도	특 기 사 항	비고
06시10분	말골재출발		말골재는 17번국도 봉동 청천에서 운주금산을 넘는 고개	
06시58분	장재봉갈림길		장재봉은 북쪽으로 한봉을 더 가야한다	15분휴식
07시13분	수재 사거리		좌측은 운주면 구제리 오른쪽은 논산시 양촌면 수곡사	
08시44분	남당산	376 m	석축으로 둘러싸여 있으며 남서쪽으로 내려간다.	10분휴식
09시47분	작봉산	419.6m	정상에 삼각점이 있으며 마루금은 남쪽으로 내려간다.	10분휴식
11시38분	까치봉	456m	아무 피없이 전망좋음, 점심식사30분	
12시58분	말목재		2차선 지방도로 가야곡에서 화산면을 넘고개	
13시49분	옥녀봉	411.7m	옥녀봉답지 않게 아무표시 없고 전망은 좋음	10분휴식
14시47분	함박봉 (성태봉)	403m	오른쪽에 연무태 사격장 안내판 나무의자가 있음	15분휴식
15시54분	고내곡재		연무읍 고내리에서 완주군 화산면 을 넘는 포장도로	

03 금강기맥(신 금남정맥)

금강기맥(新 錦南正脈) 2구간

말골재 ~ 고내곡재

도상거리 17.4km 소요시간-9시간44분, 운동시간 8시간14분, 휴식시간 1시간 30분. 말골재출발-06시10분, 장재봉갈림길 06시58분, 수재사거리 7시13분, 남당산 376 m 08시44분, 작봉산 419.6m 09시47분, 까치봉 456m11시 38분, 말목재 12시58분, 옥녀봉 411.7m 13시49분, 함박봉(성태봉) 403m14시47분, 고내곡재 15시 54분.

2010년 4월 25일 맑음

  오늘은 거리는 그리 멀지 않으나 그래도 어제 산행으로 약간에 피로는 되지만 그래도 아침 일찍 일어나 전주식당에서 해장국으로 아침 식사를 하고 점심으로 김밥 3줄을 부탁하여 도시락을 싸가지고 5시40분(전북36바 1314) 택시가 와 바로 출발하여 운주를 거처 어제 하산한 말골재에 도착하니 6시5분이다. 기사에게 부탁하여 사진 한판 찍고 간단히 산행 준비를 하고 6시 10분 산행에 들어간다. 초입에 쓰레기 무단 투기와 소각을 하지

말라는 안내문 간판이 있으며 능선으로 올라서 가는데 천등산 사이로 아침 해가 솟아오른다. 오르막 능선을 6분 올라가면 전주이씨(全州李氏 公 起喆之墓) 묘을 지나 가파른 오르막이 시작 되면서 차츰 길이 희미해지면서 오를수록 길이 없고 선답자들도 자기가 가기 좋은데로 올라가 간혹 멋대로 표지기를 달아놓아 이리저리 정상만 보고 오르막을 올라 정상 부근 암능에서야 선답자들이 오르내린 마루금이 희미하게 나타나 암능을 올라서니 장재봉 갈림길 분기점이다. 장재봉을 오른쪽(북쪽)으로 봉오리 하나를 지나야 정상이기에 장재봉 오르는 것은 생약하고 잠시 쉬면서 갈증을 면하고 출발한다. 마루금은 왼쪽 남서쪽으로 가파른 내리막을 내려간다. 내려가는 길도 오르는 길처럼 가파르나 길이 잘 나타나 어려움 없이 급경사를 내려오니 안부 사거리에 내려선다.(7시13분) 안부 사거리에는 이정표가 있으며 왼쪽은 운주방면 화살표 오른쪽은 수곡사 0.5km 뒤쪽은 장재봉 1.0km 앞으로는 남당산 2.9km 쌍계사 5.8km 로 되어있어 이곳이 수재로 생각하고 기록 한다.

 마루금은 안부를 지나면서 길이 잘 정돈되어 있으며 서북쪽으로 오르막을 올라 15분쯤 가면 로프가 설치되어 있으며 로프를 잡고 오르막을 오르니 정상이다. 주변에는 진달래 참꽃이 홀로 산행 외로움을 달래주듯 반겨준다.(7시33분) 잠시 허리를 펴고 숨을 돌려 내리막을 내려가는데도 로프가 설치되어 있어 가파른 내리막을 미끄러지듯 내려가 잘 정돈된 능선길을 가다 안부 사거리를 7시58분 지나는데 지도상으로는 이곳이 수재인 것 같은데 고개 치고는 사람 왕래가 드물어 보인다. 사거리를 지나 오르막을 오르면서 왼쪽은 조림 소나무가 30-40년으로 추정되는데 아주 잘 가꾸어 좋은 숲을 이루고 있다. 오르막을 오르내리며 마루금은 좌우로 소나무 조림지가 끝나면서 가파른 오르막을 올라 남당산인가 했는데 올라와 보니 정상에는 아무것도 없고 불에 탄 잿더미만 있고 남당산은 왼쪽으로 다시 올라야 한다. (8시25분) 왼쪽(서쪽)으로 능선을 오르내리며 가파른 오르막을 한동안 올라 남당산 정상에 올라서니 8시44분이다.

 남당산 정상은 석축으로 둘러싸여 있으며 삼각점은 보이지 않고 사방이 확트여 전망은 좋은 편이며 오른쪽은 양촌면 일대가 한눈에 들어오고 작봉산 까치봉이 보인다. 잠시 쉬면서 갈증을 면하고 가파른 내리막을 내려와 이정표가 있는 밤허리재를 9시 6분 지나 오르막을 한동안 올라 오른쪽 사면길로 가다 쌍계사 갈림길에서 왼쪽으로 능선을 따라 올라간다.

이정표에 오른쪽으로 쌍계사 2.13km 남당산 1.46km 장재봉 5.5km 로 되어 있으며 마루금은 쌍계사 방면을 뒤로하고 왼

쪽 능선으로 올라간다. 능선을 올라서 무명봉에서 왼쪽으로 내리막을 내려오니 임도를 만난다.(9시27분) 이 임도는 경천방면에서 올라오는 임도로 군사 훈련 용인지 탄피가 널려있다. 오르막을 20여분 올라 작봉산 정상에 올라서니 9시47분이다. 작봉산은 삼각점이 있으며 나뭇가지에 작봉산 419.6m 길벗 이라고 쓰인 산명이 걸려있고 마루금은 남쪽으로 가파른 내리막을 내려간다.

가파른 내리막을 내려와 다시 오르고 390봉을 10시18분 올라 오른쪽으로 방향을 틀어 가파른 내리막을 한동안 내려와 안부 사거리를 10시29분 지나면서 북서쪽으로 오르막을 코가 땅에 닿게 힘들여 올라가(10시46분) 무명봉에서 잠시 쉬면서 숨을 돌리고 오르락내리락 까치울재를 11시 7분 지나 다시 오르막을 힘들여 올라 무명봉 넘고 거리상 까치봉에 오르니 아무 표시도 없고 어느게 까치봉인지 가름하기 어려운 봉에서 자리를 잡고

점심을 먹고 잠시 누어 피로를 푼다.(11시38분) 선답자들도 까치봉은 정확히 명시되지 않아 시간상 이곳이 까치봉이 아닌가 생각한다. 12시14분 출발하여 내리막을 약간 내려 능선을 가다 오르막을 올라 12시31분 무명봉에 올라서 오른쪽으로 가파른 내리막을 내려 능선 내리막을 내려와 절게지에서 오른쪽으로 내려서 말목재 643번 지방도로에 내려서니 12시58분이다. 말목재는 충청남도 논산시 가야곡면에서 전라북도 완주군 화산

면을 넘는 643 지방 도로로 2차선 포장도로이며 화산면 방면으로 가축 축사가 여러동 있어 가축 분요냄새가 코를 찌른다. 마루금은 화산쪽 가축축사 앞에서 오른쪽 석천교회쪽으로 가다 석천교회 오른쪽에서 사다리를 타고 올라서면 능선으로 이어진다. 옥녀봉 오르는 데는 능선 오르막이라 그리 힘들지 않고 올라 옥녀봉에 올라서니 13시49분이다. 잠시 쉬며 갈증을 면하고 오른쪽으로 내리막을 내려서니 벌목을 하여 길에다 벌목 나무를 가로막아 이리 피하고 저리 피하여 길도 아닌 데를 한동안 내려오니 철탑이 나오고 이곳이 범허리재인 것 같다.(오후14시 28분) 154kv 팔봉 T/L NO69 고압 철탑을 지나면서 길이 나타나며 오르막 능선을 오르며 숲속을 한동안 오르면서 왼쪽으로 능선을 따라 10분후 (이곳은 고폭탄 사격장으로서 불발탄 지역이므로 민간인 출입을 금함 육군 훈련소장)이란 경고판을 지나고 합박봉(성태봉)정상에 올라가니 14시47분이다. 함박봉은 사격장 경고판이 있으며 긴 노랑 의자가 두곳 있으며 다른 표시는 없고 가야할 천호산이 건너다보이며 멀리 미륵산 철탑이 보이고 오른쪽은 논산평야와 왼쪽은 옥녀봉이 건너다보인다. 배낭을 내려놓고 마지막 간식을 먹고 피로를 풀려고 긴 의자에 누워 있으니 어디서 왔는지 날타리가 성화를 부린다. 마루금은 남서쪽으로 내리막을 내려 능선을 오르내리다 절개지에서 로프를 잡고 내려서니 소룡고개다. (15시25분)

지도에는 임도로 표시되어 있는데 언제 포장 했는지 연무읍 황화정에서 완주군 화산면을 넘는 도로가 2차선 도로에 차량이 많이 왕래한다. 마루금은 도로를 건너 화산면쪽에서 절개지를 올라서 오르막을 올라 (15시36분) 무너진 석축이(돌성터) 있는 곳을 지나 2분 후 허술한 사각 정자를 지나 성태산 정상에 올라서니 15시40분이다. 정상에는 국토지리정보원에서 설치한 삼각점이 있으며 성태봉(371.3m) 표찰이 걸려있으며 성터가 있어 성태봉이라 한게 아닌가 생각된다. 오른쪽 아래로 고내곡저수지와 고내곡마을이 내려다보인다. 가파른 내리막을 내려오며 성영남씨 (宣寧南公 諱 大玉之墓) 묘를 지나 능선을 내리다 절계지를 내려와 고내곡재에 내려서니 15시58분이다.

고내곡재는 포장도로가 연무읍 고내리에서 화산면 운산리를 넘는 도로인데 차량이 많이 왕래하지 않으며 마루금은 버드나

무 아래로 올라선다. 오늘은 부산까지 가야 하기에 여기서 마무리 하고 다음에 이곳에 와서 이어가기로 하고 진입로를 확인하고 고내곡쪽으로 도로를 따라 내려간다. 중간쯤 내려가는데 1톤 봉고차가 지나가 차를 세우니 40대 가량 되는 기사가 차를 세워져 연무대 까지 타고 와서 버스 정류장에서 내려 준다. 익산시 삼기면에 산다며 고맙게 태워줘 빨리 내려올 수 있게 돼 버스로 논산에 오는 도중 논산 매형집에 전화를 해놓고 논산에 도착하여 목욕탕에 들려 사워를 하고 나오니 누이와 매형이 목욕탕에 와서 반가이 맞아준다. 누이와 매형은 나보다 6살 많은 75세 동갑내기다. 아직도 건강 하시며 해장국 집에서 국밥을 사줘 먹고 논산을 출발하여 대전에서 9시 ktx 편으로 부산에 오니 11시가 조금 넘었다. 집사람 잠도 안자고 기다리며 고생 했다고 반가이 맞아준다.

금강기맥(新 錦南正脈) 3구간

도착시간	지 명	고 도	특 기 사 항	비고
5시50분	고내곡재 출발		고내곡 저수지가 내려다보이고 능선 오른쪽 진입로 희미함.	
6시50분	설목재		비포장도로인데 연산면 누항마을 쪽에서 도로 확장 공사중이다.	
7시31분	천호산	501.3m	천호산성이 있으며 삼각점이 있고 자그마한 표지석이 있고 헬기장이 있다.	10분휴식
8시13분	산불초소		가파른 오르막 오르면 산불 감시초소가 있으며 사방에 전망이 일품이다.	
8시23분	문드래미재		완주군 비봉면에서 익산군 여산면을 넘는 741번 지방도로화장실과 통신탑이 있다	5분휴식

도착시간	지 명	고 도	특 기 사 항	비고
8시48분	호남고속도로		도로 확장공사중이며 생태계 통로를 만들어 도로위로 바로 건널 수 있다	
9시16분	799지방도로		여산면 1번국도에서 왕궁면을 넘는 고개로 전주최씨 경태제 커다란 표지석 있음	13분휴식
10시01분	쑥고개		여산 금마간 1번국도로 생태계 통로가 있어 통로 위를 지나며 밭을 걷는다.	
10시49분	용화산 갈림길		묘가 있으며 전망이 좋으며 많은 사람들이 올라오면 쉬는 곳이다.	
11시02분	용화산 정상	342m	정상에는 아무 표시가 없으며 암봉으로 전망은 좋으나 별의미가 없다.	
11시41분	다듬재		낭산과 금마를 넘는 지방도로가 지나간다.	
11시56분	미륵산성		높이가 약 5미터 이상이고 넓이도 약 5미터 이상되는 城이다.	26분휴식
12시49분	미륵산 정강	430.2m	정상에는 삼각점이 있으며 돌탑이 있으며 건너편 봉에 송신 철탑이 있다.	25분휴식
14시13분	석불사 사거리		718번 722번 교차하는 사거리에 백제 서기600년경 석불사 석불좌상이 있다	10분휴식
15시6분	삼기제일교회		건물이 상당히 크며 농촌 교회로 단장이 잘되어 있다	
16시17분	다송리 23번국도		왕복4차선도로 분리대가 있으며 건너면 정금 주유소가 있고 영일석재가 있다.	

금강기맥(新 錦南正脈) 3구간

고내곡재 ~ 다송리 23번국도

도상거리 24.1km 소요시간 10시간27분
고내곡 출발-5시50분, 셀목재-6시50분, 천호산-7시31분
문드레미재-8시23분, 쑥고개-10시2분, 용화산-11시
다듬재-11시41분, 미륵산-12시49분, 석불리-14시13분,
삼기제일교회-15시6분, 다송리 정금주유소-16시17분

2010년 5월 9일 맑음

 부산에서 대전을 거처 논산 누이집에 도착하니 오후 9시50분 경이다. 내일 산행을 생각해서 일찍 잠을 자고 아침 4시 반에 일어나 산행 준비를 하고 아침을 일찍 먹고 생질(강무성)차로 누이와 함께 고내곡재에 도착하니 5시45분이다. 아침에 안개가 자욱하며 오늘 날씨도 무더울 것을 감안해 단단히 준비를 한다. 누이와 함께 사진 한판 찍은게 오랜만에 두남매 사진이라 현상해보니 참으로 다정한 사진이다. 산행 준비를 하고 5시 50분 누

 이와 작별 인사를 하고 산행에 들어간다.

 초입은 길이 잘 나타나 있지 않아 숲길로 희미한 길을 찾아 오르막을 올라 능선길에 들어서면서 길이 나타난다. 6시17분 무명봉을 넘어 잡목길을 헤치며 5분후 언제쯤 불이 난 것인지 화목을 밟으며 잡목숲을 지나 6시47분 여산 송씨 경계 표시말을 지나 3분후 셀목재에 내려서니 6시50분이다. 셀목재는 비포장 도로 인데 여산쪽으로 도로 포장 공사가 한창이라 머지않아 도로가 완공되면 익산군 여산면과 완주군 화산면을 넘는데 쉽게 다닐 수 있게 될 것 같다. 마루금은 남쪽에서 동남쪽으로 고압철탑(154kv팔봉T/L, NO50팔봉-두마간)에 올라서 능선 오르막을 올라 6분후 흰돌 채석장을 지나간다. 여산 흰돌은 석회석으로 비석 디딤돌을 만드는데 사용하는 돌인데 천호동굴이 문화제 천연기념물 제177호로 지정되면서 채광을 중단하여 채광 터만 남아있다.

안내문에

위치 : 익산시 여산면 호산리 산 1-45번지외 8필지
곤련 문화재 : 천호동굴 천연기념물 제177호

　상기 부지는 익산 석화석 채광지로 문화재 천연기념물 제177호 천호 동굴 인근 500m 이내의 지역이므로 문화제 보호법에 의거 석회석 채광이 불가능하여 산지 관리법에 의거 복구공사를 완료한 지역입니다. 그러나 석회석 채광지 복구지는 경사가 심하고 낙석의 위험이 있어 안전사고의 발생이 우려되므로 일반인의 출입을 금지합니다. 또한 이 지역은 천호동굴 보호구역 외각 경계로 부터 500m 이내의 지역이므로 문화재 보호법의 적용을 받아 무단 현상 변경행위에 대하여는 문화재 보호법에 의거처벌을 받을 수 있음을 알려드리며 현상 변경 관련 궁금한 사항은 익산시청 문화관광과 (840-3294)에 문의하시기 바랍니다.

　　　　　　2005년 11월 일　　익 산 시 장

천호동굴(天壺洞窟) : 익산시 여산면 호산리
지정번호 : 천연기념물 제 188호

여산면 호산리 해발 약 500m의 천호산 서북방에는 북동에서 남서방향으로 길이가 총 677m에 이르는 동굴이 형성되어 있는데, 이것이 바로 천호동굴이다. 입구에서 50여m지점까지는 폭 2~4m, 높이 3~6m의 그다지 크지 않으나, 입구에서 100m지점에서는 왼편으로 다시 지혈이 약150m 뻗고 있으며, 입구에서 250m 지점에서는 높이가 12m, 폭이 10m의 40㎡ 정도의 40여명이 앉을 만한 4층의 작은 광장이 형성되어 있는데, 속칭 수정궁(水晶宮)이라 불리우고 있다. 수정궁은 이 천호동굴의 절경으로 천정에는 높이 12m의 석주(石柱)가 군립하고, 바닥에는 직경 5m에 달하는 석순(石筍)들이 떠오르는 구름처럼 깔려있으며, 석주 뒤쪽에는 직경 약 2m의 작은 못이 있는데 방해석이 다시 결정을 이루고 있는 등 신비스러운 모습을 보여주고 있다. 이 동굴은 1965년 이 지역에 살고 있던 황성호(黃聖浩) 목사가 지금까지 신비에 싸여 있던 동굴 내부를 답사하여 많은 종유석(鐘乳石)과 석주, 석순 등이 있는 황홀한 경관의 동굴임을 알고 천호동굴(天壺洞窟)이라 이름붙이면서 일반인들에게 알려지기 시작하였으나, 기록에 의하면 이미 오래 전부터 이 동굴의 존재는 알려져 왔었다. 동국여지승람 여산군 산천조에서는 "누항은 군 동쪽 7리에 시내가 있는데 고산현에서 출발해서 서쪽으로 흐르다 스며 호산(壺山) 산록으로 들어가 땅속으로 흘러 호산 서쪽에 이르러 시내가 되었다. 물이 나오는 구멍의 지름이 1장 가량인데 속칭 용추(龍湫)라 전해지고 있다. 날이 가물면 여기서 비를 빈다."는 기록이 보이는 것처럼 어떤 형태로든 이미 수백년전부터 구멍

둘레가 1장이 넘는 동굴이 있었음이 알려져 왔던 것 같다. 또한 구여산군지(舊礪山郡誌)에서도 천호동굴을 풍혈이라 불리어 "풍혈은 여산면 천호산 북쪽 골짜기에 있는데, 언제나 은은한 뇌성이 들리고 춘분(春分) 후에는 바람이 구멍으로부터 나오고 추분(秋分) 후에는 바람이 굴로 들어간다. 시험 삼아 물건을 던져보면 바람 따라 들어가고 바람 따라 나오는 것을 볼 수 있다." 라고도 소개하고 있어 큰 동굴이 있음을 짐작하게 해 준다. 그러나 그 후 중도에 토사로 바람구멍(風穴)이 매몰된 것으로 보인다.

출처 : 익산 향토 문화

채석 폐광지를 지나 언제 벌목을 했는지 나무가 없어 사방을 관망하며 오르막을 한동안 올라 무명봉에 올라서니 오른쪽 아

래로 천호산 문수사가 내려다보이고 여산과 가야할 용화산 미륵산이 건너다보인다.(7시11분)

천호산(天壺山) 문수사 (文殊寺)

소재지 : 익산시 여산면 호산리 69번지
대웅전 : 지방 문화재 자료 제89호

　천호산 서쪽 사면에 자리한 문수사는 대한불교조계종(大韓佛教曹溪宗) 제17교구 본사인 금산사(金山寺)의 말사이다. 1961년 주지 김종대(金鍾大)가 세운 사적비의 기록에 의하면 신라 헌강왕7년(881) 혜감(慧鑑)대사가 창건했고, 조선 초에는 함허(涵虛)선사가 이곳을 중건했으며, 다시 고종 때에 허주(虛舟)대사가 중수한 거찰이었다고 하나 10여년전까지는 대웅전과 명부전 삼성각 요사체 만이 남아 있었다. 이 중 삼성각을 제외한 대웅전 명부전과 요사는 근래에 다시 건립하였다. 이 외에 경내에 부도 2기가 남아 있을 뿐 신라시대에 창건했음을 뒷받침해 주는 자료는 찾아볼 수 없다. 문수사는 극락전을 중심으로 북쪽에 명부전, 뒤쪽에는 삼성각과 부도 2기가 위치하고 있으며 최근에 지은 요사체가 있다. 옮긴글

　마루금은 조금 오르면 고사목을 지나 가족묘를 지나 가파른 오르막을 한동안 올라 천호산 성터에 올라서니 7시35분이다. 천호산성은 익산시 여산면 호산리(壺山里) 천호산(天壺山)의

정상(501.3m)을 돌로 둘러쌓은 테뫼식 산성이다. 천호산은 익산시에서 제일 높은 산이다.

천호산에는 천호동굴(天壺同窟) 용추(龍湫) 문수사(文殊寺) 백연사 등의 명승지가 있다. 천호산성의 둘레는 669m이며, 성곽의 폭은 약 4.4m로비교적 넓게 성저(城底)를 잡았으며, 성곽 중 현제 높이가 2.5m 이상되는 부분도 있는데 원래는 더 높았다고 한다. 성벽의 북벽을 보면 치석(治石)한 석재를 써서 정교하게 축성한 것을 볼 수 있고 봉수시설(烽燧施設)로 추정되는 원형의 유구가 남아있다. 여기에서는 멀리 부여(扶餘)와 대전(大田)남쪽의 면병산(綿屛山)이 바라보이고, 동남쪽으로는 완주와 전주방면이 가리는 것 없이 들어오는 전략적 요지이다.

천호 산성은 속칭 태성(台城)내지 농성(農城)으로 부르기도 한다. 농성은 (조선고적 조사자료) 익산 여산면 조에 기록이 나온다. 성 주변에서는 백제 수막새 기와 와 토기 조각들이 발견되고 있어 백제때 초축한 것으로 사료된다. 최근 성내에서 철재로 된 방폐와 창을 습득하였다고 한다. 그런데 천호산성에 관한 기록은 <동국여지승람>이나 <호남읍지>에는 보이지 않아 이미 조선 이전에 산성으로서의 기능이 유명무실해진 것으로 추정된다. 그러나 후삼국 시절에는 왕건의 고려군이 황산(黃山)의 탄현(炭峴)에서 견훤의 후백제군을 격파하고 후백제의 도성인 완주로 들어가기 위해서는 금강기맥(신금남정맥)상의 천호산 아래를 지나야 했다. 이때 고려군은 여세를 몰아 천호산성을 점령하고 천호산 아래 고개인 문드뢰뫼재(또는 문드레미재로도 불리며 이 고개도 금강기맥(新錦南正脈)상에 있다.) 부근에 주둔하여 완주벌에서 벌어질 마지막 전투를 위해 숨을 골랐던 장소로 보인다. 이로 인해 <동국여지승람>에서는 천호산을 일러 왕건의 고려군이 입산하였다 하여 군입산(軍入山)으로 부르기도 하고 이 산의 서쪽 기슭에는 문수사(文殊寺)와 백운사(白雲寺), 백련암(白蓮庵)이 자리하고 있고, 산의 서쪽 부분 전면은 여산송씨(礪山宋氏)의 종중산이 되어 있는데, 그 산에는 여산 송씨 시조인 송유익(宋惟翊)의 묘와 비갈(碑碣)이 남아 있다. 여산 송씨 시조 종중 산이라 宋山이라 부르기도 한다.

천호산성(天壺山城)

전라북도 기념물 제 99호
전라북도 익산시 여산면 호산리

　이성은 천호산 최고봉을 에워싼 산성으로서 서쪽으로 미륵산성이 한눈에 들어오는 곳에 위치해 있다. 성벽의 크기가 일정하지 않은 부정형 뗀돌을 이용하여 경사면을 따라 쌓았다. 성벽의 둘레는 669m이며 현재 보존된 성벽의 폭은 6m 내외, 잔존 높이는 2.5m내외다. 이 산성은 성 주변에서 백제시대 수막새 기와 와 토기조각 등이 수습되어 백제시대에 쌓은 성으

로 추정된다. 후백제군과 고려군의 전격지라고도 전해지는 곳이다. 옮긴글

　헬기장에서 배낭을 내려놓고 갈증도 면하고 사방을 바라보니 사방이 확 트여 사방을 관망하고 7시41분 오른쪽 (서남쪽)으로 내려가 능선을 오르내리며 안부를 지나고 가파른 오르막을 힘들여 한동안 올라가니 산불 감시 초소가 있는 갈매봉이다. (8시 13분) 아래로 내려다보니 741번 지방도로가 내려다보이고 아래서 올라오는 사람이 보인다. 급경사 내리막을 미끄러지듯 내려와 산불 감시원을 만나 사진 한판 찍고 내리막을 내려와 문드레미재 741번 지방도로에 내려오니 8시23분이다. 문드레미재는 여산면 신리 1번 국도에서 완주군 비봉면을 넘는 고개로 왕복 2차선 포장도로이며 마루금은 비봉면쪽 철망 끝에서 오른쪽으로 통신 안테나쪽으로 올라서 능선길을 3분쯤 가면 파란 폐

건물을 지나고, 잘 정돈된 흥성장씨묘를 왼쪽에 두고 능선 내리막을 내려가며 왼쪽 벌목지를 지나며 양곡마을과 호남 고속도로를 내려다보며 한동안 가다 소나무 숲속으로 들어서가다 마루금은 오른쪽 능선으로 내려선다. 이곳에서 잘못하여 잘나 있는 길을 따르면 마을쪽으로 내려가니 조심하여야 한다. 길이 희미하여 선답자 리봉을 확인하고 내리막을 내려오니 호남고속도로 절개지다. 선답자의 기록을 보면 왼쪽 지하통로를 이용 하였다는데 지금은 호남 고속도로 확장 공사를 하면서 생태계 통로를 만들어 고속도로 위를 통과한다.(8시48분) 마루금은 고속도로 위 생태계 통로를 지나 절개지 수로를 따라 올라가다 오른쪽 숲으로 들어서 고압 송수관지역 간판을 지나 무명봉에 올라서 왼쪽(남쪽)으로 희미한 내리막길을 한동안 내려오니 799번 지방도로다.(일명 작은 쑥고개) (9시16분) 이곳은 여산면과 왕궁면 면계로 왼쪽에 양동 버스정류장이 있으며 양동마을 입구에 표지석과 延安李氏 世阡 비석이 있으며 全州崔氏 敬慕濟 라고 쓰인 커다란 표지석이 있다. 마루금은 왕궁쪽으로 조금 가면 오른쪽에 표지기가 달려 있다. 오르막 능선을 오르는데 이곳은 등산객이 많이 다녀 길이 잘나있고 능선 오르는데도 크게 오르막이 없어 5분후 공원묘지를 지나고 능선길을 한동안 가다 잘나 있는 길을 버리고 오른쪽(서쪽) 소로 내리막을 5분쯤 내려와 (154kv 팔봉T/L NO.36) 고압 철탑을 지나고 6분후 쑥고개 생태계 통로위에 도착하니 10시2분이다.

　마루금은 도로위로 보리밭을 가로질러 가축 분료가 쌓여 있는 곳을 지나 오른쪽(북쪽)으로 능선 오르막을 한동안 올라, 삼각점을 10시12분 지나면서 서쪽으로 방향을 틀어 오르막을 오르는데 원수리 생골마을에서 개짓는 소리가 요란히 들리며 소나무 밭 능선길을 가다 10시25분 안부 사거리를 지나면서 가파른 오르막이 시작된다. 가파른 오르막을 숨을 몰아쉬며 오르는데 오늘 산행 중 가장 가파른 오르막이라 온몸이 땀투성이다. 가파른 오르막을 20여분 올라 삼거리에 올라서니 왼쪽(남쪽)에서 올라오는 사람들이 있다. 여기서 부터는 등산로가 잘돼 있으며 마루금은 북쪽으로 가파른 오르막을 3분쯤 힘들여 오르니 묘가 있는 정상이다.(10시49분) 이곳은 많은 사람들이 힘들여 올라오면 쉬는 곳으로 많은 사람들이 땀을 식히고 있다. 용화산 정상은 북쪽으로 10여분 가야 정상이다. 잠시 땀을 식히며 허리쉼을 하고 능선길을 가 용화산 정상에 도착하니 이곳도 아무 표시가 없고 등산객들이 숲속에 삼삼오오 휴식을 추하고 있다.

　마루금은 능선 내리막을 내려와 돌탑을 지내면서 왼쪽(서쪽) 능선 내리막으로 내려서 서남쪽 능선을 내려와 다듬재 2차선 지방도로에 내려서니 11시41분이다. 마루금은 도로를 가로질러 능선 오르막이 시작되며 이곳도 등산로가 잘돼있어 많은 사람들이 오르내리고 있다. 가파른 오르막을 15분 올라가니 산성이 앞을 가로 막는다. 11시56분.

미륵산성(彌勒山城)

익산시 금마면 신용리 산북리
지정번호 : 지방기념물 제12호

　다른 성곽에 비해 미륵산성의 연혁을 살필수 있는 자료는 신증동국여지승람이나 세종실록지리지 및 익산군지 등에 보이고 있다. 기록들은 대체적으로 비슷한 내용을 보여주고 있다. 이중 동국여지승람 익산군 성곽조를 보면, 이 미륵산성을 기준성(基準城)으로 기록하고 있으며, 용화산(현 미륵산) 산상에 있는데, 속전에 기준왕이 쌓았다고 하기 때문에 그렇게 이름이 붙게 되었다고 함을 밝히고 있다. 이 성곽의 규모에 대한 문헌기록은 신증동국여지승람에 보면, 둘레가 3,900척이고, 높이가 8척이라고 기록하고 있는데 실제의 길이는 수평거리가 1,776m로 확인되어 익산 일원에서는 가장 규모가 큰 성곽이다. 성곽의 평면은 대부분 붕괴되어서 확실하지 않지만 동북과 서북 및 서남 모서리는 뚜렷한 우각의 흔적이 보이나, 동남 모서리는 지형에 따라 둥글게 처리한 것으로 판단된다. 서남 우각에서 서북 우각까지의 서쪽성벽은 비교적 반듯하며, 지형에 따라 약간씩 돌출된 지역에 2개소의 치(雉)를 두었다. 남쪽 성벽은 서남우각에서 동으로 272m 지점에 남문지(南門址)가 위치하고 있다. 서남 우각에서 남문지 까지의 성벽은 지형에 따라 굴곡이 있는데, 굴곡이 심한 돌출부가 치의 역할을 대신하기 때문인지 여기에서는 치가 보이지 않고 있다. 다만 남문이 있는 지역은 성벽이 비교적 반듯한 관계로 남문지 서쪽과 동쪽에 각각 1개소씩의 치를 배치하였다. 이 2개소의 치는 성문 좌우에 위치하고 있어서 적대(敵臺)로 볼 수도 있다. 남문지에서부터 비교적 반듯하게 이어지는 성곽이 내만하다가 동남 모서리에서는 다시 둥글게 돌출하고 있다. 이 비교적 반듯한 지점인 남문지에서 동으로 100m 지점에 치 1개소를 두고 있다. 그리고 동남 모서리는 둥근형태로 축조되었기 때문에 동남 모서리에서 양방향 각각 20m 지점에 치 1개소씩을 배치하고 있다. 동쪽 성곽은 비교적 반듯하게 축조되었다. 동북우각에서 115m 지점에 동문지(東門址)가 위치하고 있다. 이 동문지는 남문지와는 달리 옹성(甕城)을 두고 있다. 이 동문지에서는 남쪽과 북쪽에 각각 1개소의 치를 두었는데 문과 가까이 있어서 적대로도 볼 수 있다. 북쪽 성곽의 서반부는 비교적 굴곡이 심한데, 특히 서북 우각부에서 직선거리 165m 지점은 심하게 돌출되어 있다. 그러나 동반부는 비교적 반듯하게 축조되었기 때문인지 동북 우각에서 서쪽 120m 지점의 약간 돌출된 지역에 치 1개소를 두고 있다.

≪출처 : 익산 향토 문화≫

성 아래 나무그늘에서 배낭을 내려놓고 쉬면서 과일로 허기를 면하고 있는데 익산에서 온 여성 두분이 올라오더니 떡을 한 개 주어 먹고 나니 시장기가 완전히 가신다. 12시 22분 성터를 지나 가파른 오르막을 올라 미륵산 중봉에 올라서니 12시36분이다. 중봉에는 사방이 확 트여 전망이 좋으며 오른쪽(북쪽)으로 통신 철탑이 건너다보이고 멀리 강경 논산들과 계룡산이 보이고 함라산이 보인다.

마루금은 왼쪽(남쪽) 미륵산 정상을 향해 내리막을 내려 가파른 오르막을 오르니 미륵산 정상이다.(12시49분)

 미륵산은 금마에서 북쪽으로 8리정도의 거리에 금마면, 삼기면, 낭산면에 걸쳐 있는 높이 430m의 산으로, 옛날에는 이 산의 동쪽에 이어져 있는 높이 350m정도의 낮은 산봉까지를 포함하여 용화산(龍華山)이라 불렀으나 지금은 구분하여 미륵사지가 있는 북쪽은 미륵산이라 하고 나머지 지역은 용화산이라 하고

있다. 미륵이나 용화는 모두 미륵신앙과 관련이 있는 명칭으로 써, 원래는 용화산이라 하던 것이 미륵사가 지어지면서 그 주변 산만을 미륵산이라 칭한 것으로 보인다. 남쪽으로 익산시와 우리나라에서 가장 넓은 곡창지대인 호남평야가 눈에 들어오고 북으로는 황산벌이 보이고 이 산에서 발원하는 도천(道川), 부상천(扶桑川), 궁평천(宮坪川) 등은 만경강의 상류를 이루며, 서해안으로 흘러 들어가고 낭산천은 북으로 흘러 금강에 이른다. 미륵산은 익산시에서 가장 가까운 산으로 용화산과 연결되어 많은 사람들이 오르내리고 있으며 오늘도 어린 아이들로 부터 중년층 노년층할 것 없이 많은 사람들이 올라와 있다.

미륵산의 유래

이산의 최고봉을 운제봉이라 하고 조금 낮은 앞산 봉을 장군봉이라 하는데, 장군봉에는 마치 장군이 투구를 쓴 것과 같은 모양으로 생긴 까닭에 투구바위라고 부르고 있는 바위가 있다. (여지승람) 익산군 산천조에서는 "장군봉은 용화산에 있는데, 남쪽에 있는 바위에는 두어말의 기름을 녹일수있는 구멍이 파져있어 이 바위를 등잔암이라 한다"고 하는 기록이 보이는데, 여기에서 말하는 등잔암은 지금의 장군봉 산정에 있는 투구바위(兜巖)를 말하는 것이 아니라 산의 남록에 있는 거북바위를 지칭한 것으로 보인다. 거북바위에는 가로 70cm 세로 50cm 정도의 구멍이 파여져 있다. 또 이산 안에는 미륵사지를 비롯하여 사자암, 죽사(지금은 없다. 사자암 서쪽으로 백보 거리에 있었음), 수백암(지금은 없음, 사자암 서쪽으로 이백보 거리에 있었음), 만방암(지금은 없음, 사자암 남쪽으로 이백보 거리에 있었음), 영혈사(일명 串寺라고도 함. 지금은 없음, 수백암 북쪽으로 1리의 거리에 있었음), 명적암(지금은 없음, 사자암 동쪽으로 이백보 거리에 있었음), 천장암(지금은 없음, 명적암 동쪽으로 2리 거리에 있었음), 심곡사(현존), 석불사(석불 남아 있음, 절 이름은 확실치 않음), 태봉사(삼존불 남아 있음, 절 이름은 확실치 않음), 장안사지 등 절터가 많이 남아 있는데, 이를 통해서 볼때 이 산은 백제, 신라, 고려대를 이어 이 지역의 불교문화의 중심지가 되었던 곳으로 보인다. 또한 산 위에는 기준성이라 불리우는 미륵산성 터가 있으며, 중턱에는 백제의 도요지가 여러 곳에 있어 삼족토기 등 백제 토기를 이곳에서 구워냈음을 알 수 있다.

《출처 : 익산 향토 문화》

마루금은 오른쪽(서쪽)으로 이어진다. 미륵산 정상에서 13시 20분 출발하여 잘나있는 길을 따라 20여분 내려오니 갈림 길이다. 정상에서 만난 부산이 고향이고 익산군 낭산면 성남리 신리에 살며 새익산 산악회 회원을 만나 동행하며 내려오다 마루금을 잘 일러주어 고생을 않고 바로 길을 찾아간다. 이곳이 전임자 기록을 보면 비겨가기 쉬운 곳이다.(13시38분) 갈림길에서 오른쪽으로 능선을 가다 5분후 작은 봉을 넘어 가파른 내리막

을 내려 5분후 연안이씨묘 집안 묘역을 지나 내려오면 왼쪽에
논이 나온다. 언뜻 보기에는 맥이 아닌것 같은데 자세히 살펴보
면 논둑 하나 사이에 좌 우로 물이 갈리는 곳이다. 마루금은 논
둑을 지나면서 커다란 당산 나무가 있고 외딴집이 있는 곳으로
이어진다. 마루금은 당산나무 밑 외딴집에서 남서쪽으로 임도
를 따라 가다 연동리 대관마을로 연결되는 2차선 포장도로를
지나 고추 밭둑으로 가다 잘 정돈된 묘 뒤로 임도를 따라가 삼
기 농공단지를 보며 삼기 가든 앞마당에 도착하니 14시6분이
다. 이곳에서 부터 서북쪽으로 722번 지방도로를 따라가다 석
불사거리에 도착하니 14시13분이다. 우선 갈증이 나 슈퍼에서
하드 한개를 사먹고 배낭을 내려놓고 푹 쉬고 2시20분 출발하
여 건널목을 건너 석불사에 들려 사진 몇판 찍어둔다. 석불사
사거리에 있는 익산 연동리 석불좌상은 전라북도 보물 제45호
로 지정되어 있다.

益山 蓮洞里 石佛坐像

보물 : 제 45 호

전라북도 익산시 삼기면 연동리

  이 불상은 머리만 없어졌을 뿐 광대까지 고스란히 남아 있
는 석불 좌상이다. 불상 높이가 156 cm 나 되고 당당한 어깨
균형잡힌 몸매 하체등에서 고졸한 활역을 나타내고 있지만 손

가락을 구부린 두손과 팔 각진 무릎등에서 다소 어색한 분위기를 보여주고 있다. 그러나 통견의 법의를 얇게 표현하여 신체의 굴곡을 느끼게 한점과 상형의 옷 주름등은 세련된 기법으로 조각되었다. 거대한 광배나 큼직한 대좌가 장중하고 고졸한 모양이지만 옷자락을 드리운 상현좌의 주름이나 연꽃무늬같은 광배 문의등은 상당히 정교하다. 이 석불좌상은 장중하면서도 세련된 특징을 보여주고 있는 600년경의 백제 석불상이다. 석불사(石佛寺)는 원래 대한불교 화엄종에 속하던 사찰이었으나 1994년에 한국불교 화엄종 본산으로 등록하였다. 석불사의 창건이나 연혁을 알 수 있는 기록은 전혀 남아있지 않으나 보물로 지정된 백제시대의 석불좌상과 광배가 남아있어서 백제시대부터 이곳에 절이 이루어졌을 것임을 짐작할 수 있을 뿐이다. 이 석불좌상과 광배에는 1963년도에 보호각을 세우고 주민들이 이 석불을 미륵불이라고 부름에 따라 미륵전(彌勒殿)이라는 당호를 붙여 법당으로 사용하였다. 옮긴글

마루금은 석불 사거리에서 직진(서쪽)으로 도로를 따라가다 삼기 산업단지 공사장으로 이어지는 정맥은 아직 공사중이라 맥을 분간할 수 없이 공사 현장 복판으로 한동안 가니 옛날 도로가 나오고 오룡마을 회관이 나온다.(14시58분) 마루금은 회관 오른쪽으로 마을 도로를 따라가다 오룡동 경로당을 지나고 삼기교회를 지나 8분후 김태영 집앞 삼거리에서 왼쪽으로 도로를 따른다.(3시12분) 마루금을 도로를 따라가다 7분후 오른쪽에

대도마을 입구 허술한 간판을 지나고 외딴집이 있는 삼거리에서 오른쪽 길로 들어서 성광 벽돌 공장 굴뚝을 보며 가다 3시25분 성광 벽돌공장 정문앞을 지나 새로 개통된 삼례 함라간 4차선 도로에 도착하니 3시32분이다.

마루금은 도로 오른쪽 인도를 따라 상마 사거리에 도착하니 3시35분이다. 사거리 오른쪽은 상지원 왼쪽은 상마 뒤쪽은 전주 삼례 앞으로는 부여 웅포로 되어 있으며 부여 웅포 함라쪽 도로를 따라 가다 4분후 왼쪽 능선을 올라서 밭을 가로질러 비닐하우스 오른쪽으로 가다 임도를 따라가면 수로가 나온다.(3시52분) 마루금은 오른쪽에 수로를 따라 임도를 가다 4시6분 오른쪽에 외딴집(정향수 임옥희)에서 왼쪽으로 수로를 건너 임도를 따르다 4시13분 다시 수로를 건너 수로 오른쪽 임도를 따른다. 이 수로는 금강에서부터 농수로가 지나며 능선으로 이어져 금강물을 농수로 보내는 수로다.

임도를 따르다 비석이 많은 공동묘지 뒤 능선으로 올라야 하는데 길도 없고 정금 주유소가 보여 공동묘지를 오른쪽에 두고 진주정씨 세천(晋州鄭氏 世阡) 큰 비석을 지나 3분후 23번 국도 정금 주유소 앞에 도착하니 4시18분이다. 23번국도 중앙 분리대를 차가 뜸한 사이 건너 정금 주유소에서 짐을 풀고 오늘 산행은 여기서 마무리 하고 쉬는데 주유소 아가씨가 칡차를 한잔 줘 칡즙 한잔을 마시니 피로가 풀린다. 내일 일을 생각해서 일찍 함열에 택시를 불러

(요금 6000원) 함열 역앞 태양장 여관에 숙소를 정해 놓고 식당에서 저녁 식사를 하고 일찍 잠자리에 들어간다. 익산시 함열면은 낭산면과 이웃으로 옛날에는 낭산에서 함열 5일장 보러 다닌 곳이고 중·고등학교가 함열에 있어 걸어서 다닌 곳인데 세월이 많이 지나 옛 모습은 거의 찾아볼 수 없다. 오늘 구간은 고향땅을 옆에 두고 가는 길이라 더욱 감회가 새롭고 언제다시 갈 날이 있을까 생각해본다.

금강기맥(新 錦南正脈) 4 구간

도착시간	지 명	고 도	특 기 사 항	비고
6시10 분	다송리정금 주유소 출발		함열면 다송리 23번국도 정금주유소와 영일석재가 있으며 마루금은 수로를 따라간다.	
6시38 분	용산 초등학교		지방도로 우측에 있으며 숲이 많이 어우러져 있다.	
7시29 분	711번 지방도로		새로 확장된 4차선 지방도로 오른쪽에 사거리 신호대가 있으며 언덕으로 올라 마을을 통과한다.	
7시36 분	함나 우체국		711번 구도로에 우체국과 서익산농협이 있으며 마루금은 우체국 왼쪽 마을길로 들어선다.	5분휴식

도착시간	지 명	고 도	특 기 사 항	비고
8시02분	함나산 분기점		함나산은 오른쪽으로 건너다보이며 거리가 있어 정맥에서 벗어나 있고 마루금은 왼쪽으로 내려선다.	
10시16분	볼화산	220m	볼화산은 팔각정이 있으며 송신철탑이 있고 전망이 아주 좋아 좌측은 호남평야와 익산시가지가보이고 오른쪽(서쪽) 은 금강과 넓다란 골프장이 내려다보인다.	20분 휴식
10시35분	칠목재		칠목재는 722번 지방도로가 지나며 왼쪽으로 칠목 휴게소가 있으며 식수와 식사도 가능하다.	11분 휴식
10시40분	방곡재		비포장 임도로 노기용 차량이 다닐 수 있으며 통행이 별로 없는 곳이다.	
11시36분	수례재		나포면과 서수면을 넘는 지방도로가 지나며 무루금은 외딴집 두로 올라서 묘뒤 숲으로 이어진다.	24분 휴식
13시30분	망해산	229.8m	저상에는 헬기장이 있으며 팔각정에서 10미터 가량 떨어져 있으며 경차가 좋은 곳이다.	
14시55분	취산재		임피면에서 나포면을 넘는 지방 도로에 왼쪽 50m 쯤 취산리 버스정류장과 온천, 하만만 기도원이 있다.	

금강기맥(新 錦南正脈) 4구간

함열 다송리~취성고개

도상거리 18.1km 소요시간 9시간 4분
함열 다송리 23번 국도 출발 오전 6시10분, 함나 우체국 7시36분,
봉화산 8시20분, 칠목재 9시35분, 수례재 11시36분,
망해산 오후1시30분, 취성고개 2시55분

2010년 5월 10일 맑음

 오늘은 도상거리가 20km 미만이지만 일찍 도착하여야 마무리 하고 부산에 갈수 있어 아침 일찍 일어나 서둘러 숙소를 나오니 역전 앞이라 택시가 있어 택시를 타고 가다 25시 김밥 집에서 라면과 김밥으로 아침 식사를 하고 점심 김밥도시락도 준비하여 어제 온 다송리고개 정금주유소 앞에 도착하니 5시57분이다. (택시요금 6000원) 산행 준비를 하고 6시10분 출발한다. 마루금은 수로 왼쪽 밭으로 들어서야 하나 길이 없어 수로 오른쪽 임도를 따라간다.

『참고 이 수로는 부여에서 부터 강경 용안 낭산을 거처 삼기에서 부터 산맥을 따라 수로왼쪽으로는 만경강쪽으로 오른쪽은 금강으로 맥을 따라 수로가 있어 사실상 함라까지 수로가 맥 역할을 한다.』

마루금은 수로옆 임도를 따라가다 6분후 왼쪽 마을로 들어서 마을 길을 지나 그린 환경 앞 지방 도로를 따라 함라방면으로 가다 호남선 철도를 6시19분 지나서 오른쪽 도로를 따라가 양계농장을 지나고 왼쪽으로 임도를 따라가다 왼쪽에 시

내산 기도원 간판을 지나고 새로 공사중인 도로를 6시27분 건너 수로 오른쪽 길을 따라 간다. 수로를 따라가다 6시34분 수로 왼쪽마을로 들어서 3분후 다시 함라선 지방 도로에 들어서 함열면 용산 초등학교를 지나고 용산 사거리에 도착하니 6시43분이다. 마루금은 용산 사거리에서 함라 방면으로 직진 하여 가다 구자마을 표지석을 6시49분 지나 도로를 따라가다 탑고지 복지마을 버스 정류장에서 오른쪽 수자원 그린 유통 건물 뒤 수로를 따라간다.(7시2분)

수로를 따라가다 6분후 다시 왼쪽 밭길을 가다. 4분후 갈마 사거리 지방도로가 나오면서 오른쪽으로 갈마 버스정류장을 지나고 도로를 따르며 왼쪽(도로건너편) 갈마 복지센타 건물을 지나고 2분후 오른쪽에 한림 축산과 음식점 참숯마을 표지석을 지나 2분후 서해 물류센타를 지나고 4분후 익산축산농협을 지나면서 도로를 건너 가축시장(송아지 공매장)을 지나 오른쪽 능선으로 올라서면 (星山裵氏)배씨 묘가 나온다.(7시24분) 성산 배씨 묘에서 왼쪽으로 밭가장자리를 지나 왼쪽에 소나무 묘목 밭을 지나고 외딴집 앞을 지나 외딴집 들어오는 길을 따라 파란 물통을 지나 내려서면 새로 확장된 용안 군산 간 711번 4차선 지방도로다.(7시30분) 오른쪽(북쪽)으로 함라 사거리가 있고 마루금은 도로 분리대를 넘어 왼쪽으로 가다 화단 축대 위로 올라서면 밭을지나 마을길로 들어선다. 붉은벽돌 함라 초등학교 뒤 담 을따라 나가면 711번 舊 도로와 새익산농협과 함라 우체국이 나온다. (7시36분) 마루금은 함라우체국 왼쪽 마을길로 들어서 마을 고샅길을 따라가다 삼거리에서 오른쪽길로 직진하여 가축농장을 지나고 임도(농로)를 따라가면 (헬기장 1.12km) 이정표가 나온다.(7시48분) 이정표를 지나 2분후 농로를 버리고 왼쪽 능선으로 올라서면 3분후 김해김씨 묘역이 나온다. 김해김씨 74세손 이하 가족납골묘을 시작으로 위로 김해김씨 묘들이 많이 있는 것으로 보아 김해김씨 종산인 것 같으며 맨 위에

金海金氏三十四世孫 嘉善大夫 金海金公承立之墓가 있으며 아래로 몇십대 내려간 자손들의 묘가 있다. 마루금은 묘역을 지나 오르막을 오르다 잘나있는 길은 왼쪽으로 가고 마루금은 능선을 따라 올라간다.

　사람이 거의 다니지 않은 능선을 치고 올라가 함라산 분기점 봉에 올라서니 8시8분이다. 정상에는 자그마한 돌무덤이 있으며 너머로 금강이 바로 내려다보이고 베어리버 골프 리조트가 내려다보인다. 함라산은 오른쪽(북쪽) 나무계단을 내려가 올라야 한다. 함라산은 정맥에서 벗어난 산으로 왕복 30분 거리다. 마루금은 왼쪽(남쪽)으로 내려가며 길이 아주 잘나 있고 내리막을 내려가 함라재에 내려서니 김해김씨 묘 위에서 갈라진 길이 마주친다.(8시11분) 보통 이길로 올라와 마루금을 이어가며 다시 오르막을 올라 봉화산 정상에 올라서니 8시23분이다. 정상

에는 산불 감시 초소와 정자가 있고 철탑위에 감시 카메라가 설치되어 있으며 사방이 확트여 동으로는 익산 시내와 평야지 지나온 미륵산이 보이고 북으로는 논산 강경들과 금강이 흐르는 게 보인다. 함라산 아래 웅포에는 수십만평 되는 베어리버 골프 리조트가 자리잡고 있고 남으로는 우리나라에서 가장 넓은 호남평야가 있는데 시야가 흐려 잘 보이지 않는다.

지도에 나타난 봉화산은 익산시 함라면 신내리 산61번지 소방봉 236m로 기록되어있으며 봉수대가 있었던 것이 기록에 남아 있다.

함라산 소방봉 봉수대

익산시 함라면 신대리 산 61번지 소방봉(236m)

'봉수는 고려 중엽에 설치되어 1894년(고종) 때 폐지된 통신수단으로 봉(烽)은 밤에 횃불로 수(燧)는 낮에 연기로 알리어 봉수라고 하며 봉화라고도 함. 평상시에 1홰, 적이 나타나면 2홰, 해안 가까이 오면3홰, 육지에 침입하면 5홰 하였으며 싸리나무 섶나무 쇄똥과 말똥을 태워 사용하였음. 소방봉 봉수대는 (여수~서울 목면산)에 속해 있으며 서쪽으로 임피현 오성산 봉수에 응하고, 동쪽으로는 용안현 광두원산 봉수와 응한다'라고 신동국여지승람에 기록되어 있고, 함열읍지에서는 봉수군 75명이 배치되어 있다고 기록되어 있으며, 현재는 흔적을 찾아볼 수 없음. 옮긴글

소방봉(지금의 봉화봉) 봉수대는 제5직봉 (여수~~서울 목떡산)에 속해 있으며 서쪽으로 임피현 오성산 봉수에 응하고 동쪽으로는 용안현 광두원산 봉수와 응한다라고 신중 동국여지 승람에 기록되어 있고 합열 읍지에는 봉수군 75명이 배치되어 있다고 기록되어 있으며 현재는 흔적을 찾아볼 수 없다. 정자에서 배낭을 내려놓고 누어 피로를 풀고 작시를 해본다.

봉화산

미륵산을 지나면서 유명 무실한 정맥이
함라들을 건너 봉화산에 이르니
서쪽으로 금강이 흐르고 동쪽은 만경강
남쪽은 호남평야 한눈에 들어오네.
봉화산 정자에 뉘어 있으니 금강에서
불어오는 선들바람이
이마에 흘리던 땀 식은듯이 없어지네.
산은 우리의 휴식처요 산은 만물이 성장하는 곳
오늘도 내일도 산이 좋아 산에 가노라.

마냥 누워 있을 수 없고 가야하기에 다시 배낭을 메고 출발한다.(8시38분) 마루금은 남쪽으로 철탑 왼쪽길로 내려간다. 길이 가팔라 로프가 설치되어 있으며 50여미터 내려오면 능선길이 양호하며 중간 중간에 벤취도 설치되어 있으며 많은 사람 들이

다니는 길인데도 오늘은 사람들이 보이지 않는다. 능선을 오르내리며 입남마을 이정표를9시2분 지나간다. (이정표에 봉화산 1.49km 칠목제 1.63km 입남마을 0.92km) 봉화산에서 칠목제 중간지점이다. 오르막을 올라 밀양박씨 묘를 지나고 능선길에서 벤취를 지나 능선길을 오르락내리락 하다 내리막을 내려서니 칠목재다.(8시34분)

   칠목제는 오른쪽은 웅포면 왼쪽은 함나면과 황등으로 연결되는 722번 지방 도로 이며 남쪽 아래에 칠목재휴게소 식당이 있고 식당아래 주차장이 있으며 함라산에서 칠목재까지는 길이 양호하다. 잠시 화장실에 들여 볼일을 보고 나와 10분간 휴식을 하고 9시45분 출발하여 마을 로 들어서 가다 마을 사람에게 길을 물으니 산으로 올라가는 길이 없다하기에 다시 나와 도로를 따라 웅포쪽으로 가다 함라산 여울목 식당 앞으로 올라가는 길이 있어 길을 따라 올라 金寧金氏 묘뒤로 올라가 능선길을 가다 마을에서 올라오는 길과 합류한다.(9시57분)

   약 4-5분은 돌은 것 같다. 왼쪽으로 시누대밭을 지나고 오르막을 오르면서 묘를 지나고 가파른 오르막을 한동안 올라 산성 안내판을 지나고 능선 분기점에 올라 오른쪽 화살표 방향은 고분 전시관이 0.98km 지점이고 마루금은 왼쪽 능선으로 올라가는데 가시덩굴과 잡풀이 엉켜 길이 잘 보이지 않는 곳을 어림으로 통과하니 희미하나마 길이 나온다. 길을 따라 오르내리다 왼쪽에 밀양박씨 묘 뒤를 올라 봉오리를 넘어 내려오니 임도가 나온다. 임도를 건너 내려오는데 땅까시가 가는 길을 가로막고 성가시게 한다. 전기 고압철탑을 지나고 임도 안부에 내려서니 10시40분이다. 다시 오르막을 올라 금영김시 묘를 지나고 왼쪽에 공동묘지를 지나 다시 철탑을 10시56분 지나 능선길을 오른쪽에 벌목지를 지나간다. 아마도 지도를 보니 이곳이 군산 함양간 고속도로가 지나는 곳인 것 같다. 수원백씨 묘를 지나 오르막을 올라 철탑 11시15분 지나 갈림길에서 오른쪽길로 내려서야 하는데 길이 희미해 좌측길을 따라 내려서니 흥법마을 입구 표지석이 나온다.

도로를 따라 50여미터 오른쪽으로 올라가 보니 바로 위에 철

탑이 보인다. 수래재 고개에는 외딴집이 있고 마루금은 집뒤로 올라간다.(11시35분)

　수래재는 군산시 서수면과 나포면을 넘는 면 경계로 왕복2차선 포장도로로 차량은 많이 다니지 않으며 마을과는 거리가 떨어져 있다. 능선길로 들어서 소나무 그늘에서 시장기가 들어 점심을 먹고 11시58분 출발하여 20여분 올라가다 왕대밭 가운데를 통과하고 가파른 오르막을 오르는데 나무가 없어 햇빛을 받으며 오르막을 힘들여 올라와 청주석씨 묘를 12시33분 지나고 왼쪽능선으로 가다 수원백씨 납골당을 지나 가파른 오르막을 오르는데 장난이 아니다. 오늘 산행 중 가장 가파른 오르막이다. 오르막을 힘들여 올라 임도에 도착하니 오후1시4분이다. 이곳은 차량이 올라올 수 있는 길이며 이정표에 금강 4.01km 망해산 0.61km 이다. 잠시 숨을 돌리고 도로를 건너 나무계단을 한동안 올라가니 팔각정이다.(오후 1시14분) 팔각정은 사방이 확트여 경관이 아름답다. 잠시 배낭은 내려놓고 쉬며 사진을 찍으려고 하니 메모리 카드 부족이라고 나온다.

　먼저 찍은 사진을 지우고 팔각정을 카메라에 담는다. 망해봉은 서쪽으로 건너다보인다. 가파른 내리막을 내려 임도에서 다시 오르막을 올라 헬기장을 지나고 다시 헬기장이 있는 망해산 정상에 올라서니 1시40분이다. 망해산 정상도 사방이 확트여 경관이 아름다우며 삼각점이 있고 마르금은 왼쪽(남쪽)으로 희

　미한 길로 내려서 능선길을 가는데 잡목과 소나무 꽃가루가 날려 옷이 말이 아니다. 내리막을 한동안 내려와 임도(차량이 다닐 수 있음)에서 왼쪽 능선으로 올라야 하나 길이 없고 다시 내려와야 하기에 임도를 따라가다. 임도 갈림길에서 왼쪽 임도를 따라가다 오른쪽 능선으로 취성산 정상을 보며 올라가는데 길이 잡목과 잡풀에 덥혀 가름하기 힘든 길을 찾아 취성산 정상에 올라가니 오후 2시20분이다.
　취성산 정상에는 산불 감시 초소가 있고 감시원이 있어 잠시 감시원과 이야기를 나누고 있는데 개도 산 정상이라 외로운지 꼬리를 설레며 좋아한다. 마루금은 오른쪽으로 급경사를 내려

　와 능선길을 가는데 길이 희미해 잡목사이와 잡풀길을 가며 내가 왜 이 고생을 하나 한심한 생각도 해보지만 그래도 가야할 목표가 있고 꼭 가야만 하기에 모든 것을 잊고 간다. 능선길을 좌로 우로 오르내리다 절개지를 내려와 취산리 거점재에 도착하니 오후 2시56분이다. 오늘은 일찍 마쳐야 부산 까지 가기에 이곳에서 마무리 한다. 먼저 찍은 사진을 지우다 잘못하여 망해산과 취성산 사진이 지워져 아쉽다.
　도로를 따라 취산리쪽으로 내려가니 버스정류장이 있어 버스를 기다리는데 온천하 만민기도원 국제신학연구원 안에서 젊은이가 있어 버스 시간을 물으러 들어가니 버스가 빨리 없다고 하며 대야에서 택시가 오라면 온다기에 불러 달라고 하니 친절히 불러주며 시원한 물도 한그릇 준다. 잠시 가다리니 택시가 와 택시로 대야에 와서 사워를 하고 오후5시버스로 전주에 와서 전주에서 부산행 우등 버스로 부산 사상 터미널에 오니 차가 얼마나 빨리 왔는지 8시40분이다. 언제나 집에 오면 반겨주는 게 집사람 아내다. 큰 벼슬 한 것도 아닌데 산행하는데 협조해줘서 항상 고맙고 감사하다.

금강기맥(新 錦南正脈) 5구간

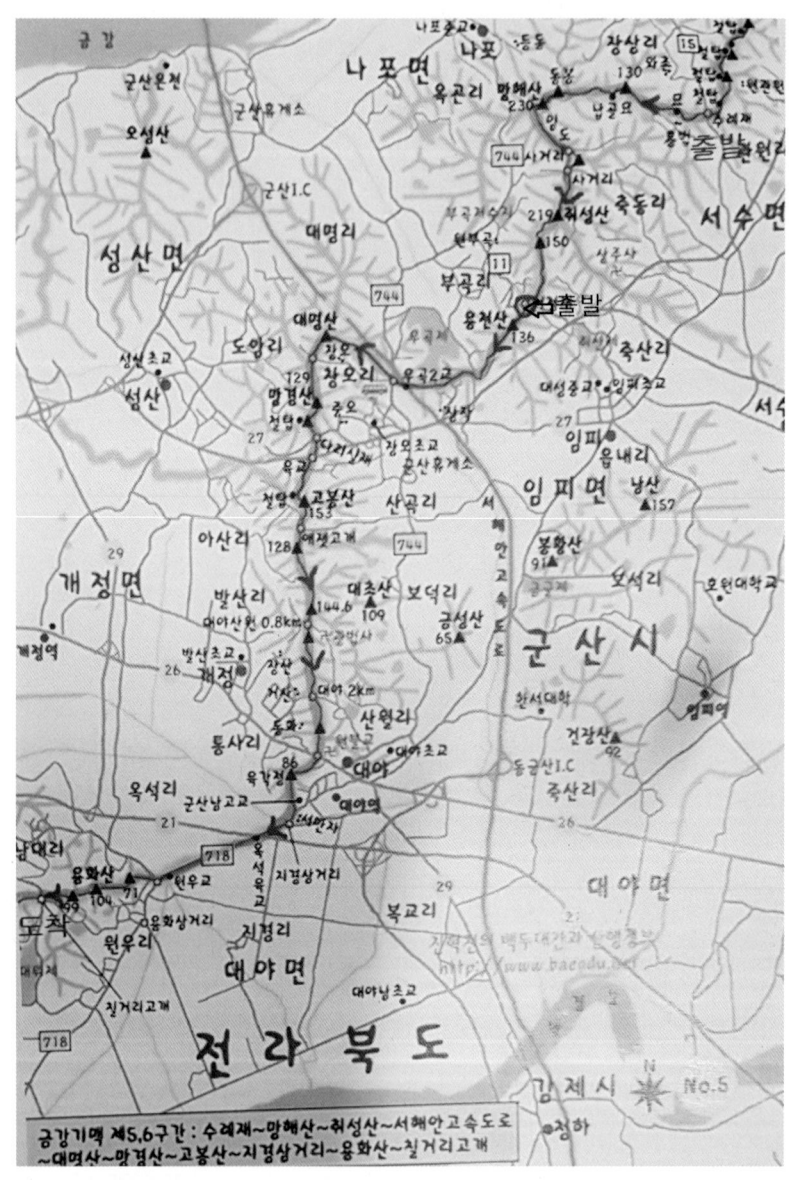

도착시간	지 명	고 도	특 기 사 항	비고
6시33분	거점재 출발			
8시02분	744번 지방도로		오곡마을 버스정류장 에서 오른쪽 도로 따라 가다 능선으로 올라서 철망문을 지나 차없는 사이 고속도로통과	
8시40분	대명산	126m	능선 오른쪽에 아무 표시를 발견하지 못하고 왼쪽(남쪽)으로 마루금은 이어짐	
9시43분	다리실재		2차선 27번 국도로 삼거리에서 도로를 건너 포장도로를 가다 고속도로 위 다리를 지나간다.	
10시5분	고봉산		헬기장에 정성에는 군부대가 있고 마루금은 헬기장에서 왼쪽으로 철망을 따라가다 오른쪽(남쪽으로 이어감	
12시02분	26번 국도		도로를 건너 빈 컨테이너 박스 을 지나 대아 배수지 정문에서 철조만 왼쪽으로 따라가면 정자가 나온다.	5분 휴식
12시40분	민자교		군산남고 운동장을 지나 철로를 건너 도로 따라 삼거리에서 오른쪽 도로를 따라 감 물막이다리라고도 함,	10분간 휴식
12시56분	용화산 입구		미자교에서 수로를 따라 포장도로를 가다 삼거리에서 오른쪽으로 50m 쯤 가다 공동묘지 능선으로 올라감	
13시34분	용화산 정상	103.8m	정상에는 산불감시초소가 있다. 5분간휴식	
13시47분	칠거리재		표산 버스 정류장이 있으며 도로를 건너 납골당을 지나간다.	
15시25분	청암산	116.8m	삼각점이 있으며 산불 감시 초소가 있고 정상 이정표가 있으며 전망이 아주 좋으며 옥산 저수지가 내려다보인다.	15분 휴식
16시40분	칠다리		가계 앞에서 쉬어감 이용원씨 만난다.	1시간10분 휴식
18시15분	백석제 저수지		오늘산행 마감	

금강기맥(新 錦南正脈) 5구간

거점재 ~ 백석저수지

도상거리 22km 소요시간 11시간42분 9.6km
취산고개 출발-6시33분, 744번 지방도로-8시02분, 대명산-8시40분,
다리실재-9시43분, 고봉산-10시5분, 26번국도-12시02분,
민자교-12시40분, 용화산입구-12시56분, 용화산정상-13시34분,
칠거리재-13시47분, 청암산-15시25분, 칠다리-16시40분,
백석제저수지-18시15분

2010년 6월 6일 맑음

 6월 5일 토요일 오후1시20분 ktx 편으로 대전에서 논산을 경유 고향인 익산시 낭산면 큰누이 집에서 1박하고 6일 아침 일찍 생질 승용차로 취산리 고개에 도착하니 6시28분이다. 거점재 취산리 고개 오는데 진입 도로를 모르고 지나쳐 다시 돌아오니 약간 시간이 경과되었다.
 산행 준비를 하고 6시33분 산행에 들어가 능선 오르막을 오르는데 초반부터 길이 잘 나타나지 않아 오늘 갈길이 심상치 않다. 용천산 오르는데 길이 희미하고 잡목이 우거져 용천산 정상은 분간을 못하고 가다 묘 뒤에 올라서니 마루금 맥이 확인된다. 이곳이 용천산 정상인데 아무 표시도 없다. 무덤 오르는 길을 따라 내려가 묘를 지나 내려서니 임도가 나오고 임도 따라 오른쪽으로 20여미터 가면 공동묘지 못가서 좌측으로 임도를 따라 20여미터 가다 임도를 버리고 왼쪽 능선길로 들어서 간다. 능선길을 7분쯤 가

니 2차선 도로가 나오며 오른쪽으로 우곡 저수지가 보이고 도로를 건너 4분쯤 가면 이끼가 덮여있는 삼각점을 지나고 2분후 농장 입구를 지나면서 포장 임도를 따라간다. 왼쪽에 상자 마을을 내려다보며 가다 대한예수교 장로회 생명수교회 100m 허술한 간판을 7시32분 지나며 오른쪽에 가축 농장과 젖소농장을 지나 성수 양수장을 지나 임도를 버리고 오른쪽 능선을 넘으니 외딴집 옆에 達城徐氏 永墓苑 납골묘가 나오며 희미한 길 능선

을 넘으니 744번 지방도로 우곡마을 버스정류장이다.(8시2분)
　마루금은 버스정류장에서 도로를 따르다 왼쪽 능선을 넘어 서해안 고속도로 철망문을 나와 차가 뜸한 사이 고속도로를 건너 철계단을 올라 능선 오르막을 올라 대명산에 올라서니 정상에는 아무 표시도 없고 마루금은 왼쪽(남쪽)으로 이어진다. 잡풀을 헤치며 가다 체육 시설이 있고 포장도로 청암재 내려서니 8시53분이다. 다시 능선으로 들어서 가다 가시덤불이 무성해 길을 가름하기 힘든 길을 뚫고 가는데 옷은 입었어도 가시에 할퀴어 고생이 이만 저만이 아니다. 가시덤불을 벗어나 9시11분 편백나무숲을 지나고 망경산 정상은 아무 표시도 없어 인증만 하고 곧바로 지나쳐 평강체씨 묘를 지나고 27번 舊도로 다리실재에 도착하니 9시43분이다. 삼거리에서 직진으로 포장도로를 따르다 산업도로 위 다리실재 육교를 건너 포장도로를 따르다

고봉산 통신탑

포장도로 끝에서 양봉(굴벌)통이 도로 양쪽에 널려있어 간신이 통과하여 비포장도로를 따라가다 왼쪽으로 올라가니 군부대 정문이다. 정문 앞에 개 두마리가 요란히 짖어 댄다.

고봉산 정상은 군부대가 있어 오르지 못하고 다시 내려와 헬기장에서 군부대 철조망을 따라 돌아가다 능선길 접어들어 내리막을 내려가다 묘아래 포장도로에 내려서니 10시14분이다. 도로를 따라가다 3분후 삼거리에 오른쪽 좁은 임도를 따른다. 삼거리 이정표에 대아신곡 0.5km 이며 임도를 따르다 7분후 오르막능선을 올라 5분후 작은 봉을 넘고 3분후 다시 임도에 내려서 가다 풀이 우거진 밭갓길을 지나 다시 올라서니 표시기가 걸려있는 무명봉이다. 무명봉을 지나는데 오늘은 가는 곳마다 길이 험에 힘든 산행이다. 내리막을 내려 7분후 전주이씨 묘를 지나고 3분후 김해김씨 묘를 지나면서 삼각점을 확인하고 내려서 자갈이 깔려있는 도로에 내려서니 10시47분이다.

도로를 따라 노란 리봉을 보고 내려와 삼거리에 개정통사 0.5km 이정표를 지나 1분후 다시 삼거리에 대아산월 이정표에서 오른쪽 구불길 안내표지기를 따른다. 비포장 도로 구불길을 따라 가다 왼쪽아래 납골당 묘를 지나가다 길이 잘못된 것 같아 다시 이정표 있는 곳까지 돌아와 아무리 살펴봐도 돌아온 길이 맞는 것 같아 다시 돌아가려고 하는데 부산 남구에 산다는 이용원씨가 내려와 같이 동행한다. 다시 임도를 따라 납골묘를 지나

고 삼거리에 도착하니 오른쪽에 육각정이 보인다. 11시23분, 나무개단을 올라 육각정에서 배낭을 풀고 땀을 식히고 오른쪽 아래 개정 앞들을 내려다보고 앞으로 가야할 마루금을 가름해보고 11시39분 출발한다.

이용원씨는 이곳에서 식사를 하고 민자교에서 마무리 한다기에 혼자 출발하여 포장도로를 따르다 11시45분 도로를 버리고 왼쪽 능선으로 올라서 5분후 체육시설 있는 곳을 지나고 6분후 밀양박씨 묘를 지나 잘 자란 편백나무숲 내리막을 내려와 고추밭을 가로질러 26번 국도에 내려서니 12시2분이다. 도로를 건너 임도를 따라 컨테이너 박스를 지나고 공중 화장실을 지나 대야배수지 정문에서 왼쪽 철조망을 따라 오르면 세면 콘크리트로 지은 2층 육각정이 있으며 삼각점이 있다.(12시12분) 정자에 올라서니 사방이 확트여 우리나라에서 가장 넓은 만경들이 펼쳐져 있고 건너편으로 용화산 청암산 금성산이 빨리 오라고 손짓하며 군산 시가지가 한눈에 들어온다. 잠시 쉬며 점심을 먹고 출발하여 양갈래 길에서 왼쪽 길로 내려와 묘를 지나고 군산 한들고 철조망 울타리를 따라 오른쪽으로 돌아 나오니 (옛 군산남고) 한들고등학교, 옥구중학교 운동장이다. 12시35분, 한들고등학교, 옥구중학교 정문을 나와 718번 지방도로를 따라 군산선 철로 건널목을 건너 인위적으로 만든 수로 민자교 (물막이다리)을 지나 마루금은 수로 옆 2차선 도로를 따른다. 이곳도 함열 함나간 수로를 따라간 것과 같이 2차선 718번 도로를 따라가다 삼거리에서 오른쪽으로 이어진다. 삼거리에서 오른쪽으로 도로를 따라 50여미터 가니 용화산 이정표가 나온다.

　용화산 이정표를 확인하고 올라가는데 공동묘지인데도 잡풀이 우거져 길이 나타나 있지 않아 무작정 능선을 찾아 올라가니 온몸이 긁키고 풀독이 올라 장난이 아니다. 가시덤불 오르막을 올라 묘 있는 봉에 올라서니 오후 1시25분이다. 내리막을 2분간 내려와 사거리에서 부터는 길이 좋아지고 이정표에 왼쪽은 용화마을 오른쪽은 문화마을이며 용화산 입구 0.45km 용화산 0.14km로 되어있으며 직진으로 오르막을 올라 용화산 정상에 올라서니 1시34분이다. 정상에는 산불 감시 초소가 있으며 체육시설이 다른 곳으로 이전 했다는 안내문이 있다. 내리막을 내려오는데 곳곳에 잘 정돈된 묘들과 납공당 묘들이 군데군데 있으며 표산마을 옥흥마을 이정표를 지나고 709번 지방도 칠거리재 도착하니 1시50분이다. 칠거리 재에는 표산 버스정류장이 있으며 마루금은 도로를 건너 오르막 능선으로 이어진다.

오르막을 오르다 고가유택(高家幽宅)납골묘를 지나 희미한 산길을 따라 내려서 임도를 가로막아 놓은 비닐하우스 건물을 지나면서 보니 비닐하우스 건물 안에는 의자들이 많이 있는 것으로 보아 모임 장소인 것 같다. 임도를 건너 오르막을 오르는데 그물망으로 진입로를 가로막아 그물 옆으로 오르막을 오르는데 잔딧불 나비들 大자연 이라고 커다란 비닐하우스에 쓰여 있으며 갈림길에서 좌측으로 오르면 상자 위에 옛날 디딤돌을 여러게 올려놓고 자전거 놀이 시설이 있으며 허술한 사각정자를 지나 폐타이어로 만든 계단을 오르니 여러 가지 색으로 물들인 골프공 수천개를 모아놓은 곳을 지나 숲나라 여행길 이정표를 자나 좌측으로 길이 희미한 내리막을 내려오니 삼거리가 나온다. 이곳부터는 길이 잘나있으며 산책하는 시민들이 많이 다니며 이정표에 옥산저수지입구(제방) 2.02km 청암산(샘산) 2.65km 되어 있다.(오후2시15분) 넓은 임도길을 따라 가다 절 건물 뒤를 지나 오르락내리락 좌우로 한동안가다 이정표(옥산 저수지입구(재방)3.47km 청암산(샘산)1.10km)를 지나고 오르막을 한동안 올라 무명봉에서 다시 내려가 공중 화장실이 있는 안부 사거리 벤취에서 잠시 배낭을 벗어놓고 쉬며 산책하는 시민들과 이야기를 나누고 출발하여 구불길로 이어지는 등산로를 따라 가다 가파른길 나무계단을 한동안 올라가니 청암산 정상이다. 오후3시25분, 청암산(샘산) 정상에는 삼각점이 있고 산불

　감시초소가 있으며 해발 115m 청암산(샘산) 정상 푯말이 있고 옥산 저수지가 내려다보이고 멀리 군산 시가지가 보인다.

　옥산 저수지 구불길 산책로는 저수지 입구에서 청암산 다시 옥산 저수지로 한바퀴 도는데 저수지 입구에서 황세고개 고사리 청암산까지 4.57km 청암산에서 신성동쪽으로 2.25km 총거리 6.82km로 시민들 산책로로는 아주 좋은 코스이며 저수지를 끼고 돌기에 노년 청년 소년을 가리지 않고 많은 시민들이 오르내리며 즐기고 있다. 서쪽으로 오르던 마루금은 북쪽을 향해 내리막을 내려가다 작은 봉을 넘어 길 가운데 차돌이 박혀있는 곳을 지나 6분후 잘나있는 등산로 길을 버리고 좌측으로 내려서면서 다시 희미한 길로 들어선다. 3시40분, 조금가다 길이 잘 나타나지 않아 왼쪽 채석장 위를 지나 길이 없어 오른쪽 능선으로 올라 희미한 길을 따라 올라가 묘 뒤로 가는데 산딸기가 있어 배낭을 내려놓고 산딸기를 따먹으니 맛이 그만이다. 묘 뒤를 지나면서 다시 잡목숲을 올라 철탑 안테나를 4시6분 지나면서 다시 내리막을 내려가다 왼쪽에 빨간 작은 표지기가 있어 길을 찾아보니 전혀 길이 없어 희미한 길이나마 금성산 쪽으로 있어 내려가다 안부에서 금성산 오르는 길이 없고 오른쪽으로 임도가 있어 조금 돌더라도 좋은 길을 택해 내려가 옥류마을 외딴집에서 물을 한컵 얻어먹고 도로를 따라가 삼거리에서 군산 예비군 훈련장 정문 4km 안내판을 따라 제2금당교를 건너 다리 옆 가게에서 캔 사이다 한개를 사먹고 쉬는데 대야에서 마친다는 부산 사는 이용원씨가 금성산에서 내려온다는 전화를 받고 1시간 가량 기다리다 이용원씨 여자 일행과 같이 내려와 잠시 쉬다 택시가 와 이분들은 오늘 출발한 취산리로 택시를 타고 가고 5시

40분 출발하여 칠다리 마을 삼거리에서 오른쪽으로 수로와 도로를 따라가다 5시55분 삼거리에서 좌측으로 가다 철로와 수로를 건너 한림교회 기도원을 지나 농기구 창고 옆 공터로 들어서 비첸시오 어린이집 앞을 지나고 백석 저수지 못가서 도로를 따라간다.

백석 저수지옆 산이 끈긴 절개지로 올라야 하나 길이 험해 도로를 따라가다 백석 저수지 끝지점에서 오른쪽으로 올라가 물탱크에서 능선 오르막을 확인 하고 오늘 산행을 마무리하고 나운동에 숙소를 정하고 숙소에 들어가니 갑작스레 소낙비가 쏟아진다. 내일은 비가 안와야 할텐데 하며 집으로 전화열락을 하고 일찍 잠자리에 들어간다.

금강기맥(新 錦南正脈) 6구간

도착시간	지 명	고 도	특 기 사 항	비고
6시54분	백석제 출발		도로에서 오른쪽으로 50m 올라가 묘있는 능선으로 올라섬	
7시50분	굴 다 리		고속도로 갓길 따라오면 고속도로 지하 굴다리 통과하여 오른쪽 묘있는 곳으로 올라감	

도착시간	지 명	고 도	특 기 사 항	비고
8시15분	지곡고개		지곡동에서 미산 저수지를 넘는 고개로 포장은 되어 있으나 차선은 없어도 차량이 많이 다닌다.	
9시09분	은해교회		도로 오른쪽에 커다란 건물이 있으며 마루금은 교회 뒤를 지나간다.	
9시26분	나운동 부곡 사거리		리츠프라자호텔에서 오른쪽으로 40-50m쯤 가며 사거리에서 직진으로 가면 유원 아파트를 지나 철탑옆 나무계단으로 올라간다.	
9시55분	감시초소		산불 감시초소에서 고압 철탑을 지나고 가파른 내리막을 내려서면 새로 만든 생태개 통로를 지나 가파른 능선을 오른다.	
10시58분	월명공원		무간 2층으로 된 팔각정 있고 故 유종화 사무관 박시규님의 순직 추모비가 있으며 전망이 좋다.	15분휴식
11시41분	청소년 수련원		풍산 저수지 옆 산책로를 따라 30여미터 가면 2차선 도로 옆에 있으며 마루금은 도로 건너 오르막을 올라감	7분휴식
12시04분	장계산 정상	110m	점방산 갈림길에서 오른쪽으로 올라가면 장계산 정상에 삼각점이 있으며 벤취가 놓여있고, 전망이 좋은편	

금강기맥(新 錦南正脈) 6구간

백석제 ~ 장계산 ~ 백제교

도상거리 10.6 km 소요시간 5시간10분
백석 저수지 6시54분, 자동차전용도로 굴다리 7시50분,
지곡고개 8시15분, 은해교회 9시09분, 부곡 사거리 9시26분,
산불감시초소 9시55분, 월명공원 10시58분, 청소년 연수원 11시41분,
장계산 12시04분, 금강하구 나루 백제교

2010년 6월 7일 맑음

 오늘은 거리도 짧은 편이라 좀 늦게 일어나 준비를 하고 해장국 집에서 아침을 먹고나와 지역을 보니 아마도 이 근방을 지날 것 같아 눈여겨 놓고 백석제(백석 저수지)를 향해 출발 하여 백석 저수지에 도착하니 6시50분이다. 백석저수지에는 물은 없고 늪지모양 으로 잡풀이 가득히 자라고 있다. 마루금은 저수지 옆 절개지로 올라야 하나 가파르고 길이 없어 저수지 끝 근처에서 오른쪽으로 올라가면 물탱크 같은 게 있으며 마루금은 왼쪽 남

평문씨 묘(南平文氏幽宅)에서 능선으로 올라선다.(6시54분)

  남평문씨 묘뒤로 올라서 능선을 가다 안부를 지나 오르막을 오르면 두능두씨(杜陵杜氏)묘를 지나고 능선길을 가는데 길이 희미하고 잡목 숲을 뚫고 가다 안부 삼거리를 지나면서 길이 좋아진다. 능선을 오르내리다 묘군을 지나 성도최화석지묘(聖徒崔花石之墓)쪽으로 오르막 능선을 올라야 하나 길이 없어 왼쪽 길을 버리고 오른쪽으로 10미터 정도 올라서면 군산시내 자동차 전용도로 절개지다. 가파른 절개지를 조심조심 내려와 도로 갓길을 따라 왼쪽으로 가면 굴다리아래다.(7시50분) 굴다리를 지나 도로를 따라 10여미터 가다 오른쪽 소나무 능선길로 올라가면 청주고씨묘 (面長)와 달성서씨 묘 뒤로 오르면 잘나있는 등산로를 만난다.(7시58분) 등산로를 따라 조금 가다보면 절개지에 도로 건너편에 지나온 곳이 건너다보인다.

잘나있는 등산로를 따라 한동안 가다 내리막을 내려서니 지곡고개다. 지곡고개는 차선이 없는 포장도로인데 차량이 많이 지나다닌다.(8시15분) 마루금은 여기서 부터는 임도를 따라간다. 임도를 따르다 능선길로 들어서 능선을 넘어 내려서 오른쪽으로 2차선도로를 따라 가다 물빛가든 주차장 위 지곡성당 건물뒤 길을 지나 은파교회 앞에서 서쪽으로 도로를 따르다 보면 오른쪽에 영창 아파트 단지를 지나간다.(9시9분) 도로를 따라 가다 리츠프라자호텔 앞에서 서북쪽으로 조금 가다 정은교회를 지나고 3분쯤 가면 나운동 부곡 사거리다. (9시25분) 이곳은 어젯밤 이곳 숙소에서 자고 아침에 해장국 집에서 아침밥을 먹고 출발한 곳이라 길 찾기가 쉽다. 부곡거리에서 직진으로 주유소 앞으로 도로를 따르다 유원 아파트를 왼쪽에 두고 가다 등산로 입구 도로가에 쉼터도 있고 고압 철탑 에서 왼쪽 나무 계단을 따라 능선으로 올라선다.(9시43분) 이곳부터 등산길 오르막을 올라 삼거리에서 오른쪽으로 능선길을 좌우로 오르내리며 북쪽으로 가다 9시52분 감시초소를 지나고 무명봉에서 등산객을 만나 사진 한판 찍어둔다. 마루금은 두갈래길인데 오른쪽으로 가파른 내리막을 내려간다. 가파른 내리막을 미끄러지듯 내려가 왼쪽 동아 아파트를 보며 도로 위 생태계 통로를 지나 가파른 오르막을 오르면 갈림길이 나온다.(10시19분)

 마루금은 갈림길에서 오른쪽으로 가파른 내리막을 내려가 양수장 철망이 나오면 좌측으로 철조망을 따라가면 월명공원 입구가 나온다. (도로 위 생태계 통로에서 오른쪽으로 보이는 철조망 울타리를 따라 와도 될 것 같다.) 필자는 삼거리에서 왼쪽으로 내려가 체육 단련장까지 가다 마루금이 아닌 것을 확인하고 다시 돌아오니, 30분이 경과되었다. 공중 화장실 앞에서 공원길을 따라 올라가면 2층 팔각정이 있으며 공원 안에 故유화종 사무관 박시규님의 순직 추모비 (殉職追慕碑)가 있으며 군산 시가지가 한눈에 들어온다.

故 유화종 사무관 박시규 님 殉職追慕碑

이 겨레를 사랑하던 별이었고 한 고을을 가꾸시던 얼이었다. 그 별이 떨어지고 그 얼이 스러지니 이 겨레가 고장은 암암합니다. 나라가 어지러우니 어진선비 생각나고 집안이 가난하니 착한 아내 그립구나, 어지럽고 혼탁해진 이 나라 이사회에 꼭 계셔야할 당신님은 훌훌 벗고 가셨나요, 바른말 바른소리 아직 귀에 쟁쟁하고 솔선수범 곧은 자세 눈에 삼삼 하옵니다, 산사태 산불현장 궂은일에 앞장섰고 봄바람이듯 친절봉사 시민모두 칭송했네, 온화하고 자상하신 사랑하신 아버진데, 세 살배기 어린 딸을 차마두고 가시나요, 할 일 많은 무거운 짐 이제모두 맡기시고 평화로운 하늘나라에 길이 편히 쉬이소서, 짧은 날 짧은 삶을 굵고 크게 사셨으니, 지나는 먼길 손 이 빌(碑)가리키며 기리리다.

잠시 정자에 올라가 사방을 둘러보니 군산시내를 관망하고 산책 온 중년 여인들이 참외와 수박을 먹으라며 주어 배를 채우니 시장기가 가시고 이제 장계산 까지 얼마 남지 않아 느긋이 쉬고 출발하여 가파른 내리막을 내려와 송파저수지 산책로 간이 점포에서 커피한잔 마시고 가파른 오르막을 8분쯤 올라가니 무명봉에 올라선다. 마루금은 공터에 왼쪽으로 내려가 다시 가파른 오르막을 한동안 올라 산불 감시초소에 올라서니 11시34분이다.

산불 감시초소를 지나 내리막을 내려와 벤취가 있는 휴식처에 내려오니 송파저수지 둘레길 포장 산책로가 나온다. 이 산책로는 송파저수지를 한 바퀴 도는 산책로인 것 같으며 포장 산책로를 따라 50여미터 가면 군산 청소년수련원이 나오며 포장도로가 나와 차량과 산책 온 사람들이 많이 오고 간다.

익산에서 친구들이(이찬성 유재옥 박형 조창구 최영석) 군산에 온다고 전화가 온다. 마루금은 청소년 현장 표지석 뒤로 올라가 삼거리에서 좌측은 점방산 이며 마루금은 오른쪽 능선으로 올라서 오르막 능선을 한동안 가니 장계산 정상이다.(12시4분)

장계산 정상에는 삼각점이

있고 산불 초소와 운동 기구가 있으며 정상 벤취가 놓여있다. 진안군 주천면 금만봉에서 출발하여 일명 新錦南正脈 (또는 금남기맥 금강정맥이라고도 함) 도상거리109km(실제거리는 120km이상)를 마감한다. 新금남정맥 은 그리 높은 산은 없으나 구름이 많고 잡풀이 우거진 곳이 많아 다른 정맥에 비하면 짧은 구간이라도 쉽지 않으며 길 찾기가 어려운 곳이 여러군데 있으나 잘 보고 가면 별 문제될 곳은 없다. 오늘은 오랜만에 익산 고향 친구들이 와서 산행 완주를 축하해주며 같이 사진도 찍고 하니 기억에 남을 것이며 어린 시절 꼬마 친구들이 이제 모두 70대라 더욱 감회가 새롭고 몸은 비록 늙었지만 마음만은 아직도 청춘이라 옛날로 돌아가 줄지어 사진도 찍고 하니 어릴 적 소풍 온 기분이 든다.

사진 몇판 찍고 조금 내려가니 삼일 탑이 있고 산책로를 따라오다 수지탑에서 사진한판 찍고 애국지사 이인식 선생 동상 앞에서 오른쪽 계단을 내려

오니 홍천사 절 앞에서 친구(최영석)가 기다리고 있다.

친구 (박 형) 차로 군산 부두 군산 횟집에서 산행 완주 뒤풀이 겸 식사를 하고 오랜만에 옛 정을 기리며 지난 이야기를 나누고 익산에서 작별 인사를 하며 다음에 종종 만나기로 하고 부산에 오니 오늘은 그리 늦지 않게 집에 도착 하여 온 식구가 고생 했다고 저녁파티를 끝으로 금강기맥(신금남정맥) 산행기도 마무리 한다.

| 금강기맥을 마치며 |

　금강 기맥은 높이가 700m이상되는 산은 3개 (금만봉 왕사봉 칠백고지)이며 600m이상은 1개(선녀봉) 500m이상 1개(천호산) 400m이상 7개 (시루봉, 장재봉, 작봉산, 까치봉, 옥녀봉, 성태봉, 미륵산) 300m이상 2개 (남당산, 용화산) 200m 이상 4개 (함라산, 봉화산, 망해산, 성취산) 100m 이상 9개(용천산, 대명산, 만경산, 고봉산, 대초산, 용화산, 청암산, 금성산, 장계산)가 있다. 고개(재)는 큰 고개만 16개 (용계재, 말골재, 말목재, 소용고개, 고내곡재, 샛목재, 문드르미재, 소쑥고개, 숙고개, 다듬재, 석불재, 칠목재, 수래재, 취산재, 다리실재, 칠거리재) 옛날 소로고개 8개(장선리재, 수재 밤아니재, 가치울재, 범허리재, 함박재, 응포재, 우곡재)가 있으며 이밖에 작은 고개는 수없이 많다. 특히 수로를 여러곳 지나오나 분명히 물은 가르지만 인위적으로 만든 금강물 수로를 여러번 건너야 하기에 맥으로 인정하기 어려운 곳이 있고 들을 건너면서 수로 옆 도로를 따라야 하는 곳이 있으나 다시 산으로 연결되기에 옛날 산맥임을 인정해 준다.

금남정맥 낙남정맥을 마치며

　금남정맥 백두대간 영취산에서 금호남정맥으로 갈려 진안 주화산(조약봉)에서 호남정맥 남쪽으로 금남정맥은 북쪽으로 이어지며 금강과 만경강을 가른다. 주화산은 진안군과 완주군에 걸쳐있는 산으로 三正脈이 갈리는 산이고 이곳에서 금남정맥은 북으로 입봉 연석산 운장산 서봉 장군봉 금만봉 백암봉 대둔산 계룡산 팔제산 청마산 부소산으로 이어지고 있다.

　금남정맥은 2012년 10월 28일 시작해서 2012년 12월 2일 최단 시일로 마쳤으며 2012년 10월 28일 첫구간 주화산부터 피암목재 ~ 2구간 10월 29일 백복령고개까지, 여러 가지 어려움이 있었지만 무사 산행을 했으며, 3구간 11월 8일 대둔산 무수재까지, 4구간은 11월 9일 월성봉 양정고개까지, 5구간은 11월 10일 계룡산 널티 23번 국도까지, 3일간 연속산행했으며, 6구간은 12월 1일 평정말고개까지, 7구간은 12월 2일 부여 부소산 조룡대까지 단시일내에 마쳤으며 2013년 9월 28일 호남정백을 시작해서 2014년 5월 18일 23구간으로 마무리하고 이어서 낙남정맥 단독종주에 들어간다.

낙남정맥은 2015년 5월 5일 1구간을 지리산 영신봉에서 시작하여 당일코스로 대중교통을 이용해 첫날 고운동재에서 마치고, 2구간은 5월 17일 돌고지재까지, 3구간은 5월 24일 딱발고개까지, 4구간은 6월 7일 새동고개까지, 5구간은 6월 14일 부련이고개까지 6구간은 6월 21일 배치고개까지 7구간은 6월 28일 오곡고개 8구간은 연이어 6월 9일까지 2일 연속으로 쌀재고개까지, 9구간은 7월 5일 신풍고개까지, 10구간은 7월 19일 냉정고개까지, 11구간은 8월 2일 나팔고개까지, 12구간은 8월 7일 1차로 생명고개, 2차로 8월 16일 모아산악회 대원들과 함께 동신우산 고암나루에서 마무리 하고 2차로 금남정맥 낙남정맥을 책으로 엮으며 부록으로 금강기맥 종주기도 올린다.

금강기맥은 진안 금남정맥 금만봉에서 군산 장계산까지 이어져 금강하구에서 끝을 맺는다.

제1차 백두대간 2002년 1월 11일 61세로 지리산 천왕봉을 출발해 강원도 진부령까지 완주하고 이어 금호남정맥, 금남정맥, 호남정맥, 낙동적맥, 낙남정맥, 한남금북정맥, 금북정맥, 한남정맥, 한북정맥을 2009년 6월 7일 끝으로 9정맥을 1차로 완주하고 금강기맥을 2010년 4월 24일 1구간 진안금만봉에서 시작하여 막골재까지, 2구간 4월 25일 고내곡재까지, 3구간 5월 9일

다송리 23번 국도까지, 4구간 5월 10일 취산재까지, 5구간 6월 6일 백석제까지, 6구간 6월 7일 군산 장계산 금강하구까지 산행기를 올립니다. 그동안 지켜보며 성원해주신 모든 분들께 감사드리며 끝을 맺습니다.

2023년 9월

부산山사람 진상귀

백두대간 1차 2002년 1월12일~2003년 7월 20일 36차 완주(낙동 산악회)
금호남정맥 1차 2003년 9월7일~2003년 10월20일 4차 완주(낙동 산악회)
호남정맥 1차 2003년 10월20일~2004년10월3일 20차 완주(낙동 산악회)
금남정맥 1차 2004년 10월17일~2005년 3월20일 9차 완주(낙동 산악회)
한남금북정맥1차 2005년 4월3일~2005년 8월20일 9차 완주(낙동 산악회)
낙동정맥 1차 2005년 2월27일~2005년 7월26일 포항한티재(단독종주)
낙동정맥 1차 2007년 7월15일~2008년 2월17일 22차 완주(한국등산클럽)
낙남정맥 1차 2007년 8월5일~2008년 3월31일 16차 완주(단독종주)
금북정맥 1차 2008년 3월2일~2008년 6월22일 13차 완주(단독종주)
한남정맥 1차 2008년 8월13일~2008년10월6일 7차 완주(단독종주)
한북정맥 1차 2009년 5월4일~2009년 6월7일 7차 완주(단독종주)
신금남기맥 2010년 4월24일~2010년 6월7일 5차(단독종주)
          진안금만봉~군산 장계산까지
신금북기맥 2011년 3월18일~2011년 4월1일 3차 (단독종주)
          청양 백월산~장항 용당정까지

제2차 백두대간 2011년 5월14일~2011년 12월11일 32차 (단독완주)
제2차 금호남정맥 2012년 10월4일~10월6일까지 3차 (단독완주)
제2차 금남정맥 2012년 10월28일 진안주화산~12월2일. 부소산 (단독완주)
제2차 호남정맥 2013년 9월28일. 주화산-2014년5월18일. 망덕산(단독완주)
제2차 낙남정맥 2015년 3월1일. 영신봉-2015년8월16일. 동신어산(단독완주)
제2차 낙동정맥 2016년 3월6일. 매봉산-2016년7월5일. 몰운대 (단독완주)
제2차 한남금북정맥 2018년4월8일. 속리천왕봉-2018년6월4일. 칠장산(단독산행)
제2차 한남정맥 2018년6월17일. 칠장산-2018년10월14일. 김포문수산(단독산행)
제2차 금북정맥 2019년3월16일. 안성칠현산-2019년6월24일. 안흥비룡산(단독종주)
제2차 한북정맥 2019년9월17일. 수피령-2019년12월15일. 파주장명산(단독종주)